関晃著作集　第一巻

大化改新の研究　上

吉川弘文館

著 者 近 影

1

大化改新の研究（総論）

1. 書紀と家伝

わが古代の文献史料は、古文書にしても記録・編纂物の数にしても、主として8世紀に入ってから後に書かれたものであって、それ以前のものは極めて稀である。（金石文、逸文、引用記録など）　従って大化改新に関する直接の史料も非常に限られており、孝徳紀を中心とする日本書紀の記事がその大部分を占め、ほかに家伝（大織冠伝）・風土記などに関係記事がいくらかあるくらいである。しかもこれらはみな後世の編纂物であって、その史料としての性質や信憑性にいろいろと問題があるので、ここでは書紀と家伝について予め少し説明しておくこととする。

(1) 書紀について

日本書紀は、大和朝廷およびその中心となった皇室の発展をいわゆる神代に由来するものとして、神代から7世紀末の持統朝に至るまでの国家の歴史を中国の史書に倣って本格的な漢文で記述し、年月日に従って記事を立て、全部で30巻に編成した史書である。したがってその体裁は編年体といってもよいが、実際にはむしろ紀伝体における本紀の部分に相当するとみたほうがより適切であろう。日本書紀という名称は中国の用例からみてもおかしな名称であって、は日本紀と称したが、平安時代に入って間もない頃から書の字を加えて日本書紀と呼ぶようになったと見られているが、その場合の日本紀という名称は、やはり日本の史書の本来紀伝体であるべきもののうちの本紀の部分に当るものであるという意味でつけられたものとみることができる。

この書の成立については、続日本紀養老四年720五月癸酉の条に「先是一品舎人親王奉勅修日本紀、至是功成奏上、紀卅巻、系図一巻。」とあって、系図一巻というのは今日伝わらないので内容が全く不明であるが、これによって成立の時期、撰修の責任者およびこの書が勅撰の書であったことが知られる。（弘仁私記の序文に

「大化改新の研究」講義ノート（昭和46年度）

目次

目次

第二部 大化改新史論

付編

第三部　改新の詔の研究……二四三

第一部　新稿大化改新

第一章　史料の性質

第一節　日本書紀と家伝

わが古代の文献史料は、古文書にしても記録・編纂物の類にしても、主としてみな八世紀に入った頃から後に書かれたものであって、それ以前のものは極めて稀である。もちろん一方に推古朝遺文と呼ばれる金石文・逸文・引用記録などがあり、他方に七世紀後半以後に出土している木簡などがあるけれども、それらもみなその数は僅かにすぎない。従って、大化改新に関する直接の史料も非常に限られていて、同時代史料は殆んどなく、われわれに与えられているものとしては、孝徳紀を中心とする日本書紀の記事がその大部分を占め、ほかに家伝の上（大織冠伝）・風土記などに関係記事がいくらかある程度である。そして、これらはみな後世の編纂物であって、その史料としての性質や信憑性にいろいろと問題があるので、ここでは最初にとくに書紀と家伝について、予め一通り述べておくこととする。

一　日本書紀について

日本書紀は、いうまでもなく大和国家とその中心をなす皇室の発展、およびそれを承けて成立した律令国家の展開を、いわゆる神代に由来するものとし、天地開闢から七世紀末の持統期に至るまでの国家の歴史を、中国の正史に倣って本格的な漢文で記述したもので、年月日に従って順次に記事を立て、全体を三十巻に編成したわが国最初の正史である。したがって、その体裁は編年体といってもよいけれども、大たいにおいて歴代の天皇の治世を単位として各巻を構成し、各巻の内容も、それぞれの天皇の事蹟を中心にした形で叙述している点からいうと、実際にはむしろ、紀伝体の中の本紀の部分だけに相当するといったほうが、より適切である。本来はできれば紀伝体の正史を作りたかったにちがいないが、史料と用意が決定的に不足だったために、そのような形をとらざるをえなかったものとみてよいと思われる。もともと日本書紀という名称は、中国の用語の通例からいっても、いかにも不自然な名称であって、もとは日本紀と称したが、平安時代に入って間もないころから、書の字を加えて日本書紀と呼ぶようになったという見方が、今日では最も広く行われているが、その場合の日本紀という名称は、やはり本来の紀伝体であるべき日本の正史のうちの本紀の部分に当るもの、という意味でつけられたものとみることができるわけである。

この書の成立については、周知のように続日本紀養老四（七二〇）年五月癸酉（二十一日）条に

先レ是、一品舎人親王奉レ勅修二日本紀一。至レ是功成奏上。紀卅巻、系図一巻。

とあり、系図一巻というのは今日伝わらないので、内容は全く不明であるけれども、この記事によって、成立時期、撰修の責任者およびこの書が勅撰であったことが知られる。ただ弘仁私記序によると、古事記の撰録者であった太安麻呂も書紀の撰修に参加していたというが、その点は必ずしも確かなことではない。いずれにしてもこの書紀の成立過程については、他に直接の史料が殆んどないため、確かなことは不明であるが、ただ古事記との関係については、書紀の天武天皇十（六八一）年三月丙戌（十七日）条に、

天皇御㆓于大極殿㆒、以詔㆓川嶋皇子・忍壁皇子・広瀬王・竹田王・桑田王・三野王・大錦下上毛野君三千・小錦中忌部連首・小錦下阿曇連稲敷・難波連大形・大山上中臣連大嶋・大山下平群臣子首㆒、令㆑記㆓定帝紀及上古諸事㆒。大嶋・子首親執㆑筆以録焉。

という記事が見えているので、これも周知のように坂本太郎氏の次のような見方が一つの有力な説となっている。すなわち天武天皇は、壬申の乱（六七二）に勝利を得て皇位に即き、絶大な指導権を握って律令国家の整備を推進したが、その一環として、権威ある史書を作ることが、統一国家として必要欠くべからざることと考えた（古事記の序に「斯乃邦家之経緯、王化之鴻基焉。」とある）ので、まず古事記の作成にとりかかった。ところがその途中でこれに不満となって方針を変え、川嶋皇子以下十二人の委員を任命して、政府の正式の事業として大規模な編纂を開始させた。そのことを示すのがこの天武紀十年三月条の記事であり、それがその後四十年の歳月を費して、舎人親王の手で完成されたのが、今日伝わる日本書紀三十巻である。したがって、書紀があくまで公式の、しかも対外的な意味をも持ったものであったのに対して、古事記はむしろ皇室の私的な仕事であり、しかも途中で立ち消えになりかけたものであるから、作られたのちも、中務省図書寮の書庫に納められたまま、永く人の目に触れることがなかったのだというのである（坂本太郎著『大化改新の研究』、および同氏「日本書紀の撰修」芸林二―二、のち同著『日本古代史の基礎的研究（上）文献編』に収載）。

しかしながら、この坂本氏の見方も結局は推測説であって、直接の根拠があるわけではなく、しかも前後四十年という長い年月を要したことになる点が、かなり大きな難点であることも否定できない。そこでこれに対して、天武紀の記事は古事記の撰録の開始を示すものとみる説も当然主張されてくるわけであるが（書紀は続紀和銅七年二月戊戌条の、従六位上紀朝臣清人・正八位下三宅朝臣藤麻呂に詔して国史を撰せしめたとする時からとする。平田俊春著『日本古典の成立の研究』、川副武胤著『古事記及び日本書紀の研究』、それもやはり推測説である上に、古事記は天武天皇のかなり個人的な仕事として進められたものであったという点とも、やや喰い違う感がある。天武紀の記事は、帝紀と旧辞に当るものの記定ということのようであるから、その仕事の内容からいうと、古事記にしても日本書紀にしても、むしろその準備作業の開始とみる説（西田長男氏「天武天皇と古事記・日本書紀の撰録」神道学四—七、太田善麿氏「日本書紀の編修と分担方式」史学雑誌六七—一二）のほうがよいのではないかと思われるのであるが、もしそうであったとした場合に、それはどちらの準備作業だったかというと、私はどちらかといえば、古事記のための準備作業だったとみるほうがよいのではないかと考える。なぜならば、この天武天皇十年三月というのは、例の有名な八色の姓が制定された時期の約三年まえであって、律令的な官人制度の成立を最大の課題としつつ、官人の任用方式の決定、氏上の認定、族姓の確定、官人考選制度の整備などを、手順を追って着々と実施していた天武朝が、それらの実施の一環として、族姓すなわち諸氏族の政治的資格の高下を、新しく決定しなければならない段階にちょうど差しかかっていた時期だったとみられる（この点については、著作集第四巻第四部第二章「天武朝の氏族政策」を参照）。そして古事記の内容をみると、全巻の各部分に煩瑣といってよいほど一々克明に、諸氏族の出自の記述が付してあり、またそれらをすべて集めてみると、中央・地方の主要な氏族を殆んど網羅していて、この書物は過去の神話・伝説を詳細に述べることを通して、全国各氏族の歴史的な由緒と家柄を明確にすることに、本来の目的があったのではないかと思われるからである。したがって、そのような見方がもし当っているとすると、古事記はこれを史書とみることも、文学作品とみることも、もちろん可能ではあるけれども、その本質はむしろ氏族書であったとみることも可能ではないかと思われるのである。

さて、この記・紀の編纂が和銅・養老のころに行われたということは、それが、律令国家建設の意気と自信に溢れていた皇室を中心とする中央貴族層の人々の産物だったということであって、したがってそこには、自ずからわが国家の成立・発展の跡を振り返ろうとする目的と、それが諸外国に誇示するに足る尊厳なものであることを示そうとする意図とが、強く働いていたことはいうまでもない。そしてその中、とくに前者の性格を強く持っているのが古事記であって、そこでは、六世紀以前の伝承を筆録したいわゆる帝紀・旧辞の姿をできるだけよく保存し、なるべく古語を残すために、史部流と呼ばれる素朴で和臭を帯びた変則的な漢文を用い、神話・伝説・歌謡などを主体とした叙述を行なっているのに対して、書紀のほうは後者の意図から出たところが大きく、これによって国家の威容を誇り、またそのような堂々たる国家の史書に相応しい体裁を整えようとしたため、正式の漢文を用いた編年体の叙述方法をとり、大体において中国の正史を模倣した形式のものとなっている。

そこで以下においては、書紀がどのような種類の史料を用い、それらをどのように使用したかについて、主として私の見解を述べておくこととするが、書紀が使用した主たる史料は、いうまでもなく古事記と同様のいわゆる帝紀と旧辞である。しかしながら書紀の場合には、そのほかに古くからの中国の史書（正史その他）や五世紀以降の朝鮮関係の記録（百済記・百済新撰・百済本記など）、七世紀以降の我国の記録類（政府記録、寺院記録、個人の日記・覚書など）、金石文（銘文・碑文など）があり、さらに各氏族の家記・系譜や地方伝承の類なども、できるだけ広く集めて利用したと見うけられる。従って四世紀ころまでの記述は、その信憑性において古事記と大差はないが、五世紀以降はしだいに史実を反映する度合いが増し、ことに推古朝あたりになると、疑うべき根拠のない限り、そう簡単に書紀の記事を疑ってよいものではなくなり、さらに壬申の乱を経た天武・持統期の時期に至れば、政府の詳細な記録をもとにした実録風の、極めて信憑性の高いものとなっている。そして古事記では、天武天皇という個人の立場によって、当時の政府の政治的理念や、諸種の利害関係に基く、統一と調整の手が加えられていたと見られているのに対して、書紀の場合には、先に述べたように、むしろ史料をできるだけ尊重し、事実をありのままに記述するという、中国伝来の正史撰述の原則を、かなり意識的に守ろうとしたと考えてよいであろう。しかしそれにも拘らず、実際には書紀は書紀なりに、やはり意識して原史料に手を加えた点が種々あったことも、また否定はできない。

そこで以下においては、それらの点について特に詳しく述べておくこととすると、その主要なものの第一は、紀年の作為を行い、そのために年代と記事とが、古く遡れば遡るほど大きく喰い違うことになったことである。すなわち、年月の数え方を知らなかった年代のことまでを、強いて編年体の枠に嵌め込むことが、そもそも無理だったことはいうまでもないが、それだけではなく、さらに讖緯説や辛酉革命説に基いて、神武天皇の即位を紀元前六六〇年（辛酉）の正月元日に置き、さらに神功皇后を、いかにも魏志倭人伝にみえる邪馬台国女王の卑弥呼と同一の人物であるらしく見せるために、時代をずらして三世紀前半のころにもってゆき、その他の記事をそれに合せて適当に各時代に振り当てたため、無数の年代的な不合理や不自然が生じることになった。またその第二は、記述の体裁を整えるための文章上の修飾で、原史料を本格な漢文に書き直すことは勿論、その際に漢籍や仏典から適切な字句や長大な文章を借用して、それらを殆んどそのまま利用していることである。その例については、中国の類書とくに芸文類聚の活用が多く、書紀集解にその克明な指摘があり、雄略紀二十三年八月丙子条の遺詔（隋書高祖本紀）、顕宗紀二年十月癸亥条の記事（後漢書明帝紀）、継体紀二十四年二月丁未朔条の詔文（後漢書崔寔伝）、欽明紀十三年十月条の百済聖明王上表文（金光明最勝王経）、同二十三年六月条の詔文（梁書王僧弁伝）などがその代表的なものである。またその第三は、記述の内容を明確にするために、後世のとくに律令制度下の用語・名称・制度名などを、大化前代をかなり遡った年代の記事にまで適用していることである。例えば地名、行政区画名、天皇・皇后・皇太子・皇子母などの称号、氏姓の名称、官職名などは、とくにその著しいものということができる。これらの諸点は、いうまでもなく書紀の記述の中に、無数の時代錯誤や不合理や矛盾を持ち込む結果となり、我々が精細な研究を進める上での大きな障害となっていることはいうまでもない。ただしかし、これらの点は恐らく書紀の撰者としては、単なる修飾、すなわち記事の文章をいかにも中国の史書らしく潤色しようとしたまでであって、けっして意図的に造作、すなわち実際には存在しなかった事実を記事の上に構作しようとしたものではないとみてよいであろう。

ところでこれらに対して、ここでとくに問題となるのは、これらの修飾のほかに、書紀は一定の意図をもって事実を構作したり、事実を変更したりするような、いわゆる意識的な造作を、かなり全般的に行なっているかどうかということである。周知のように記・紀に対して全面的な史料批判を行なわれた津田左右吉氏は、この造作についても、それをいつの場合にも当然予想されるものと考え、そのことを前提にして痛烈な批判を展開され（津田氏のそれらの批判については、同著『日本古典の研究』上・下、のちに『津田左右吉全集』第一巻・第二巻に収載、および同著『日本上代史の研究』、のちに『津田左右吉全集』第三巻に収載を参照）、また戦後の古代史の研究者の間でも、そのような氏の方法に従い、記・紀とくに書紀の記事の造作を疑うことによって、思い切った議論を展開することが、しばしば行なわれるようになってきているといってよいであろう。しかしながら、そのように造作の存在が常に予想されると考えることは、果して妥当かというと、それはかなり疑問ではないかと思われる。

というのは第一に、上述のように書紀の撰修態度として、原史料を尊重し、史実をありのままに記述しようとする意識が、かなり顕著であるという事実をあげることができる。もっともこれは、一般的には一おうそうはいえても、同時にまた一方で、書紀の撰者の種々の必要から、特定の個所については強いて事実を隠蔽したり、構作したり、あるいは歪曲や誇張を行なったりしたことがかなりあるということも、ありえないことではないかもしれない。しかしそれについては第二に、そのような造作が行なわれているという確かな実例を見出すことが、実は意外に困難だという事実を挙げることができるのではないかと思われる。すなわち、大化改新に関する孝徳紀の記事については、後に詳しく取り上げる予定であるので、それ以外の個所についていうと、明らかに史実性が疑われる個所の殆んどは、神話・伝承的要素や記述の不正確さによって原史料に存在した欠陥か、先にあげたような書紀の撰者の文章上の修飾によるものか、あるいは書紀の見解に基いて一方の立場を採用したというようなものがその殆んどであって、それ以外に意識的な造作が明確に認められる個所を指摘することは、そう容易なことではないと思われるのである。

それからまた第三に、書紀の中のいわゆる帝紀的部分を、古事記の中の帝紀的部分と比較してみると、その記述内容に基本的な相違が殆んどないという点も、ここで指摘することができる。すなわち先に述べたように古事記は、六世紀前半ころに成立したと推定される帝紀と旧辞を綜合したものであって、その場合の帝紀の内容は、古事記の記述の中の歴代ごとの天皇の名称、先帝との続柄、宮の所在・名称、治天下の事実(在位の年数)、后妃・子女、その治世における重要な事蹟、天皇の享年(没年月日)、陵の所在に関する記述であり、旧辞の内容はその他の部分、具体的には上巻の神話、中・下巻の説話や歌物語などの記述とされていて、そのうちの旧辞的記事は、記・紀の間にかなり内容に相違があるが、それでもとくに造作による相違と思われるものはないといってよい。まして大和国家の成立・発展の過程の骨格を示す帝紀的記事についてみると、両者の間にこれという相違は殆んどないといってよいほど、その内容が一致している。これは、書紀がもし基本的な史実について、ある程度でも重要な造作を行なっている場合には、到底ありえないことであって、この事実もまた、書紀が意図的な造作を殆んど行なっていなかったとみるための、有力な根拠とすることができる。

以上を要するに、書紀の記事の信憑性は、原史料の不備や欠陥、撰者の記述に際しての文章上の修飾などによって、かなり強度に傷われている面が少なくないけれども、それとは別に津田氏のように、絶えず造作の存在を前提として書紀の記事を考えることは、極めて問題だということである。津田氏の方法は決して万全だったのではないのであって、氏が近代的な合理主義によって、書紀の記事を割り切り過ぎたという批判は、坂本太郎氏以来よく言われていることであり（坂本著『大化改新の研究』第一編第三章研究の資料、一　日本書紀、を参照）、また五世紀以前の古い年代の記事に対する態度を、そのまま六・七世紀の記事に対してもとっているという点も、明らかに問題であるが、それらと並んで、津田氏が中国の古典に対する文献批判の方法をそのまま記・紀に適用して造作の存在を当然のことのように予想したのも、重大な方法上の欠陥としてあげてよいのではないかと思われる。思うに、中国の古典が成立した先秦から秦・漢の時代に比べて、記・紀が作られたわが奈良時代初頭のころの時期は、文化的に遥かに未熟な段階にあり、書紀の撰者は、外見上中国の書物に引けを取らないような書物を作るということで精一杯であって、意図的な造作などを考えるような余裕はあまりなかったと考えるべきであろう。

二　家伝について

家伝はまた藤氏家伝とも呼ばれるが、群書類従（伝部）に収められている流布本の家伝は上・下に分れていて、その上巻は大織冠伝、あるいは鎌足伝と呼ばれるもの、下巻は武智麻呂伝となっており、そのほかに続々群書類従（史伝部）に貞慧伝というものが収められている。また上巻については、ほかに伏見宮家所蔵の永禄七（一五六四）年書写の奥書のある古写本があり、それには貞慧伝が併録してある。それからまた、これらのほかに現在は全く伝わらないけれども、淡海公すなわち不比等（史）の伝記も存在したことが推定されている。というのは大織冠伝の記述の末尾に「有㆓二子貞慧・史㆒。倶別有㆑伝。」とみえており、また本朝書籍目録にも、藤氏伝記一結なるもののほかに、大織冠一巻、武智丸一巻、淡海公一巻などの名があげてあるからである。そこで、この家伝と呼ばれるものの全体の構成についていうと、流布本のように大織冠伝を上巻とし、武智麻呂伝を下巻とするのは、いかにも均衡を失するので、鎌足伝と貞慧伝を上巻とし、不比等伝と武智麻呂伝を下巻とする和田英松氏の説（本朝書籍目録考証）や、貞慧伝と不比等伝を中巻とする伴信友の説（『伴信友全集第三』「松の藤靡」附録「定恵を孝徳の子とし、不比等を天智の子と主張する論」）などがあるが、確かなことはわからない。しかし、少くとも扶桑略記の和銅六年十二月条に「大織冠伝云……」として、実際には武智麻呂伝の記事を引用し、その末尾に「已上家伝」と注しており、また東大寺要録巻第六、末寺章第九、大中臣事の条には、「藤氏家伝云……」として鎌足伝の冒頭の部分を引用しているから、平安時代の末期ころには鎌足以下の伝記群を一括して、家伝あるいは藤氏家伝と呼ぶことが、すでに行われていたことが知られる。

ところが、この家伝という名称はどういうことかというと、実は家伝という語は、すでに令制にみえている。すなわち、養老職員令の式部卿の職掌に、

卿一人。掌二内外文官名帳。……功臣家伝田事一。

とあり、大宝令でも、ここは大たい同様の規定だったと推測される。そしてこの規定について令義解は、「謂、有功之家、進二其家伝一、省更修撰。」と説明し、令集解所引の古記は、「三位以上、或四位以下五位以上、有レ可レ為二功臣一也。如二漢書伝一也。」と述べて、次の如き禄令功封条と田令功田条の条文を掲げているから、功封や功田を与えられた人が功臣であり、その功臣の家は家伝を造って政府に提出し、それに基いて式部省が正式の家伝を撰修する定めであったことが知られる。

凡五位以上、以レ功食レ封者、其身亡者、大功減レ半伝二三世一。上功減二三分之二一、伝二二世一。中功減二四分之三一、伝レ子。下功不レ伝。(禄令功封条)

凡功田、大功世世不レ絶。上功伝二三世一。中功伝二二世一。下功伝レ子。(注略)(田令功田条)

しかしながら、今ここで問題にしている藤氏家伝が、果してそのようにして作成された朝廷の正式の編纂物そのものであったかどうかは、大いに疑問である。

というのは、本書の上巻には、「家伝上」という内題の下に「大師」とあり、下巻には、「家伝下」という内題の下に「僧延慶」とあって、撰者は一おう大織冠伝のほうは大師、すなわち藤原仲麻呂(恵美押勝)、武智麻呂伝のほうは僧延慶だったとみられるからである。この延慶という僧は、続日本紀天平宝字二(七五八)年八月辛丑(二日)条に

外従五位下僧延慶、以三形異二於俗一、辞二其爵位一。詔許レ之。其位禄・位田者、有レ勅不レ収。

とあり、また、唐大和上東征伝の天平勝宝五（七五三）年十二月条に

廿日乙酉午時、第二舟著二薩摩国阿多郡秋妻屋浦一。廿六日辛卯、延慶師引二和上一入二大宰府一。

とあって、その名がみえており、また横田健一氏の指摘によって、東大寺要録巻四、諸院章第四、戒壇院条に唐僧思託撰の大和尚伝を引いている中に、延慶の名がみえ、天平勝宝六（七五四）年に鑑真が奈良の都に到着して、東大寺に詣でたときに、延慶が鑑真のために通訳したことと、鑑真以下の僧侶・学生らの一員として、施物を贈られたことが述べられている（横田氏「藤原鎌足伝研究序説」関西大学「文学論集」創立七十周年記念特輯号、のち同著『白鳳天平の世界』に収載）。横田氏は、上の続紀の記事に外従五位下とあることから、延慶をもって地方豪族の出身とされたけれども、鑑真らと同時に唐より帰国したらしいこと、大宰府から都に到るまで、鑑真らのために案内と通訳を勤めたこと、僧籍にありながら勅によって位禄・位田を認められたことなどからすると、恐らく中央貴族の出身で、その外従五位下というのは、外階制の位階だったのではないかと推測される。したがって、家柄の点でも仲麻呂と関係の深い人物だったのではないかとは想像されるけれども、詳細は不明である。従来延慶をもって、仲麻呂の子の刷雄と同一人物とする説があり、さらに刷雄とその兄弟とされている薩雄をも同一人物とする説があるが、刷雄と薩雄とを同一人物とすることは、史料的にみて全く不可能であるのに対して、刷雄は天平勝宝四（七五二）に、遣唐大使藤原清河に随行する留学生として無位から従五位下に叙せられ、遣唐中出家して翌五年に鑑真らと共に遣唐船で帰国したと推測されるから、すべての点で延慶の人物に合致するが、外階制である限り、延慶と同一人物とすることはできない。

ただこの武智麻呂伝には、仲麻呂が名を押勝と改めて、大師従一位に至ったことは書いてあるが、武智麻呂が太政大臣を贈られたことは書いてないから、武智麻呂伝が成立したのは、仲麻呂が大師従一位になった天平宝字四年正月

四日以後で、武智麻呂が太政大臣を贈られた同年八月七日以前であろうとみられている。これに対して大織冠伝のほうは、年代推定の手掛りはないが、これも武智麻呂伝と同じころに作られたのではないかとみることができ、少くとも仲麻呂が大師となってから以後と考えられるから、当然鎌足の死後、かなりの年月がたっていたわけで、これを令の規定に基いて式部省に提出するために作成したものとみることは無理である。したがって、これら現存の家伝の成立事情については、次のように考えるのが最も自然ではないかと思われる。すなわち、恐らく式部省に提出する家伝は、それぞれの人物の死後まもなく、また大織冠伝などは大宝令施行後まもなく作られ、それに基いて省で正式の家伝が撰修されたが、仲麻呂の時になって、自分の祖先を特に大きく顕彰するために、それらの家伝、あるいはその原史料をもとにして、別にとくに南家の系統の人々の伝記だけを撰述したのであり、それらが後に他の系統の人々のものをも併せて、一括して家伝、あるいは藤氏家伝と総称されるようになったのではないかと思われるのである。

ところで次にその記述内容であるが、上・下ともに純粋の漢文体の文章で記述されており、祖先顕彰のために書かれた伝記である以上、美辞麗句と讃辞で飾られていることは、両者ともに変りがないが、武智麻呂伝のほうは、そういう修飾的な部分を除けば、ほぼ確かな事実を述べたものとみてよいであろう。武智麻呂が大宝四（慶雲元）（七〇四）年三月に大学助となり、大学の復興・整備に努めたことや、霊亀元（七一五）年に気比神宮寺を建てたことを初め、続紀などには見えない記事もいくつか含まれているけれども、それほど疑わしい点はないと思われる。それに対して、ここでとくに問題となる大織冠伝のほうは、日本書紀との関係で、とくにその史料としての性質が問題となるが、その点についてては、書紀の鎌足関係の記事と大織冠伝の記事とを比較してみると、その内容は両者ともに基本的には同一であって、文章も極めて類似した個所が多く、中には殆んど同文といってよい個所もあるから、両者は互いに無関係とは言いがたい。そこでかつて坂本太郎氏は、両者の相違点を詳しく検討された上で、書紀のほうが文章が素朴であるが、記事が具体的で詳しく、また、書紀にあって伝にない記事、例えば南淵先生の許に通った話などは、伝記として恰好な材料であるのに伝にはないとともに、伝にあって書紀にない記事、例えば旻法師の堂に周易の講義を聴きに行った話などもあるから、両者の関係は母子関係ではなくて、姉妹関係であったろうと推定された（同著『大化改新の研究』第一編第三章、研究の資料、六　大織冠伝）。もしこの推定が正しいとすると、両者には共通の原史料があり、それはおそらく鎌足の死後まもなく、あるいは令の規定が整ったある段階で作成されて、政府に提出されたと思われる家伝の原史料、あるいはそれに基いて式部省で撰修されたと思われる正式の家伝であって、書紀もまたその家伝を材料に用いて、鎌足関係の記事を書いたということになるわけであり、したがってまた両者に共通の部分は、その両者が利用した家伝の俤を伝えるものであるから、とくに史料価値が高いということになるわけである。つまり書紀の側からいえば、書紀の記事の中で、家伝と一致する部分は、一致するということによって、他の部分よりも信頼性が高いとみることができるということになるわけである。

しかしながら、仲麻呂が大織冠伝を撰述するに当っては、書紀が式部省にある家伝と並んで、最も役に立つ資料であったことは、当時としては極めて明らかだったはずであり、また仲麻呂はそれを利用しようと思えば、いつでも容易に利用できる地位にあったのであるから、かれが書紀を全然参照しなかったということは、かなり考えにくいことであり、また、書紀と伝の文章の類似している個所はあまりにも多いから、純粋な姉妹関係とみることははなはだ疑問である。この点は横田氏も早くからこれを疑われ、大織冠伝と書紀との関係を母子関係とすることをも試みられたのであるが、両者の関係は実際にはさらに複雑であって、大織冠伝は書紀を十分に利用しただけではなく、書紀が利用した式部省の家伝をも、同時に十分に利用したと考えるべきであろう（横田氏「大織冠伝と日本書紀」続日本紀研究五―九・十、のちに同著『白鳳天平の世界』に収載）。いずれにしても大織冠伝は、やはり書紀をも十分に利用しながら作成されたとみるのが自然であり、またしたがって、坂本氏の見解とは逆に、書紀と共通する部分は、むしろ史料としての独自性を認めがたいとみるべきだろうと思われるのである。そして書紀にはみえないような個所は、内容的にかなり重要な記事、例えば僧旻の周易の講義、天智・天武の不和、近江朝における礼儀撰述・律令刊定のことなども少なくないのであるが、そのような個所は、むしろその史料価値をかなり高く評価しなければならないということになるわけである。なお、このように考えた場合に、それでは大化年間の改新政治の進行について、大織冠伝にはどのような記事がみえるかというと、それが不思議なことに、書紀と同じ記事も、書紀には見えない記事も、どちらも全く存在しないのであって、改新における鎌足の働きというものは、大織冠伝には全く触れられていないのであるが、これをどう考えるべきかは、一つの問題だといってよいのではないかと思われるのである。

それからまた、両者の関係についてさらにいうと、全体にわたる相違点として、書紀が明確な編年体の記述であるのに対して、大織冠伝はやや記事本末体に近い体裁をとっているという点があるが、その点については、書紀が無理に編年体の形式に従ったものであるのに対して、大織冠伝のほうが、原史料として利用した式部省の家伝などの形式を、そのまま承け継いでいる可能性が大きいといってよいわけであるから、一般にそれぞれの記事が係けてある年月日については、大織冠伝のほうがより信頼できるとみるべきである。たとえば、大化のクーデターに至るまでの、鎌足の行動を中心とする記述の順序と、その日付については、両者に次表に示したような相違があるけれども、これらは主として書紀が、鎌足の宗業の辞退から佐伯子麻呂らの抱込みまでの諸事実を便宜的にまとめて、皇極天皇三年正

大織冠伝		皇極紀	
僧旻の周易講義		上宮王家討滅謀議	皇極 2. 10. 12
宗業の辞退	舒明初年	同討滅	11. 1
軽皇子訪問	皇極初年	宗業の辞退	
蹴鞠		軽皇子訪問	
上宮王家討滅謀議	皇極 2. 10	打毬	皇極 3. 1. 1
同討滅	某月日	南淵先生宅に往還	
山田臣女子との婚姻		山田臣女子との婚姻	
佐伯子麻呂らの抱込み		佐伯子麻呂らの抱込み	
入鹿暗殺謀議	皇極 4. 6	入鹿暗殺謀議	皇極 4. 6. 8
同暗殺	同　4. 6. 12	同暗殺	同　4. 6. 12

月朔条にかけて記述したために生じた喰い違いであって、これらの事実の順序と日付は、大織冠伝のほうがやはり、大たいにおいて正しいとみてよいと思われるのである。

　それからもう一つ、鎌足と大化年間におけるその業績についてであるが、大織冠伝は鎌足の生涯に亘って、当然きわめて多くの美辞麗句と讃辞に満ちているにも拘らず、律令体制の確立に関しては、具体的に何の業績もあげていないといってよい。その点については孝徳紀の記述も殆んど同様であって、律令体制の確立について、鎌足に何らかの業績があったということを全く述べていない。ただ大織冠伝では、新政府成立の際に鎌足が大錦冠と内臣と二千戸の封戸を与えられたことに触れて、

　軍国機要、任㆓公処分㆒

という語をあげ、鎌足が律令政府の中で占めていた軍国という枢要な地位を、これによって示しており、また、鎌足が天智天皇即位二（六六九）年十月の死に際し、天皇の問いに答えた遺言として、

　臣既不㆑敏、敢当何言。但其葬事、願用㆓軽易㆒、生則无㆑益㆓於軍国㆒、死何有㆑労㆓於百姓㆒。

という語を述べ、彼が軍国の仕事を生涯自己の任務としながらも、それが必ずし

も成功したとは思っていなかったことを示している。この遺言については、書紀にも天智天皇八（六六九）年十月乙卯（十日）条に殆んど同じ文章が掲げてあり、また続紀天平宝字元（七五七）年十二月壬子（九日）条の太政官奏には、次の如き議定が述べられていて、鎌足の乙巳の年（大化元年のクーデター）の功田を大功とすることも、そこに示されている。

太政官奏曰、（中略）我天下也、乙巳以来、人々立レ功、各得二封賞一。但大上中下、雖レ載二令条一、功田記文、或落二其品一。今故比二校昔今一、議二定其品一。大織藤原内大臣乙巳年功田一百町、大功世々不レ絶。（中略）以上十条、先朝所レ定。贈大錦上佐伯連古麻呂乙巳年功田卌町六段、被二他駈率一、効レ力誅レ姦。功有レ所レ推、不レ能レ称レ大。依レ令上功、合レ伝二三世一。（中略）以上一十四条、当今所レ定。

この太政官奏は、鎌足以下の十人については功田の等級が定められていたが、佐伯古麻呂以下の十四人については、すでに大宝田令に養老田令と全く同文の功田条の規定が存在していたにも拘らず、これまでの五十数年間、その規定が全く適用されていなかったものを、同年五月に藤原仲麻呂の手で養老律令が施行されたのにともなって、適用されることになったものである。そしてこの鎌足の一百町の功田は、古麻呂の卌町六段の功田と全く同じく、乙巳の年のクーデターの功績のみによるものとされている。したがってこれもまた大化年間以降の律令体制の確立を重大な功績としたものではなかったわけである。

そこでこのように見てくると、僧旻と高向玄理を指揮して律令体制の総責任者となったとみられる鎌足は、唐大帝国の圧倒的な武力的脅威に対応して、中央集権的な国家権力に基く軍事力強化のために、一生の間全力を傾けて努力したけれども、白村江の敗戦などをも含めて、その成果は必ずしも大であったとするわけにはいかなかったとみることができる（鎌足の任務については、本書第一部第三章第三節、改新の過程、一、第一段階、を参照）。そして彼の律令体制を確立するための努力は、式部省で撰修されたとみられる家伝にも、またそれを承けて成立した孝徳紀の記述の中にも、その輝かしい業績として特筆されることがなく、したがってまた、これらの家伝や孝徳紀の記述を利用したとみられている大織冠伝も、大化改新の中の恐らく最も重大な業績であった彼の努力を、積極的に顕彰することにはならなかったわけである。

第二節　孝徳紀の記述

改新の内容と経過、原因と目的、さらにまたその成果と意義などについて、全面的にこれらを取り上げようとする場合に、考察の基礎となるべき諸事実に関しては、前述のように孝徳紀を中心とする日本書紀以外には、直接のまとまった史料が殆んどなく、しかもその孝徳紀の記事の信憑性に対しては、周知のように今日重大な疑問が投げかけられてきている。

すなわち孝徳紀の中で、改新政治の進行を示す記事の主なものは、多くは詔文の形で掲げられており、その殆んど全部が前半の大化年間にかたまっているが、それらは軽重の差はあっても、政令としての性質からいえば、互いに並列の関係にあるとみるべきものである。もっとも坂本太郎氏以来、改新の詔をもって改革全体の大綱を示したものとし、その他の諸詔は、その一々の具体化の過程を示すものとする見方が一般化していることは事実であったが、しかし実際に改新の詔の内容は、ほぼ改革の全体を覆っているわけではなく、律令制度に全く不可欠の要素である中央官制や官人制度など、官僚制関係の諸規定を全く欠いていること、その全体がみな具体的な事項の廃止と制定について述べていて、単に改革の大綱を示したものとするのは適当ではないこと、とくに第四条の税制の規定は、直ちに実施すべき事項であることが明らかであり、他の部分についても、その具体化の記事が別にまたみえるというものを挙げるのは困難であること、などの点からいって、そのような見方は妥当ではない。この詔の後に出された詔の中には、大化二年三月壬午（二十日）条の皇太子奏請による子代入部・御名入部とその屯倉の廃止、大化二年八月癸酉（十四日）条と同三年四月壬午（二十六日）条の詔による品部の廃止などなどのように、この詔ですでに述べたことを重ねて命令しているように理解されてきたものもあるが、実際にはこの詔と内容的に重複しているものは、殆んどないといってもよいであろう（これらについては、著作集第二巻第四部第九章「大化前代における皇室私有民」および同第四部第十章「いわゆる品部廃止の詔について」を参照）。したがって、これらはみな並列の政令であって、史料の性質からいっても、特別の理由がある場合を除いては、原則としてみなほぼ同様のものとして扱われるべきものである。すなわち、改新の詔の信憑性が否定されれば、他の諸詔も一般的には信用できないということになり、また逆に他の諸詔の信憑性が肯定されれば、改新の詔も一般的には、つまり特別の明確な理由がない限りは、かなり信用してよいということになるわけである。したがって、改新の詔を単なる全体の大綱を示したものとした場合には、その信憑性の問題は他の詔文に必ずしも及ばないが、改新の詔が他の詔文と並列のものであった場合には、その信憑性は他のすべてにも及ぶわけである。しかしながら、これまで信憑性についての疑いがかけられてきたのは、専ら改新の詔に対してだけであったといってよいので、ここではまずこの問題からみてみることとする（改新の詔の内容については、本書第三部「改新の詔の研究」を参照）。

一　改新の詔の信憑性

1　令文転載説について

改新の詔の信憑性をめぐる論争は、昭和五・六年の津田左右吉氏による詔文の史料批判に始まるわけであるが、津田氏が詔文に対してとくに疑惑の目を向けられた主な理由は、(1) 壬申の乱以前において、孝徳紀にだけとくに実録風の詔文が、いくつか並んでいるのは不自然であること、(2) 改新の詔の示す内容が、当時のものとしては、あまりに令制に近い形に整いすぎていること、(3) 詔の文章、とくに第二条以下の副文の中に、のちの大宝・養老令の条文と酷似したものが、少からず存在すること、の三点だったといってよいであろう。しかしこれだけでは、いかに嫌疑が濃厚であっても、結局は状況証拠にすぎないので、氏はさらに積極的な論拠として、(イ) 第二条の副文にみえる畿内の範囲の規定は、難波が都であった大化当時のものとしては不適当であること、(ロ) 同じ第二条の副文にみえる郡司の制は、近江令以後に成立したもので、それ以前は評の制が行われていたこと、(ハ) 第三条の副文にみえる三六〇歩・二束二把の規定は近江令の制で、それ以前は五〇代・一束五把であったと考えられること、の三点をあげて詳論し、「凡そ……」という形の一三項の副文は、すべて近江令の条文を転載したものと結論されたわけである（津田氏「大化改新の研究」史苑、昭五・一二〜昭六・八、後に同著『上代日本の社会及び思想』、『日本上代史の研究』、および『津田左右吉全集』第三巻に収載、を参照）。

ところがこの近江令文転載説に対して、やがて坂本太郎氏が全面的な反論を試みられた。すなわち氏は、まず

（イ）の畿内の範囲については、これを近江の大津京のときのものとするのは、大化当時のものとするよりも一そう不適当であることを指摘され、（ロ）の郡司制については、以前からあった郡・評両字併用説をとられるとともに、大領・少領・主政・主帳という郡司の官名が、令制の官名一般からみて特異性を有することは、むしろそれが他の官制と全く別個に、早く制定されたものであることを思わせるものであるとされ、また（ハ）の田積・租法については、詔文の規定を大化当時のものとみても、その後の変遷を大して無理なく説明できるとして、令制に至るまでの変遷過程を詳細に論じられ、結局津田氏のあげた論拠はみな効力がないとされた。そしてさらに、詔文中ののちの令制と相違する点を一々指摘して、詔文が字句や表現の上で、かなりの修飾の手が加えられているにしても、内容的には当時のものとして解釈しうることを、詔文全体にわたって詳論されたのである（同著『大化改新の研究』第三編第二章、後に『坂本太郎著作集第六巻、大化改新』に収載）。

信憑性問題については、その後しばらくは新しい展開がなく、どちらかといえば坂本氏の肯定説のほうが有力とみられる状態で戦後に及んだが、しかし坂本説にしても、詔文が大宝・養老令の条文と相違する点は指摘されたけれども、今日内容のほとんどわからない近江令や浄御原令の条文による転載説が成立しがたいことを、積極的に論証されたわけではなく、また、信憑性を疑わせる一般的な理由として最初にあげた三点が、状況証拠としてかなり強力であることも、依然として変らなかった。したがって、新しく有力な根拠が一つでも提出されれば、肯定説と否定説の釣合いは、再び大きく変化する運命にあったのであって、その釣合いを逆転させる働きをしたようにみえたのが、昭和二十七年に発表された井上光貞氏の説であった（同氏「郡司制度の成立年代について」古代学一―二）。

すなわち井上氏によれば、大化・大宝間に書かれた金石文や古文書のような同時代史料、およびそれに準ずるものでは、コホリに関しては、すべて評・評造・評督・助督などの、いわゆる評系統の文字が使われていて、郡・大領・少領などの郡系統の文字は一つも見当らないから、両系統の文字が併用されていたとするのは困難で、郡の制は大宝令において初めて成立したものと考えざるをえない。したがって改新の詔にみえる郡関係の規定は、すべて書紀の撰者が大宝令の条文によって書き変えたものであり、したがってまた令文に類似した他の副文も、みな同様の造作である疑いを否定することはできないというのである。これに対しては、すぐに坂本氏から一おうの反論があったけれども、同時代史料が例外なくすべて評系統の文字を用いているという事実はいかにも強力であって、井上説にひびくところがあまりないようにみえたため、すぐに井上氏に反撃されたが、ただその際に井上氏は、坂本氏の反論の一部を認めて、大宝令文による書き変えという点だけは、浄御原令文による書き変えとしてもよいというように、自説を部分的に修正された（坂本氏「大化改新詔の信憑性問題について」歴史地理八三―一、後に前掲書『坂本太郎著作集第六巻、大化改新』に収載、および井上氏「再び大化改新詔の信憑性について」歴史地理八三―二を参照）。

しかしながら、この井上氏の郡字後世始用説にも、けっして問題がなかったわけではない。というのは、井上氏によると詔文の第二条は、原文では国造を評の役人に任用するという規定になっていたことになり、したがって、旧来の国造のクニがまず評になったと考えざるをえないことになるのであるが、実際に当時知られていた評関係の史料（確かなもの一八例）をみると、天武朝初年以前に国造のクニが評になったり、あるいは国造が評造などになったことを示す確実な例は一つもなく、評になっているのは、国造のクニの一部を割いて新しく建てたコホリだけとみるほかはなかったからである。そこで私は昭和三十七年になってその点を指摘し、郡司制は詔文にすでに述べてあり、従ってその制定は大化二年正月とすべきであるけれども、全国的に編戸が行われ、里制が整備されるまでは、その実施が現実に不可能であったため、天武朝初年までは、旧来の国造をそのまま存続させるとともに、国造のクニを分割して新しく置いたコホリには、暫定的な制度である評制を布き、また天武朝初年以後は、国造のクニも評となり、全国すべてに評制が行われる状態になったが、やがてこの評制は、早ければ浄御原令が施行された持統天皇三（六八九）年の時点、あるいは遅ければ文武天皇二（六九八）年のころに、全面的に郡制に移行したとみることができる、ということを論じたわけである。これはいうまでもなく、詔文に規定されていたとすれば、それはみなすぐに実施されたはずであると考える必要はない、ということを前提として組み立てた議論であるが、国造のクニで天武朝初年以前に評となった例が新しく史料の上に現われない限り、私の説は安全であり、井上氏の説は成立が困難といってよかったのである（著作集第二巻第四部第七章「大化の郡司制について」および同付論「再び大化の郡司制について」を参照）。

ところがこれに対して井上氏は、その後さらに新しい論文を発表され、その中で、私が国造のクニで天武朝初年以前に評になった実例は一つもないといったのは言い過ぎで、その例をいくつかあげることができるとして、阿波・阿蘇・石城・那須の四国造の名をあげ、自説を再び強く主張されるとともに、さらに進んで、郡制に関する詔文の記述が後の令文の転載とみられるならば、他の類似の部分にも、転載や修飾（造作のこと）が当然行われているとみるべきであるとして、詔文全体にわたって、次のような思いきった議論を展開された。すなわち、詔文の第二条以下に付してある一三項の副文には、（イ）詔の原文には本文の項目しかあげてなかったが、書紀の編者がその内容を説明するために、令の条文をそのまま転載したもの、（ロ）原文には項目とともに内容規定も記してあったが、それを令の条文によって修飾したもの、（ハ）同じく項目と内容規定が記してあったが、それに該当する条文が令になかったために、それを令文に似せて形を整えたにすぎないものの三つの型があり、この三つの型によってすべての副文が説明できるが、その場合には、使用された令文はみな同一の令のものと考えるべきであって、それは浄御原令と大宝令のうちのどちらかといえば、浄御原令とみるほうがより合理的である。そしてそのように考えた上で、転載とみられる部分を除き去ってみると、もともと詔の原文に示されていた制度というものは、大化前代とくらべて大差のない、極めて素朴なものだったということになるから、大化当初の改新政府は、中央集権化という意図は持っていたかもしれないが、律令制度という具体的な目標は、まだ殆んど持っていなかったとみるべきだというのである（井上氏「大化改新の詔の研究」史学雑誌七三―一・二、後に同著『日本古代国家の研究』に収載）。

この井上氏の議論は、改新が初めから律令国家の建設を目標にして行われたものであるという、それまでの通念を大幅に変更しようとした野心的な構想であったが、その中で述べられた私の説に対する反論の部分には、殆んど効果がなかったといってよい。なぜならば、国造のクニがすぐに評になった実例として挙げられた四例は、みな史料として確かなものではなかったし、また、コホリの主な細分化は、孝徳朝の後半ころにほぼ終了したとみるべきであるから、それより遥か後に撰修された書紀の撰者が、国造を郡司任用の必須条件とするような形に令文を変改して転載するというようなことは、私がすでに指摘していたように、やはりはなはだ考えにくいことといわなければならないからである。したがって、この井上氏の試みにも拘らず、郡と評の問題は、やはり信憑性否定のための決め手とはなりえないのであり、したがってまた、井上氏のこの新しい構想は、確かな基礎の上に建てられたものではなく、もしかりに令文転載説の上に立つとすれば、その場合の結論としては、こういうように考えざるをえないというにすぎないといってよいであろう。なお井上氏の原詔の復原、およびそれに基く改新政治の内容についても、いろいろと問題点を指摘することはできるけれども、それについてはここでは省略することとする。

さて要するにこの井上氏の説は、明らかに決定力を欠いたものであり、また、私の根拠を殆んど克服することができなかったわけであって、したがって、十分な形で成立したものとはいえなかったといってよいのであるが、しかし実際には、その後この井上氏の線に沿って、令文転載説に基く信憑性否定論がしだいに一般化していった。そしてその傾向は、実は律令支配が実質的に成立した時期を、できるだけ天武朝以降に引き下げて考えようとする当時の学界の風潮によって、促進された面が少なくなかったし、またその背後には、律令支配の成立は、日本の古代社会においても、もともと必然的なものだったとする風潮が、広く一般化してきていたけれども、私はそのような風潮に対しては、以前からはなはだ疑問ではないかと考えていた。ただその点については、後に少し詳しく述べることになるので、ここではそれには触れないこととして、以下にはそのほかに、この井上氏の傾向をさらに促進させる働きをした要因をいくつかあげ、それらの点について次に述べることとする。

2　信憑性否定論促進の疑問

井上光貞氏によって主張された改新の詔の信憑性否定論を促進しようとした要因の一つは、私が改新の詔の内容はみなすぐに実施されたと考える必要はないとした点に対する反対論である。すなわち、この私の言うところを認めれば、否定論のために有効な論拠を構成することが極めて困難となるため、その点を否定して、それによって私の説を頭から無視しようとされたものである。すなわち、たとえば昭和三十九年に岸俊男氏は、坂本氏がまえに同著『日本全史　2』の中で、改新の詔は大方針の宣言で、その実施は必ずしもその時とは限らないと述べられたことを取り上げて、「……しかしそのような即時実行できない詔というものが、果して意味を持ちえたろうか。」と言われ（岸氏

「造籍と大化改新詔」三品彰英編『日本書紀研究』第一冊所収、のちに同著『日本古代籍帳の研究』に収載）、さらに改新全面否定論を展開された門脇禎二氏や原秀三郎氏もこれを承けて、私の主張は強弁であるとされた。しかしながらこれらは、私の全く予想もしなかった無理な議論であって、むしろこれこそ強弁といってもよいのではないかと思われる。

なぜならば、いつの時代でも政府がすぐに実施するつもりで出した政令が、なかなか実施できなかったことはいくらでもあるし、また明治のいわゆる五ヶ条の御誓文を初めとして、将来の方針を宣示し、あるいは将来実施すべき制度の内容を予め示し、あるいは制定するということも、しばしばあることだからである。ことに外国の進んだ制度に倣って、思い切った改革を行おうとする場合には、そういうことは当然あるべきことであって、もしすぐに実施できることの確かな事柄でなければ、発布や制定はしないというようなことをしていたならば、とてもそういう大改革を進めてゆくことは現実に不可能である。もしふつう考えられているように、改新が中国の律令制度を採用して、大改革を行なおうとしたものだったとするならば、制度の細部に至るまで完成された手本が、すでに与えられていたのであるから、それに基いて大化のときに根本方針を予め明示し、あるいは一定期間の備準作業の後に実施の運びに至るべき事柄を、予め制定しておくということは、十分にありうることであったといってよいであろう。とにかく政令というものは、出された以上はすべてすぐに実施されたはずであるというように考えるのは、全く固定的、非現実的な考え方であって、そのような原則を初めから立ててかかったならば、困ることが次々に生じてくることは極めて明らかである。天下の万姓を混じて八色の姓とするという天武紀十三（六八四）年十月己卯朔条の詔は、結局その通り実施されることなく、旧来の姓（かばね）の大部分はそのまま存続したし、大宝・養老の完成された律令ですら、その中にはすぐに実施されなかった条項がいくらでも含まれているが、それらをもってすべて後世の造作とするわけにはいかないであろう。

改新の詔についても、もし出された政令は必ずすぐに実施されたはずだというような原則が、もし認めうるものだったならば、すぐに実施されなかったことの明らかな規定は、京師や駅制にしても、籍帳や班田制度にしても、詔文の中からいくらでもすぐに拾い出すことができるのであって、何もわざわざ郡評問題のような、厄介な議論をとり上げるまでもなく、結論ははじめからはっきりしていたといってよいのである。しかしそれにも拘らず、何とかして否定説の決め手を見つけようとして努力が行なわれたのは、詔の内容がすべて、すぐに実施されたとは限らないということが、理の当然として一般に暗黙のうちに認められていたからに外ならないのである。ただ、津田氏がその論拠を立証するに急であった余りに、すぐに実施されなかったこともあって、もともと存在しなかったことの理由とされた伝統が今日まで残っていて、この改新の詔の信憑性の問題を論ずる場合に限って、そのような非現実的な無理な論法がとられることが多く行なわれているため、私がわざわざ当りまえのことを注意したに過ぎないのである。

それから次に、信憑性否定の風潮を促進させた要因のもう一つは、大化以後もしばらくは国造制が存続していたとする私の考えは当らない、ということを論じた鎌田元一氏の説である。これは昭和五十一年の日本史研究会大会で発表され、日本史研究一八六号（昭五二・四）に「評の成立と国造」という題の論文として掲載されたものであるが、その趣旨は要するに、私の所論を否定して、国造系のクニも新置のコホリもすべて孝徳朝に評となったとし、それに基いて評制成立の歴史的意義を論じようとされたものである。その説くところはかなり詳密であって、これによって詔文信憑性否定説、したがってまた詔文評制制定説にとっての唯一の障害が除かれたようにみえたため、当時一般に極めて大きな影響を与えたようであるけれども、しかし国造制が大化以後もしばらく存続したという私の説に対する鎌田氏の批判は、私にはあまり適切なものとは考えられないし、またその批判が成立しなければ、この評制全般についての氏の見解も、すべて成立不可能ということになるのではないかと考えられた。

そこでここでは、主として私の説に対する氏の所論についてだけいうと、氏の言われるところの一つは、常陸国風土記の建評記事、斉明紀五年是歳条の出雲国造の記事、那須国造碑文にみえる那須国造という肩書の記述などについて、私の理解はすべて誤りであって、これらはみな国造制の存続を示すものではないということである。すなわち、常陸国風土記の四つの建評記事にみえる建評申請者はいずれも二人で、それらはみな新評の役人になったものとみるべきであるから、それらの人々の肩書の中に茨城国造、那珂国造、多珂国造などの語が冠せられているものがあっても、それらを旧来の国造職の当人とみるべきではなく、したがって、それらの地域で国造制が存続したことを物語る史料とすることはできない。これらは、国造の一族の人間であることを示す一種の肩書きにすぎないとする薗田香融氏の説に従うべきもので、出雲国造も那須国造もみな同様であるというのである（薗田氏「国衙と土豪との政治関係」角川書店『古代の日本』9、のちに同著『日本古代財政史の研究』第三篇に収載）。

しかしながら、その薗田氏の説というのは、とくに根拠のあるものではないだけでなく、実際にこのころより以前のいわゆる旧国造に関する史料を通覧してみても、そのような用例というものは全くないといってもよい。そして常陸国風土記の記述をみても、鎌田氏のいわれるように、申請者はすべて新評の役人になったとみなければならないということは、氏が初めから勝手にそうきめられただけであって、別に根拠があるわけではなく、したがって単純な結論の先取にすぎない。ことに多珂郡条の石城建評の記事などは、多珂国造石城直美夜部と石城評造部志許赤とが並記してあって、多珂国造を石城評造と並ぶ現職の肩書として記してあることは、殆んど疑問の余地がない。常陸国風土記の建評申請者にはみな二名の名前が記されているが、それらは肩書を帯びたものもあれば、そうでないものもあり、また、信太評や香島評のように新評の役人になるものもあれば、行方評や石城評のように旧来の国造の名が書かれているものもあって、その点では統一がとれているわけではない。しかしいずれにしても、改新の詔以後しばらくは国造制がそのまま存続し、数年の後に全国の国司（総領）が国造を指揮して、国造領の一部を分割し、国造制と同質の評制を設定していったとするのが、最も自然な見方であろう。このことは、那須国造碑の場合ではさらにはっきりしていて、けっして薗田氏が簡単にそういわれたように、その国造の一族の人間であるということを示すための肩書にすぎないものとみることはできない。すなわち、そこに飛鳥浄御原大宮という語が冠してあるのは、通例からいって、那須国造というのが朝廷の正式の官職、あるいはそれに準ずる性質の地位だったからとみるべきであり、また、碑文の後半の銘に「一世之中、重被㆓弐照㆒。」とあるのは、被葬者の那須直韋提が、生存中二度にわたって栄誉ある公職を与えられたということであって、それは一度は国造に、一度は評督に任命されたことを指しているとみるよりほかに、解釈のしようはないのである。

それから次に、鎌田氏がいわれるところのもう一つは、私の言にも拘らず、国造系のコホリで天武朝以前に評になっているものが、かなり存在するということであって、氏はその例として志貴・海上・那須・水依・高草・阿蘇・年魚市の七つの評名を挙げている。そこでその一々についてみると、まず那須は、持統天皇三（永昌元、六八九）年以前のある時期に評制に移行したことが知られるだけであるから、除外すべきであり、阿蘇もまえに私が除外したように、系図の記載であって確かなことではない。また水依と高草は、両者の関係がはっきりしないが、ともに伊福部氏系図の記載であり、年魚市も田島氏系図の記載であって、これまた確かな史料とすることはできない。そして志貴と年魚市とは、古くは県であったことが史料によって知られるから、これを簡単に国造系のコホリとするわけにはいかない。したがって残るところは海上だけであるが、基く史料である他田日奉部直神護解は、周知のように神護が天平勝宝元(七四九)年ころに、自分が海上郡大領に任じられんことを請うて、父祖の事業を述べたものであって、孝徳朝のころについての記述は、それほど信頼できるものとはいえないし、父祖らの地位をすべて大領司・少領司と書いていて、評という名称は全く用いていないから、これを評制の史料とするわけにはいかない。大領司・少領司とあるのを実際には評督だったとするのは、孝徳朝で全面的に評判が実施されたことを前提とした上での考えであるから、これも単純な結論の先取にすぎない。確かに鎌田氏がいわれたように、われわれに知られる百三十余(不確実なものを含む国造本紀の数字)の国造名の中で、その名称がそのままコホリの名となっているものは七七で、六割弱にすぎないから、国造のクニでちがう名まえの評になったものも、少なからずあったということは、ありえないことではないかもしれないけれども、それでも六割弱はあるのであるから、それが全く評名に出て来ないということは、やはり理由のないことではないと考えるべきではないかと思われるのである。

それから次に、信憑性否定の風潮を促進した要因の三つめは、飛鳥の北の藤原宮跡からの木簡の出土である。藤原宮はいうまでもなく、持統天皇八(六九四)年十二月に天皇が飛鳥の浄御原宮からここに遷ってから、元明天皇和銅三(七一〇)年三月に平城京に遷都するまでの、約一六年間の都であり、比較的短期間ではあったけれども、唐の長安などに倣った最初の中国的な都城であり、また大宝律令が完成され施行されたのも、この都のときであったから、いろいろな点で画期的な都だったといってよい。しかしその発掘調査は、昭和九(一九三四)年から同十八年までの約一〇年間、黒板勝美氏が主宰していた日本古文化研究所の手で、足立康氏担当の下に行われ、大極殿・応天門を含む朝堂院の位置と規模が確認されただけで、その他の部分は不明のまま戦後に及んだ。ところが、その朝堂院の北に接して、内裏があったと推定されていた地域をバイパスが通ることになったため、その通過予定地の緊急調査が昭和四十一年十二月から行われ、その結果、内裏の建物が存在した可能性が確かめられたのであるが、翌四十二年一月に至り、その発掘個所の溝の中から約一二〇〇点の木簡が次々に出土し、その中にそれまでの平城宮跡出土木簡(昭和三十六年一月以降出土)と同様に、全国各地の地名を記した付札・荷札の類がかなり含まれていた。そしてそれらの地名記載をみると、コホリについて郡字を用いたもの三例に対して、評字を用いたものは約三〇例を数え、しかも、ある程度整った地名記載のあるもの約五例の中に、

「己亥十月　上挟(上総か)国阿波評松里(以下折損)」

と書かれたものがあって、文武天皇三(六九九)年の己亥の年、すなわち大宝律令制定の直前まで評制が存在したことが確認されたのである。これ以後も藤原宮跡およびその他の全国各地の遺跡から、評名を記した多数の木簡が出土し、その中には己亥年や翌年の庚子年の年紀のあるものもいくつか現れているが、この最初の評名記載木簡出現の衝撃は大きく、「これによって郡評問題には決着がついた」という当時の岸俊男氏の発言にも表れているように、信憑性問題はこれによってほぼその結論に達したとみる空気が、かなり支配的となった。

しかしながらこれらの木簡の出現は、これによって井上氏の浄御原令文転載説も、津田氏の近江令文転載説も成立不可能となり、もし転載説の立場をとるとするならば、大宝令文転載説だけが許されることになったということだけは間違いがないけれども、それではこれによって、岸氏のいわれたように、改新の詔の信憑性が完全に否定されることになったといえるかどうかというと、私はそれは問題であって、この評名記載木簡の出現によっても、私の信憑性

肯定説は依然として成立可能であるのにくらべて、令文転載説には、むしろ以前よりも一そう成立困難な面が加わったのではないか考えられる。

なぜならばその一つとして、令文の転載は津田氏の段階では、近江令であってこそ想定の可能性が考えられていたのであるが、そののち近江令から浄御原令へ、浄御原令から大宝令へと、あとのものになるほど、その想定の可能性が小さくなったことは否定できない。ことに大宝令文転載説ということになると、日本書紀の完成のわずか二十年まえまで実際に行われていた評の制度を無視して、あたかも大化のときからずっと郡制が正式に施行されていたかの如く詔文を書き直したことになるから、これはかなり無理な想定といわざるをえない。しかも大宝令の条文は、ある程度まで養老令の条文をもとにして復原できるから、我々としては詔の副文との字句の相違点についても、一々の説明をつける必要が生じるが、そのこともそう容易なことではないであろう。そのような点を考えると、人々が直ちに「これによって郡評問題には決着がついた」などといわれたのは、私にとっては、むしろ不思議なことのようにしか思われなかったといってよい。

それからまたその二つとして、この阿波評の木簡だけでなく、さらに同じく己亥（文武天皇三）年の備中窪屋評、庚子（文武天皇四）年の若狭小丹生評などの木簡も出現し、新置の評は大宝令直前まで存在していたことがほぼ明らかになり、また己亥（文武天皇三）年の但馬二方評の木簡などのように、国造本紀の史料価値には問題があるにしても、国造系のコホリが同じく大宝令直前まで評制であったということになる場合も十分に考えられるに至ったけれども、しかしそれらの点については、私もその可能性を全然予測していなかったわけではない。それよりも実際に重要な問題は、改新の詔の第二条の主文と副文にみえる郡制の規定を、もともと郡制の規定だったとみるべきか、それとも評制の規定だったとみるべきかということである。そしてこの点については、今日では後者の見方が簡単に広く一般化してきているけれども、しかし私には、やはり前者の見方のほうが、自然で無理がないのではないかと考えられる。なぜならば第一に、大化以後もしばらくは国造のクニはそのまま存続して、まず評になったのは新置のコホリだけだったとみる私の説は依然として生きていて、それに対する鎌田氏の反論は、前述のように殆んど成立不可能だからである。もし詔の原文にはもともと評制が規定されていたとすると、それは国造をすべて評の役人に任用せよという文章になっていたことになるから、国造以外のものだけが先ず評の役人になったというのは何といっても不合理で、その一事だけでも、後者の見方は成立することが困難だからである。

それからまた、このほかにも第二に、もし詔文第二条の郡制、および第四条の采女制度にみえる郡・郡司・大領・少領などの文字は、もとは評・評司・評督・助督などの文字であったとすると、その郡系統の文字はもちろんみな大宝令文の転載とみることになるわけであるが、それと同時にその評の制度は、やはり律令的なコホリとしての正式の制度だったとみることになるわけであるから、そこにみえる国造を必須条件とする規定、コホリの三等級制の規定、および采女貢進の規定なども、やはりみな当時の正式の制度であったとみることになるわけである。もっともこれらの規定は、大宝令文転載説の立場では、詔文に書かれていた記述かどうかは不明であって、もしかすると孝徳朝以後のある時期に造られた規定だったかもしれないとする説もあるようであるけれども、しかしそれは、評の数が国造のクニの数よりも遥かに増加した大化四・五年以後では到底ありえないことであろう。またそれが大化四年頃に交替した第二次の国司の赴任よりもかなり前であれば、それはありえないことはないかもしれないけれども、そうなれば大宝令文を転載するとともに、大宝令文とは明らかに矛盾するような内容の規定を重ねて転載したということになるから、それはあまりにも無理というほかはないであろう。

したがって大宝令文転載説の場合には、国造を必須条件とする規定でも、コホリの三等級制の規定でも、さらにまた采女貢進の規定でも、いずれも改新の詔の中にもともと存在していたということにならざるをえないが、そうなるとその三つの規定は、みな少くとも大化五年ころ以後、国造制のクニが分割されて評制のコホリが無数に成立すれば、すべて実施しがたくなるはずである。もっともその場合にも、国造を必須条件とする規定や采女貢進の規定は、これを適当に改正すればそれでもよいかもしれないけれども、三等級制の規定は、これを改正して大宝令制などのように等級を細分化すれば、それで直ちに実施が可能となるというものではない。それは国司が暫定的なコホリの役人である国造や評造等を指揮して、数十年をかけて編戸を行ない、それに基いて五十戸一里制を全国的に完成させなければならないし、またその上でそれぞれの等級に応じたコホリの官制を制定しなければ、すでに大化二年に成立したという評制を実施に移すわけにはいかないのである。

したがって、国造制が孝徳朝以降も暫らくは存続していたという先に述べた史料が、かりに明確ではなかったとしても、改新の詔で正式に制定されたとする評制が、そのまま浄御原令以後まで暫定的な制度としてのみ存在していたということは、やはり極めて不自然であって、正式に制定されたのはやはり郡制であったが、それは暫らくは実施されず、その間は国造や評造等が暫定的なコホリの役人として存在していたとみるほうが、遥かに自然で無理のないことというべきであろう。大化二年正月には恐らく朝集使のように一たん京に戻っていた東国国司らが、その八月に再び任地に赴こうとしたが、その際に随行していた任地のコホリの役人たちを、孝徳紀の記述では郡司とも評司とも呼ばないので、みな国造と呼んでいるのは、やはり当時の事実に即して正式にそう述べたものとみてよいと思われるのである。

二　改新全面否定論

それからもう一つ、孝徳紀の信憑性に関する問題として、昭和四十年代に入ってまもなく提出された大化改新全面否定論があるので、次にこれについて触れておくことにする。この議論は、中大兄皇子を中心とする一部の勢力が、蘇我大臣家を倒して権力を掌握したクーデター事件は存在したけれども、その新政権が律令国家の建設を目指して一大政治改革を行なったとされている、いわゆる大化改新なるものは、すべて日本書紀の撰者の造作であって、事実としては全く存在しなかったというものであって、その頃数年間行なっていた京都の日本史研究会の古代史部会における共同研究の結論だということであった。それ以前にも、律令制度採用の意図はクーデター以前にはなかったという説は、一部に存在したけれども、その場合でも、クーデターの結果として、律令的な政治改革が開始されたということは認められたのであって、律令国家の建設は大化に始まるということは、未だかつて一度も疑われたことのない学界の定説であった。したがって、これを全面的に否定するというのは、はなはだ思い切った注目すべき議論ではあるけれども、その事柄が極めて重大であるのにくらべて、その根拠にはかなり問題があるといってもよいのではないかと私には思われるので、それらのことを、以下に少し詳しく検討してみることとする。なおこの議論は、実は正しい史観（唯物史観のことをさしている）の上に立てば、改新は当然否定されなければならないという、いわば超歴史的な主張の面と、具体的な史料に基く論証の面との両面を持っており、そのうち前者の主張をまとまった形で述べているのが、門脇禎二氏の文章「大化改新は存在したか」（中央公論四月号、昭和四二年四月）であり、後者の論証の内容の中心を最もよく示しているのが、原秀三郎氏の「大化改新論批判序説（上・下）」（日本史研究八六・八八号、昭和四二年）である。

1　史観について

そこで、まず門脇氏の主張であるが、これはごく簡単に要約すると、改新を律令国家建設の出発点として高く評価する考え方は、近代ブルジョア史学の産物にすぎないということと、書紀の描く歴史像は律令貴族の史観によって構作されたものにほかならないから、律令体制の成立過程を考えるに当って、孝徳紀以下の書紀の記述を、そのまま信用するのは誤りであるということの二点を詳しく論じて、そこから直ちに、正しい史観の下では、政治改革としての大化改新は当然否定されなければならないということを、強い語調で述べられたものである。しかしながらそこには、改新は否定されなければならないという結論が、至上命令的な形で初めから立てられているために、いくつかの性急な論理の飛躍があるように見うけられる。

というのは、改新の歴史的意義がとくに注目されるようになったのは、確かに近代になってからのことであるが、しかしそれは主として評価の面のことであって、そのような高い評価が、明治維新以後の天皇制的、中央集権的な国家体制に対する評価と、密接なつながりを持っていることは否定できないけれども、そのこととは別に、史実の面についていうならば、それ以前の近世の封建史学においても、改新政府が初めから律令制度の採用を目指していたという事実を否定していたわけではない。ただそこでは、封建に対する郡県の制度の意義を殆んど認めず、古代憧憬の目を主として王朝時代に向けていたがために、律令国家の成立という事実に、あまり注意を払わなかったのにすぎない。したがって、明治になってから近代史学が改新の意義を急に高く評価するようになったからといって、そのことがすぐに改新の史実の面をまで否定する理由にはならないのである。門脇氏の論理でいけば、近代史学が認めた事実はすべて否定しなければならないことになるけれども、そのようなことは勿論いえないことであるから、なぜその中で改新の事実だけが、とくに否定されなければならないのか、その理由付けがどうしても必要であるが、その点は少しも示されてはいないのである。

それからまた書紀の記述は、律令貴族の史観からくる種々の歪みや誤りがあって、全般的に必ずしもそのまま信頼できないようなことが、あることもないとはいえないけれども、しかしその点についても、やはり上の場合と同様であって、律令貴族の史観から離れようとすれば、必然的に書紀の記述をすべて否定しなければならなくなるというわけのものではない。書紀の記述も六・七世紀のころのことになれば、構成や評価の面は別として、少くとも事実の記載に関する限り、まずすべてを否定して、その中から他に確証のあるものだけを拾い上げるべきだというような段階ではないから、書紀の記述だからというだけでは、改新の事実を否定する理由にはならないであろう。もちろん書紀の記事は、六・七世紀のころになっても、常に多かれ少かれ疑ってかかる必要はあるのであるが、疑ってかかるということと、原則的に否定するということとは、全く別のことであって、ある特定の関係の記事を全面的に否定するというためには、よほど明確な根拠を必要とするが、そのような根拠も、門脇氏の文章には殆んど示されていないといってよい。そもそも書紀を撰修した天武系の朝廷の史局が、なぜわざわざ改新の事実を捏造して、これを大化の時点における中大兄皇子（天智）の功業として掲げなければならなかったかという点、すなわち、律令貴族の史観と改新の記事の捏造との必然的な関係が、少しもそこに説明されていないといってよいのではないかと思われるのである。

したがって、史観の如何と改新の史実性との関係については、両者の間の直接のつながりを理解することは必ずしも容易ではなく、改新の事実を認めるべきではないという主張が成立するためには、別に事実に基く具体的な論拠が、やはり必要ではないかと考えられた。しかし門脇氏の文章においては、そのような論拠がいくつか考えられるということを簡単に示唆しておられるだけで、確かな論証を行なっておられるわけではないし、その示唆しておられる諸点についても、具体化の可能性を示されているものがあるようには、必ずしも思われなかった。ただしかしその点については、上述のように原氏の論文があるので、次にその所論をみることとするが、同氏の所論としては、上述の論文の他に、その後再論された同著『日本古代国家史研究』（東京大学出版会、昭五五・一）の叙述（同書第一・二編）がある。しかし具体的な論拠については、両者の間に殆んど変化が見うけられないので、ここでは主として最初の論文に即して、その論拠をみてみることとする。

2　史実性について

そこで次に原氏の説であるが、改新の詔の信憑性を疑ってきた津田左右吉氏以来の議論は、みな詔文の第二条以下に示されている諸制度が、大化当時のものではありえないことを論証しようと努力してきたが、実は問題の根本は第一条にあるのであって、そこに述べてある公地公民制の実施を否定することが先決である。ところが書紀の天智紀三（六六四）年二月丁亥（九日）条の

天皇命二大皇弟一、宣下増二換冠位階名一、及氏上・民部・家部等事上。其冠有二廿六階一。大織・小織……。其大氏之氏上

賜二大刀一、小氏之氏上賜二小刀一、其伴造等之氏上賜二干楯弓矢一。亦定二其民部・家部一。

という記事は、このとき初めて全国の民を国家が直接に支配する公民（民部）と、諸豪族が個別的に支配する私民（家部）に分けたことを示すものであり、また、天武紀四（六七五）年二月己丑（十五日）条に

詔曰、甲子年諸氏被レ給部曲者、自レ今以後皆除之。

とある詔は、さきに天智天皇三年の甲子の年に私民（家部）として残されたもののうち、自営的な農民（部曲）をすべて公民に編入し、残りのものは私民（家人・奴婢）として存続させることを述べたものである。したがって、律令的な公民制の実施は天智天皇三年に始まり、天武天皇四年に終了したことになるから、それ以前に公民制が存在したはずがなく、したがってまた、公民制を実施すべきことを述べた改新の詔の第一条、およびそれを前提としている大化当時の律令的な諸施策は、当然すべて否定されるべきであるというのである。

実は原氏も、以上の論証に先立って、唯物史観の下では、改新の事実は当然否定されなければならないということを力説していて、そのために、そのような大前提の下に立って考えれば、公地公民制の実施は、天智天皇三年以後に求めなければならないことになるのか、それともそのような大前提とは無関係に、天智紀と天武紀の解釈からの必然的な帰結として、改新が否定されることになるというのか、論文全体の論旨がやや曖昧になっているが、しかし、門脇氏の場合にも述べたように、そのような大前提は明らかに成立しないから、やはり後者の線に沿って、この議論を受けとるほかはない。そこでその論証の内容をみると、改新の詔の第一条の批判が先決だという指摘は、全面否定論としては当然であるけれども、しかしそのための原氏の論証は、果して成功しているかどうかというと、けっして成功しているとはいえない。なぜならば、公民制の実施がかりに氏がいわれるように、天智天皇三年に始まったとして

も、その制定あるいは方針の宣言は、それ以前に行われていても、少しも差し支えのないことであって、そのことはすでに述べた通りであるから（本書第一部第一章第二節一、改新の詔の信憑性、2、信憑性否定論促進の疑問）、それによってすぐに改新の詔の第一条を否定しなければならないということにはならない。したがって原氏の論証は、詔文を否定するためのものとしては、初めから有効とはいえないといわなければならないのであるが、そのことは別として、いまかりに公民制の実施過程についての議論それ自体についてだけみても、私にはかなり疑問のことのように思われる。

というのは、原氏は天智紀三年の記事の中の「亦定其民部・家部。」とある部分の「其」の字が、その上文にある「氏上」の語を指すとする従来の普通の解釈を斥けて、これをこの記事の冒頭の総論的な部分全体を指すとする、極めて特殊な読み方から出発しているが、それは文章の形からいっても、前後の脈絡からいっても、かなり不自然な読み方であるし、またそのように読むと、この部分を説明文として付記した意味が殆んどなくなってしまうから、これは何といっても無理な読み方といわざるをえない。原氏はのちにこの読み方を撤回し、この部分の「其」の字はもとはこの部分の冒頭にあって、総論の部分を指していたのが、何かの理由で記事の文章を今日見られるように書き直した際に、不用意に残ったものであろうというように訂正されたけれども、それはあまりにも無理な、苦しまぎれのこじつけというほかはない。この民部・家部の性質については、従来から種々の議論はあるけれども、これらが一種の労働力として、公民の一部から氏上らに給与されることになったものであることは、ほぼ間違いないものとみてよいであろう。私はその形態としてはもちろん事力とは異るが、その給与の目的からいえば、後の事力に類似したものとみてよいのではないかと考えている（著作集第二巻第四部第十一章「天智朝の民部・家部について」を参照）。

それからまた、民部を純粋の公民とし、家部を自営的私民と奴婢的隷属民との両者を包含した私民とする新しい解釈も、かなり恣意的なものであって、これも、どうしてもそう解釈しなければならないというものでは勿論ない。民部という語がこのほかに史料にみえるのは、恐らく原氏が指摘されているように、雄略紀十七年三月戊寅（二日）条の土師連の祖の吾笥が、摂津国来狭々村ほか各地の私の民部を朝廷に奉って贄土師部としたという記事と、同二十三年八月丙子（七日）条の雄略天皇の遺詔の中に、大連（大伴室屋）の民部広大にして国に充ち盈つとある記事の二つだけであるが、これはともに素直に読めば、民部の語を土師氏や大伴氏の私民の意味に用いている。ところが原氏は、民部省という名称から、民部の語をもって戸籍に登録した国家所有の人民の意とする解釈を導き出した上で、雄略紀の二つの用例も、その意味に解しえないことはないということを論じられている。しかし民部省という名称は、けっして省という文字の上に民部という語を冠することによって成立したものではなくて、唐の尚書省の六部に倣って、式部省以下の名称の形をそろえるために、部の字の上に民の字を冠したものであるから、そのような解釈は全く成り立たない。このように、原氏の天智紀の記事に対する新しい解釈には、もっともと思われるような根拠が殆んどないのであるが、それだけでなく、この解釈に従った場合には、そこからさらに種々の問題が生じてくる。

例えば原氏によると、天智天皇三年から天武天皇四年までの期間は、朝廷の品部（職業部と御名代の部）などは公民化していたが、旧来の豪族私有民はまだ大幅に存続しており、良賤の区別もまだなかったということになるが、もしそうだったとすると、そのような公民制の未完成な状態の下で造られた庚午年籍（天智天皇九年、六七〇）が、全国的な最初の戸籍として後世永く保存され、すべての国民の所属や身分などについての基礎原簿とされたというのは、はなはだ理解しがたいことになってしまうであろう。実際に続日本紀天平宝字八（七六四）年七月丁未（十二日）条の紀寺の奴に関する記事や、同和銅六（七一三）年五月甲戌（十二日）条の讃岐国寒川郡の物部乱らに関する記事をみると、原氏の所説にもかかわらず、庚午年籍に良賤の区別が記載されていたことは、殆んど間違いのないところであって、この点からだけでも、原氏の説は成立しがたいのではないかと思われるのである。

それからまた、その他の点についてみても、例えば原氏によると、天智天皇三年までは大化前代と同様の全くの私民制だったというのであるが、もしそうだったとすると、それまでの国家財政はどうなっていたのか、もしそれも大化前代と殆んど変らなかったとすると、改新の詔第四条に示されている統一的税制の規定も全くの造作ということになるが、そう考えることが可能かどうか、それから、昭和五十一年度の飛鳥宮跡の発掘調査の結果出土した「大花下」という冠位記載の木簡によって、ほぼ確かに裏付けられることになった大化以降の冠位制の進展の事実からみて、律令的な官僚制度は、すでに着々と展開しはじめていたとみざるをえないが、それと世襲職制度の基礎構造であった品部制の存続との関係をどう説明するのか、また同じく飛鳥宮跡から同時に出土した「白髪部五十戸」という、五十戸一里制による里名記載の木簡によって、これもほぼ確実に裏付けられることになった天智朝以前からの里制整備の進展の事実と、私民制の全面的存続との関係をどう説明するのか、それからまた、孝徳紀大化二年三月甲申（二十二日）条のいわゆる薄葬令は、公民を使役することを前提とした公葬制の規定とみるのが妥当と考えられることは、私が前に論じた通りであるが（著作集第二巻第四部第八章「大化のいわゆる薄葬制について」を参照）、この薄葬制の記事を全面的に否定することが果して可能かどうか、といったような疑問も次々に生じてくる。

のみならず原氏の議論では、公民制と併せて考察されるべき公地制の成立過程のことが、殆んど取り上げられていないのであるが、これはやはり重大な欠落といってもよいものであって、これまで私民だったものが公民化される場合には、その耕作していた土地も、当然それと同様に公地化されるはずである。ところがそのことは、天智紀などには全くその形迹が窺われないだけでなく、公地公民制を初めて打ち出して、すぐにこれを全国的に実施するということになれば、これは非常に思い切った大事業といわなければならない。ところが天智天皇三年というのは、いうまでもなく中大兄皇子が、前年八月末に白村江の戦に敗れ、朝鮮派遣軍と百済亡命者群を率いて、大和の地に戻って来たばかりのときであって、いかに甲子革令の年だといっても、そのような大改革が最も行われそうにもない時期であるが、その点はどう説明するかという問題もある。

それからさらにまた、右のような個別的な問題ではなく、改新の詔全般に亘る問題であるが、詔の全体は先にも触れたように（本書第一部第一章第二節「孝徳紀の記述」）、けっして律令制度の大綱を宣したようなものではなくて、個々の政令を具体的に述べたものであり、律令的な中央集権制の主軸をなす官僚制と公地公民制のうちの、公地公民制（全国的な地方行政制度を含む）は全般に亘って詳しく規定してはいるが、中央官制や官人制度以下の主要な官僚制については、殆んど触れていないといってよい。もし詔文が、律令制度全体の姿を造作しようとしたものであれば、内容がきわめて偏頗で、しかも中央官制や官人制度のような最も目玉となるはずのものを欠いているということは、到底ありうることではない。したがって、この一事だけをみても、造作説は成立困難といってよいのではないかと思われるのである。

なお改新政府が、原氏や門脇氏のいわれるように、初めから律令的な改革を考えていたということが全然なかったとすると、大化のクーデター自体は全くの権力争奪ということになり、なぜ権力の奪取が成功したのか、あるいは帰化人留学生の国政参加がなぜ必要だったのかというような、説明困難な問題が生じてくるし、孝徳紀あたりの他の記事との関係が説明しがたくなるような点も、いろいろと出てくると思われるが、それらの点については、まえに改新の詔の全面的検討の結果として、改新政府ははじめは殆んど律令的な政策を考えていなかったということを主張された井上光貞氏の所論（同氏「大化改新の詔の研究」史学雑誌七三―一・二、後に同著『日本古代国家の研究』に収載）を批判した際に一とおり触れたことがあるので、ここでは省略することとする（本書第三部「改新の詔の研究」付論一「大化改新――改新の詔の信憑性について――」を参照）。

3　律令体制成立の必然性如何の問題

以上要するに、これまで述べてきた門脇氏と原氏による改新全面否定論は、学界にも一定の影響を与えてきたようであるけれども、実際にはきわめて問題のある議論であって、率直にいってそれほどしっかりした根拠があると私には思われなかった。ただそれにも拘らず、この説が初めから非常に強い調子で打ち出されてきたのは、恐らく理由のないことではないのであって、その背後に恐らくは、我国の古代は中国のそれと同じ専制君主制の成立すべき社会であり、したがってまた、中国と同じ律令体制が必然的に成立すべき社会であるとし、そのためにはまた、律令体制の成立をもって、当時の我国の社会の内的要因からのみ説明し尽そうとする強い欲求が、至上命令として存在していたためではないかとみられる。しかしながら、我国の古代を中国と全く同質の社会と初めからみてかかることにも、またその律令体制の成立を必然的なものだったとみることにも、かなり大きな問題があると思われ、また仮に一歩を譲って、我国の社会にもその必然性があったとしても、それは中国で律令体制が完成した隋・唐よりも遥かに後の時代のことであり、孝徳朝や天武朝のころに必然的に成立するとか、孝徳朝は無理であるが、天武朝ならば成立しうると考える可能性は殆んどないのではないかと考えるべきであろう。したがって、そのような「正しい史観」に基く原則的な立場を固守し、孝徳朝のころに中国ですでに成立していた律令制度を進んで採用しようとすることを頭から否定しようとすることは、何といっても非現実的であり機械的であるだけでなく、律令支配の必然性をあくまで固守し、律令支配の成立を無条件に高く評価するという点で、むしろ逆に律令貴族の自己を正当化する史観とつながり、また中央集権的官僚制支配を高く評価するという点で、明治以来の近代的な史観ともつながるものであって、私には必ずしも賛成しがたい。律令国家の功罪については、いろいろと議論の余地はあると思われるが、基本的にはやはり、我国の封建社会は果して律令体制を通過しなければ成立しえなかったものかどうか、外国制度の早急な採用が、却って封建社会への進化を大幅に遅らせることになったといえないかどうか、という点が最大の問題点であって、その点に関していうと、改新および律令国家に対する私の評価は、むしろ否定的な方向に傾かざるをえない。

いずれにしても、初めに述べたように、改新の史実性といわゆる史観の如何とは、もともとあまり直接に関係のないことであるから、改新の事実を認めると、そのために正しいはずの史観が成立しなくなるというような心配をする必要は、少しもないのであって、それよりもむしろ、近代ブルジョア史観や律令貴族の史観から離れるというからには、何よりもまず第一に、律令支配の必然性と正当性ということに対して、鋭い批判の目を向けることが大切ではないかと思われるのである（専制君主制成立如何については、著作集第二巻第四部第一章「推古朝政治の性格」付論「推古朝の歴史的意義」および同第四巻第一部第一章「日本古代社会の基本的性格」、を参照）。

第二章　改新の原因

第一節　戦前の原因論

大化改新の原因については、これまでいくつかの見方がおこなわれているが、そのごく主要なものをあげると、まず、日本書紀などの記述がそのまま無批判に受け入れられ、いわゆる皇国史観的な歴史理解が極めて一般化していた段階では、改新は天皇権力を回復するために行われ、その際にいわゆる天皇親政を実現する最も必要で適切な手段として、公地公民制に基く律令制度が採用されたとし、したがって改新の主たる原因は、私地私民を基礎とする蘇我氏以下の諸有力氏族のいわゆる横暴にあったとした。またこれに対して、やがて社会経済史的研究が勃興してくると、改新のごとき大改革が行われたからには、それ以前の社会には当然種々の面で多くの行き詰まりが生じていたに違いないという考え方から、改新の原因を主として私地私民制や世襲職制の不合理性の増大に求めることが行われた。そしてまたその一方で、改新の結果生み出された律令制度の重要性に対する認識がしだいに深まるにつれて、それが中国の制度を採用したものであることからして、改新の原因についても、これを主として大陸の文物・制度の受容という面に力点を置いて理解しようとすることが、かなり広く行われるようになった。

以上は、大平洋戦争前からすでに現われていた改新の原因に関する見方の主なものであるが、これらはみなそれぞれ大なり小なりその理由をもっていたものであり、またそれぞれが互いに他を全面的に排除する性質のものでもなかったから、あるいは単独で、あるいは複合した形で、多かれ少なかれ今日まで存続してきている。しかし、戦後書紀などの記述に対する批判的研究が進むに伴って、改新の内容、したがってまたその性格についての理解が種々に変化し、また分裂してきたこと、および大化前代の研究、とくに制度史的研究が進むに伴って、大化以前と大化以後の間の連続性を強調する傾向が一般化したことによって、改新の原因論はより複雑に、またより詳細になり、人によってそれぞれ微妙な相違をもつ議論が行われるようになった。ただ、それらを強いて大きく分けるならば、一つは外的要因を重視して、国家権力の強度の集中・発揮の必要性という点に改新の原因を求める考え方であって、この考え方は大ていの人々が多かれ少なかれ考慮に入れていたとは思われるけれども、しかし、それを根本原因として大きく前面に押し出した議論は、今のところまだあまり見うけられないといってよいであろう。

これに対して、もう一つは内的要因を重視して、改新を大和国家の政治・社会の発展あるいは展開の中から、必然的に生み出されたものだったとみる立場であって、それに属するものとしては、現在とくに有力に行なわれている次の二つの議論をあげることができる。すなわちその一つは、律令制的な諸要素・諸傾向は六世紀に入ったころから次第に著しくなってきており、それに伴って、天皇権力の実質的基盤も実は着々と強化・拡充されてきていたのであって、その結果として必然的に改新から大化以後の律令国家の形態に到達したのだとする、いわば大化前後連続論であり、もう一つは、日本の古代社会はもともと専制君主制が必然的に成立し発展する性質をもった、いわゆるアジア的社会であり、六世紀から七世紀前半にかけては、それまでの支配体制の下における社会の内的矛盾が増大して、まさに最も完成された専制君主制への転換を迫られる段階に来ていたとする、いわゆる古代デスポティズム論である。この両者は、天皇権力の絶対化ということを改新の中心目的にすえるという点で、戦前に皇室中心史観が描き出してきた歴史像をほぼそのまま承継し、それを新しい内的必然性の面から説明しようとしたものであって、その点で相互に補強し合う面をかなり有するという関係をもって、現在互いに両立している。

一　皇権回復説

そこで以下において、上にあげた諸見解について一々検討することとすると、まず皇権回復説であるが、確かに大織冠伝（家伝上）には、

俄而崗本天皇崩、皇后即位。王室衰微、政不レ自レ君。大臣窃慷慨之。……於レ是中大兄謂二大臣一曰、王政出レ自二大夫一、周鼎将レ移二季氏一。公如レ之何。願陳二奇策一。大臣具述二撥レ乱反レ正之謀一。

とあって、中臣鎌子（藤原鎌足）が皇室の衰微、蘇我氏の専権という状態を窃かに慷慨して、改新の事業を思い立ったことを述べ、書紀の皇極紀三（六四四）年正月乙亥朔条にもまた、

中臣鎌子連、為レ人忠正、有二匡済心一。乃憤下蘇我臣入鹿、失二君臣長幼之序一、挟中闚二覦社稷一之権上、歴試接二於王宗之中一、而求下可レ立二功名一哲主上、便附二心於中大兄一、疎然未レ獲レ展二其幽抱一。

とあって、ほぼ同様の筆法で改新に至るまでの事情を叙述している。しかしこのように、天皇の地位が絶対化された状態が本来あるべき姿であり、したがって皇権回復運動というものは、いつの時点においても、それ自体として必然性をもつものであったということは、これは要するに律令貴族の立場からの歴史解釈であり、またそのような解釈の

下にかれらが書き残した史料を、そのまま鵜呑みにして構成し展開した戦前までの、いわゆる皇国史観の歴史解釈にすぎない。天皇権力の確立、あるいは絶対化が、それ自体としてあるべき姿であるとか、律令国家の成立が皇室にとって絶対に好ましいことであったとかいうことは、何ら客観的な根拠のあることではないだけでなく、もともと改新の根本目的が皇権の確立にのみあったとみること自体が、甚だ疑問ではないかと思われるのである。

そもそも蘇我氏権力を打倒して、皇権を回復するというだけのことであるならば、何も氏姓制度を根本から否定するような大改革を行なう必要は必ずしもないし、またそうしなければ皇権が回復できないというわけのものでもない。皇権の確立が主目的ならば、むしろ権力を奪取してから暫らくは、まず政治組織などの体制固めを行ない、かりに長期的な皇権の確保のためには、どうしても根本的な改革（氏姓制度の否定）が必要だと考えたとしても、それは体制を一おう固めてから慎重に着手しそうなものであるが、実際に改新政治のやり方をみると、まず私地私民制の否定、ついで世襲職制の廃止というように根本的改革をまず行なっている。改新の結果、天皇の地位がかなり高められ、君主制的形態がより強められたことは確かに事実であろうが、それは当時の政治体制の根本的改革にとって必要と考えられたからであって、そこに根本の目的があったわけではないであろう。つまり、皇権確立の手段として律令制度が採用されたのではなくて、律令制度を採用した結果として、天皇の地位が形式的に高められたとみるべきであろう。事実、天皇権力は実質的にみると、律令体制の下でも絶対的といえるほど強化されてはいなかったのである。したがって皇権回復論は、改新の根本原因の説明としては極めて不十分であり、したがってまた、大化前後連続論や古代デスポティズム論にしても、皇権の強化・絶対化ということを主要な軸とする点からみた場合には、かなり問題があると言わなければならないであろう。なお、皇権が実質的にはそれほど強化されていなかったという点については、のちにまた詳しく触れる機会があるのではないかと思われる。

二　文物制度受容論

それから次には文物制度受容論であるが、これまた皇権回復論と同様、それほど問題とすべきことはない。この受容論もやはり、そのような要素が改新を生み出した諸条件の中にかなり大きな地位を占めており、またそれが改新の根本原因とかなり密接な関連をもっていたという可能性は十分考えられるが、そのような文化的意図をもって改新の根本原因を説明しうるということは、殆んど考えがたいことといってよいであろう。なぜならば、もしそのような意図の下に改新が行われたとすると、根本的な改革がまず行われたことが、やはり理解しがたくなるだけでなく、非常手段によってまで蘇我氏を滅ぼす必要がありえたかどうか、甚だ疑問となるからである。というのは、蘇我氏はもと大陸文化の吸収には最も勢心だった家柄であり、蝦夷・入鹿父子の代にも、隋・唐の文物制度の受容には極めて積極的だったのであって、けっしてその障害となるような存在だったわけではなかったからである。

推古朝は蘇我氏権力の最盛期であり、遣隋使を隋に派遣して、多数の留学生や学問僧を中国に遣ったのは、必ずしも聖徳太子の独自の政策ではなく、むしろ蘇我氏が積極的に行なったものとみるべきことは、私がすでに拙稿「推古朝政治の性格」（著作集第二巻第四部「大化改新史の諸問題」第一章を参照）で詳しく述べた通りであるが、やがて推古紀三十一（六二三）年七月条には、

是時、大唐学問者僧恵斉・恵光、及医恵日・福因等、並従二智洗爾等一来之。於レ是恵日等共奏聞曰、留二于唐国一

学者、皆学以成レ業。応レ喚。且其大唐国者、法式備定之珍国也。常須レ達。

とあり、また舒明紀二（六三〇）年八月丁酉（五日）条には、

以二大仁犬上君三田耜、大仁薬師恵日一、遣二於大唐一。

とあって、唐から最初に帰国した恵日らの留学生らが、このとき初めて唐朝の法式備定した大帝国であることを詳細・正確に報告し、蘇我氏が彼らを再び遣唐使として派遣することになったのであるから、蘇我氏が中国の文物制度の受容に反対するようなことは、とうてい考えがたいことと言わなければならないことであろう。

三　氏姓制度弊害論

それから次にもう一つ、社会経済史的立場からする氏姓制度弊害論であるが、これはもっぱら氏姓制度それ自体がもともとその本質において不合理なものであり、その不合理性が時代の進むにつれて、しだいに顕在化してきたという点に主たる論点がおかれていた。しかしその議論は次のように、必ずしも確かな根拠に基いて構築されたものではなく、どちらかといえばむしろ、そういうことにすれば説明がついたような気がするというだけのことにすぎないというように思われる。すなわち、そこでいう行き詰まりの具体的な内容は、一つは私地私民制の上に立っているために、有力者による土地人民の獲得競争が無制限に行われ、その結果として対立抗争が激化して政界の安定が失われ、朝鮮などに対しても、強力な対外政策の遂行が不可能になってしまっていたということであり、もう一つは、世襲職制が朝廷の政治組織の発達（複雑化・高度化）に伴って、次第に現実に適合しないものになり、むしろ政治の合

理的・効果的な運営、ひいては朝廷の発展を阻害するものとなってしまっていたというようなことであるが、しかし、実際にそのような状況に立ち至っていたという事実は、明確に立証されているわけではない。後述のように改新の原因は、主として推古朝の末年から舒明・皇極朝にかけての時期に求められるべきであったと考えられるが、その時期の実情をみると、けっして有力者の対立抗争が激しく行われていたとまではいえないし、また世襲職制も、それを全面的に廃止しなくても、従来の伴造・品部制に部分的に修正を加えて、政治組織を合理化してゆく余地は充分に存在していたといってよいであろう。

これらの弊害論の史料的根拠として最もよく上げられるのは、孝徳紀大化元（六四五）年九月甲申（十九日）条の詔文であって、そこには次のように書かれている。

仍詔曰、（中略）其臣連等、伴造・国造、各置㆓己民㆒、恣㆑情駈使。又割㆓国県山海林野池田㆒、以為㆓己財㆒、争戦不㆑已。或者兼㆓并数万頃田㆒、或者全無㆓容針少地㆒。（下略）

これは改新政府が成立して間もなく、全国に使者を遣わして民の元数（おおかず）を録した時の詔文の文章であって、これを見ると、大化直前当時の社会の実状を述べて、私地私民制を非難しているわけであるが、しかし「争戦不㆑已。」とか「無㆓容針少地㆒。」とかいうのは、明らかに非難せんがための誇張した表現であって、当時それほどの状態であったかどうかは大いに疑問である。この詔文の主旨は、詔の最後の部分で述べているように、私有地を拡大し、賃租によって農民を支配下に組み入れることを停止することにあるが、それは公地公民制採用のための予備的措置であって、その公地公民制というのは、従来の私地私民制と原理的に異なる制度であるから、原理的に前者のほうが正しいことを論じて納得させるのでないとすれば、勢い表面的な欠陥をあれこれと指摘して、それを強調するほかはない。

要するにこの詔文で言っていることは、律令的な公地公民制の立場に立った場合に初めて否定すべきものとなっている点を、声を大にして非難しているにすぎないのであって、実際に行き詰まりというほどの矛盾や弊害が存在したことを示す史料とはなしえない。むしろ逆にこの史料は、素直に読むならば、当時の私地私民制は順調に発展しつつあったことを物語っていた、といってよいのではないかと思われるのである

それからもう一つ、同様の弊害に言及している例として、これもよく引かれる史料であるが、次の如き孝徳紀大化二（六四六）年八月癸酉（十四日）条の次のような詔文がある。

詔曰、（中略）而始二王之名々一、臣連・伴造・国造、分二其品部一、別二彼名名一。復以二其民品部一、交雑使レ居二国県一。遂使二父子易レ姓、兄弟異レ宗、夫婦更互殊レ名、一家五分六割一。由レ是争競之訟、盈レ国充レ朝、終不レ見レ治、相乱弥盛。（下略）

この詔の内容は、これもすでに著作集第二巻『大化改新の研究　下』第四部「大化改新史の諸問題」第十章「いわゆる品部廃止の詔について」に詳しく論じてあるので、ここではごく簡単にいうと、この箇所の主眼は、このすぐあとに「粤以始二於今之御寓天皇一、及二臣連等一、所レ有品部、宜三悉皆罷為二国家民一。」とあり、また詔の最末に「今以二汝等一使レ仕状者、改二去旧職一、新設二百官一、及著二位階一、以二官位一叙。」とあるように、要するに従来の伴造・品部制を基礎とする世襲職制を廃止して、新たに律令的な官僚制を採用する方針であることを宣言する点にあり、上に引いたのはその理由付けを述べた部分であるが、ここにみえる「遂使二父子易レ姓……」以下の文章をもって、民衆の家族制度の破壊、およびそれに基く社会秩序の混乱の状況を述べたものと解釈して、それをもって私民制の生んだ弊害とする見方が、かなり一般に行われているわけである。しかし乍ら、ここもそのように解するのは、次のような理由から適

当ではないと私は考える。

なぜならばこの部分は、品部すなわち朝廷所属の職業部や御名代の部の設置の結果、臣・連・伴造・国造、とくに国造などの一族が、各種の品部を同時に管理するようになり、それを一族の内部で家ごとに分掌して、その掌るところによって、それぞれ氏の称を別にするというようになったために、そういう豪族層の一族の内部で、父子が姓（氏称）を易えたり、兄弟が宗を異にしたりするようになっているという事実を述べているとみるべきであって、民衆一般の家族のことを言っているとみるべき理由は全くない。いくら部が設置されても、それによって民衆の戸が分割されるということはありえないことであるし、「一家五分六割」といっている家の語も、ふつう古代では民衆の戸を指して用いられる語ではない。もともと豪族層がその職掌によって新しい氏を分立させてゆくのは、氏族制度の下ではごく当りまえのことであって、それ自体は何の弊害でも不合理でもない。それをこの詔では、律令的な立場に立って非難することが必要だったわけであって、そのために強いて儒教的な家族観念を持ち出して、このように述べたものにすぎないとみるべきであろう。

要するに上の二つの詔文は、ともに実際にはそれほど矛盾も弊害も生じておらず、それ自体としては根本的に改革する必要性がないにも拘らず、他の事情から根本的に改革しようということになったために、強いて表面的な理由をあげて、氏姓制度を非難したものと解するのが妥当であり、したがって氏姓制度弊害論は、やはり改新の根本原因を説明するものとしては、極めて根拠薄弱といわなければならない。

第二節　戦後の原因論

以上の如く、戦前の主な見解はみな、根本原因の説明としては甚だ不十分、あるいは不適当ということになるわけであるが、しかしその説く所は全面的に捨て去るべきではなく、それぞれに事の一面を捉えている。例えば皇権回復論がいう皇権の絶対化は、これを豪族層、とくに中央豪族層の共同の立場を強化するための、超越的な権威の確立という意味にとるならば、そういう必要性はあったと考えられるのであり、氏姓制度弊害論がいう弊害も、急激で効率的な権力集中の体制に転換するための障害という意味にとるならば、そういう転換の心要性はあったのではないかと考えられる。また文物制度受容論のいう大陸制度の採用も、単なる模倣のための模倣ではなく、ある特定の目的のための手段として、当時としてはどうしても必要だったと考えられたための採用であるならば、そのような必要性はやはりあったとみるべきであろう。そしてこれらの必要性が、究極的にどういう所から生じてきたものかというところが、ここでの問題だということになるわけである。

ところでこれらの必要性は、結局は律令体制の成立によって、ほぼすべて満たされたとみられることになるわけであるが、この律令体制の成立を当時の必然的な趨勢であったとすることによって、すなわち必要性を必然性に置き換えることによって、すべてを説明しようとしたのが、戦後の二つの主な見解であった。したがってそこではすべて原因は問題ではなくなり、すべてについて理由が専ら持ち上げられることになったわけであった。

一　大化前後連続論

そのうち、まず大化前後連続論であるが、これに対する批判的見解はすでにまとめて発表したことがあるので（著作集第二巻第四部「大化改新史の諸問題」第一章「推古朝政治の性格」を参照）、ここではなるべく簡単にいうと、要点は次のようなこととなる。すなわちまず第一に、そこで指摘されている六世紀以後著しくなった律令的進化の事実というものは、実はいわゆる官司制にしても国造制にしても、みな五世紀以来の屯倉や部の発達に基くものであって、これをもって氏姓制度を否定する性質をもった全く新しい現象とすることはできない。それからまた、ふつう推古朝の政治は聖徳太子の新政などと呼ばれ、改新の先駆として一般に評価されているけれども、しかし冷静にみると、そこにはまだ明らかに律令制を志向しているようなものは殆んど見られず、それら（十二階の冠位、十七条の憲法、国史の編纂、遣隋使の派遣など）の指導者も主としては蘇我氏が中心であったとみるべきである。

そもそもこの連続論では、氏姓制度と律令制度との本質的相違点というものに対する考慮が殆んど見られず、むしろ氏姓制度が発展すれば、それは自ら律令制度のような形に推転してゆくべきものだという考えを前提にしている。しかしもしそうであったとすれば、氏姓制度の発展を示す事象は、すべて律令的進化と呼ぶことができるということになってしまうわけであるが、それは甚だ疑問であるだけでなく、もしそうなれば、とり立てて律令的進化ということを持ち出す意味が全くなくなってしまうのであって、やはり氏姓制度を根本から否定するような新しい要素、ないしは新しい指向が現われてきていたかどうかが問題にされなければならないであろう。そしてその場合に、両制度の根本的相違点をどこに求めるべきかといえば、それは主として公地公民制か私地私民制かという点、および世襲職制か律令的官僚制かという点、の二点に絞るのが妥当と考えられるのであるが、この二点について、明白に新しいものが現われてきているという事実は、大化前代においては殆んど指摘することができないのである。

それから次に第二に、そこで主張されている六世紀以来の皇権の伸長ということも、事実としては甚だ疑問である。記・紀の記述から窺われる限り、皇権がかなり強力だったらしいのは、五世紀後半の雄略朝あたりまでであって、その後は平群・大伴・物部・蘇我などの権力者が、順次勢力を振うようになったというのが実情のようであり、その状態は推古朝を超えて舒明・皇極朝、すなわち大化直前まで続いたとみるべきである。推古朝を上述のように天皇の政治とか太子の政治などと呼んだりしたけれども、この時期こそは蘇我氏の全盛期であって、皇権伸張の時期とみることはできない。井上光貞氏がこのころの皇室の経済的基盤として強調された屯倉やいわゆる名代・子代などは、その一部には皇室所属のものもあったかもしれないが、基本的にはこれらの大部分はみな朝廷所属であり、またその武力的基盤とされた舎人・靫負なども、天皇親衛軍というよりはむしろ宮廷警衛軍というべきものであって、これらは朝廷を構成する中央豪族群に対抗するための皇室の権力的基盤とするわけにはいかない。この屯倉や職業部、御名代の伴と部などの充実と発展は、それ自体が氏姓制度の発達の姿であって、当初は極めて素朴な形態であった大和朝廷は、これらの発展に伴って次第に複雑化し、伴造制という形で官司制的な組織が発達してゆくとともに、その官司制的な機構そのものが国家権力の主体になり、その指導権が官司制機構の頂上に位置する大臣・大連の手に握られるようになったわけである。すなわちこれは言い換えれば、上の如き朝廷の政治組織の発達にともなって、天皇は五世紀後半以来しだいに実質的な権力から疎外され、朝廷内部における天皇の地位は、相対的に低下してきていたということであって、このことは、君主権のみが上昇し、他の貴族群の地位が低下して官僚化してゆくという、専制君主制成立の過程とは、むしろ逆の方向を示すものとして注目されなければならないのである。

それからまた第三に、この連続論でいくと、蘇我氏権力というものの正当的な位置づけは、全く不可能になってしまう。というのはこの連続論によれば、いわゆる律令的進化の事象と皇権の伸張とが一体となった関係で、六世紀以降しだいに著しくなり、その新しい動きが結果は蘇我氏権力を打倒して改新を実現したというのであるから、蘇我氏権力は五世紀以前からの古い立場を代表する存在であり、その新しい動きによって否定されるべき対立物だったということにならざるをえないのであるが、しかしそれは、蘇我氏の存在を不当に悪者にみる皇権回復論以来の伝統を、そのまま継承したものであって、事実には合致しない。なぜならば蘇我氏は、六世紀になってから擡頭してきた新興の勢力で、当時の進歩派の首領として、積極的に大陸の文化技術の導入と中央権力の強化を図り、遂に六世紀の末（五八七年）に皇族・中央豪族層の圧倒的支持の下に、保守派の代表であった物部氏らを倒して朝廷の実権を握り、七世紀前半にかけて最初の本格的な貴族文化である飛鳥文化を開花させたのであって、単なる旧体制の支持者として政治の舞台に登場したものとみるわけにはいかないからである。しかしこの連続論があげている屯倉や品部の発展、それに基く官司制・国造制の発達などは、みな主として蘇我氏の指導の下に行われたものとみてよいのであるから、これらによって否定されるべき対立物として蘇我氏を位置付けるわけには、とうていいかないのである。

このような点からして、連続論が説く改新実現の理由はそのまま認めることができないものである。ことにその理由の起点を六世紀という蘇我氏以前の早い時期に置いている点と、律令体制を氏姓制度からの必然的な到達点と決めてかかっている点とは、根本的な欠陥といってよい。しかしこの連続論にも採るべきところがないわけではないのであって、その最大の功績は、大化前代の朝廷の支配がけっして下降線を辿っていたものではないことを、初めて明らかにした点にあるといってよいであろう。すなわち、緩急の差はあっても、中央権力の強化（畿内集権）を志向する政治コースは、大化の前後を通じて一貫していたという事実の認識は、改新の原因や性格を考える場合に極めて重要なことであるが、従来は全くそのことが欠けていた。ただこの連続論では、その場合に氏姓制度的コースと律令制的コースとの根本的な相違点に顧慮を払わず、また蘇我氏権力の存在と意義を全く無視して、両コースを全く連続的に結びつけてしまったところに誤りがあったわけである。したがって、われわれは改新の原因を考えるに当って、なぜ同じ畿内集権の線上にありながら、途中で蘇我氏のコースから律令的なコースへと、大幅に政治を切り換えねばならなかったかという事情に、もっぱら焦点を合せるべきであり、またしたがって時期的には主として蘇我氏全盛期以後、とくに舒明・皇極朝の時期を問題にすべきであるということになるのではないかと思われる。

二　古代デスポティズム論

それから次に古代デスポティズム論であるが、これはやはり改新が行われた理由を主として内的要因に求めるものであって、その要因の起点を六世紀ころ（蘇我氏以前）に置いていることと、律令体制を日本古代社会の必然的な到達点としていることは、連続論と共通している。しかし連続論が改新の前後を通じて、朝廷の支配を一続きの上昇線で画いているのに対して、ここでは大化前代における大和朝廷の支配が、社会の矛盾の増大によって、重大な危機に直面していたという想定の上に立っていることが根本的な相違点であるといってよいであろう。

この論に対する批判的見解もまえにまとめて述べたことがあるので（著作集第二巻第四部「大化改新史の諸問題」第一章「推古朝政治の性格」を参照）、これもやはりかなりの点で繰り返しになるが、まずこのデスポティズム論の立論の基礎である共同体的諸関係の実体は、少くとも七世紀ころまでについては、殆んど不明であって、現在行われている共同体論はその出発点においてすでに問題がある。また、かりに日本の古代社会に強固な共同体的諸関係が存在していて、そのために弥生時代以来各地域ごとに成立してきていた権力が、必然的に専制君主制的な性格を帯びていたとしても、それらを統合して成立した古代国家が、中国などのような大流域国家と同様に、専制君主制の形態をとる必然性をもっていたかどうかが問題である。そして実際に大和国家や律令国家が確かに専制君主制的な権力構造をもっていたことの論証はまだ行われていないだけでなく、むしろ逆の傾向、すなわち例えば大和朝廷における天皇権力の相対的低下、律令国家における貴族権力の相対的上昇などが、案外強かったという疑いがかなり濃厚である。したがって、改新の原因を考えるにも、デスポティズム成立の必然性ということを初めから前提として考えるわけにはいかない。

そこで当面の問題は、この論が提出している事実の推定、すなわち六世紀に入ったころから、それまでの大きな共同体が分解して、その中から八世紀の戸籍・計帳の記載にみえる郷戸程度の共同体が急速に成立しはじめ、その共同体の首長、すなわち郷戸主的存在の地位が一般に確立してきたために、朝廷の屯倉や部の支配、あるいは国造の在地支配の体制が従来のまま維持しがたくなったという事実の推定が、果して当っているかどうかということであるが、この推定はかなり疑問ではないかと思われる。なぜならば、この論は六世紀のころにおける共同体の分解という事実を示す直接の証拠を持っているわけではなく、そのころにおける群集墳の急激な出現を郷戸主的存在の広汎な成立の結果とみる解釈と、いわゆる継体・欽明朝の内乱を全社会的な動乱とする解釈とを、二つのおもな傍証として持っているだけであるが、この二つは必ずしもそのように解釈しなければならないというものではない。のみならず、この議論の前提となっている共同体論それ自体が、もともと十分な根拠をもって成立しているかどうか甚だ疑わしい。

というのは、現在行われている共同体論は、いくらか説が分かれているようであるが、いずれにしても八世紀の戸籍・計帳などにみえるいわゆる郷戸の記載を、その当時実際に存在した共同体の実態のほぼそのままの反映とみて、そのような郷戸共同体の構造や性格を細かく分析し、それに基いて古代における共同体の発展段階や運動法則に関する議論を展開したものである。しかしながら、現存の籍帳上の郷戸の記載というものは、何回かの造籍を繰り返すうちに、自ら籍帳の記載の上にのみ成立してきた形態にすぎず、郷戸のごとき形態と構造をもった共同体が、そのときその地域に実際に存在したことを示すものではない。そしてこのような籍帳記載の性質を考慮した上で遡って推定するならば、孝徳朝から天智朝のころにかけて全国各地にしだいに編戸がおこなわれ、それぞれ最初の戸籍が造られた時には、おそらく里は基本的には房戸程度のものを単位とし、三十戸あるいは五十戸で編成されたのであり、律令国家は初めから、現実の棟別の生活体である房戸的な戸を直接把握の対象としていたと考えるのが最も自然である（浄御原令段階まで戸別賦課だったという場合の戸も、そのような棟別の戸と考えるのが自然であり、改新の詔第四条の税制が対象としていた戸も、同様の戸だったとみるのが適当である）。したがって大化の頃までは、村落の構成単位が房戸程度のものだったことが、ほぼ推測できるわけであるが、それ以前については確かな手掛りは全くないといってよいから、どのような推測も可能だといえばいえないこともない。しかし、もし六世紀ころにそれまでの何らかの共同体が分解して、郷戸的な共同体が成立したとすると、その郷戸的な共同体がさらに大化以前にすでに房戸的な戸に分解していたということになって、変化があまりにも急速すぎることになるから、その可能性は殆んどないといってよいであろう。

要するに、その前提とする共同体論が出発点において問題があり、郷戸共同体なるものが、八世紀においては勿論、それ以前においても、かつて実在したという保証が全くないものである以上、六世紀ころにおける郷戸主的存在の独立という推定は、殆んど問題にする必要はないわけである。ただし全くの想像ではあるが、六世紀のころに何らかの共同体が急速に分解して、房戸的なものが広汎に成立し、そこから生じた社会的変動との深い関連の下に、磐井の乱や継体・欽明朝の内乱が生じたというような想定も、理屈の上では出来ないことではない。しかし、かりにそのような社会的変動があったとしても、それは六世紀のことであるから、そこから生みだされてきたのは、蘇我氏の指導による政治のコースと考えるのが自然であって、これを改新の原因に直接結び付けるのが適当でないことは、連続論の場合とほぼ同様である。

第三節　中央集権体制の実現

一　内的要因

以上は従来の諸説の検討で、これを要約すると次のようになる。すなわち、戦前の諸説はみな根本原因を解明するに足らないが、それぞれ一面の真実に触れており、それらを綜合すると、大化前代の朝廷は緊急の問題を抱えており、それを解決するために当時必要であり、また必要であると考えられていた方式は、大陸文物制度の積極的な受容を伴なう方式であり、その方式を採用すれば、必然的に天皇の地位は形式的に高められ、またそれまでの氏姓制度の基本原則は、根本から否定されることになるような方式であったということになる。そしてそれらは結局一言にしていえば、当時の人々が律令制度の採用によって打開できると考えたような問題を抱えていたということである。そこでその問題というのは、具体的に何であったかということになるが、それについての戦後の連続論とデスポティズム論の説明は、そのままでは容認できないものである。ただこれらの検討を通じて得られた結論は、六世紀ころに何らかの問題が生じたとすれば、それは蘇我氏の政治によって一おう解決、あるいは克服されたとみるべきであること、蘇我氏の指導による中央権力強化の政治の成果が、改新すなわち律令的中央集権体制の実現を可能にした主たる前提であること、したがって改新の原因すなわち律令的集権コースに転換するに至った理由は、主として大化直前の舒明・皇極朝の時期に求めるべきであることなどである、ということになるであろう。

そこでいま舒明・皇極朝の時期についてみると、まず内的要因であるが、これというほどのものは、デスポティズム論の立場からも具体的には指摘されていないし、実際に史料の上からも、指摘することは困難である。しかし史料にみえないからといって、それが存在しなかったとは必ずしも言えない。ことに氏姓制度それ自体の行きづまりということはあまり考えられないとしても、制度と社会的現実との乖離の増大ということはありうることであり、そういう面については、日本書紀のような政府の手に成る編纂物では、直接にその存在を示すような記事は、あまり出て来ないのが普通である。そこでこの種の要因がかりにあったとした場合には、どういうことが最も可能性があるかということを考えてみると、次のように考えることができるのではないかと思われる。即ち、改新によって行われた最も根本的な改革は、度々言うように公地公民制への切換えと、律令制的官人制度の採用であって、それによって強度の中央集権体制が実現するはずであった。しかしそれを可能にしたのは、蘇我氏権力の下における畿内権力の力の充実であり、改新もまた畿内勢力が主体となって、国家権力を決定的に強化しようとしたのであるから、権力の主体という点では、根本的な変化はなかったとみるべきである。また天皇の地位は制度上では高められたが、中央豪族群の地位がそれによって押し下げられたわけではないから、この点でも実質的変化は殆んどなかった。階級関係に至っては、全く変化がなかったといってよい。したがって改新の結果生じた最も大きな構造上の変化は、地方豪族層の権力が大幅に削減され、その地位が著しく低下して、中央豪族群との間の力の差が決定的に開いたということであって、そのほかにはそれほど大きな変化はなかった。そしてそのことが、強度の中央集権化ということの具体的内容をなしているわけである。

従って、このような形の結果を生じるような改革が必要だったことになるわけであるが、そうすると、そのような必要性を生じた主な内的要因としては、次の二つの場合が想定される。すなわちその一つは、地方豪族層が全般的に、あるいはその一部が、大化直前のころになって急に勢力を増してきて、これを放置しておいては、畿内勢力の主導権が失われる恐れが生じたという場合であり、またもう一つは、それとは逆に、被支配層における社会構造の変化、あるいは生産力の増大の如き何らかの事情によって、地方豪族層が従来のままの支配を維持しがたくなり、中央に対する従属性を強めることによって、その困難を乗り越える必要に迫られたという場合である。もし内的要因をさぐるとすれば、おそらく主要なものは、この二つの場合以外には出ないのではないかと思われるが、しかしこの二つの想定が事実の問題としてどれだけ可能性があるかというと、どちらも甚だ心許ない。もちろん否定的材料についても、直接の史料となるものは、やはり殆んどないのであるが、間接的な状況判断からいっても、あれほど根本的で急激な改革を必要とするほど事態が進行していた様子は、どちらの場合についても、殆んど窺われないのである。

たとえば第一の場合についていうと、蘇我氏権力の確立期に入ってからのち、即ち六世紀の後半以後においては、地方豪族の朝廷に対する反抗あるいは不従順の事実は、史料の上に全く現われなくなるし（それ以前は指摘できるにも拘らず）、改新政府の施策に対する抵抗の空気やその事実も殆んど窺われない。むしろ初めの内は少くとも改新を歓迎し、これに期待を寄せていたような様子さえ見うけられるのである。また第二の場合についていうと、やはり七世紀に入った頃に、国造などの地域支配がとくに困難になった様子は殆んどないし、大化の諸政策をみても、公地公民制という律令制度の原則に則った政策以外に、とくに一般民衆に対する統制的、抑圧的な措置を講じてはいない（孝徳紀大化二年三月甲申（二十二日）条の長文の詔などは、その後半で旧来の陋習を禁止することを述べ、民間のことにいろいろと言及しているが、そのような意図は殆んど窺われない）。当時の社会構造、ことに家族構造（基礎的共同体）の実態およびその動向については、実は上述のように全く分っていないというのが実情であって、その点は今後の課題であるけれども、少くとも改新政府は、当時存在していた戸をそのまま戸として把握し、それを律令的な民政制度の基礎とする方針だったように思われる。また八世紀前半ころの実情をみても、里長などはかなり無力な存在であって、郡司層、すなわち大化前代以来の地方豪族層の下に有力な層が擡頭してきていた様子は、全くといってよいほど窺われない。これを要するに改新はそれまでの中央勢力の圧倒的優位という状態の上に立って行われた改革であり、また地方豪族の民衆支配の内部にも、それほどの問題は存在していなかったように思われるのである。

なおこのような判断は、舒明朝の一般的な政情とも合致している。すなわち舒明朝は前後十三年にわたるが、その間、書紀には政治上の重大な事件、あるいは政局の波瀾を思わせるような記事は、全くといってよいほど見当らないのみならず、むしろ逆に、比較的に平穏であったことを積極的に推測させるような事実も指摘することができる。

というのは、舒明天皇は初め飛鳥の岡本宮にいたので、岡本宮御宇天皇と呼ばれるが、この岡本宮が舒明天皇八（六三六）年六月に炎上したので、一時田中宮に移り、やがて同十一年七月に新たに百済宮の造営に着手して、翌十二年十月にそこに移った。但しその翌年十月に天皇はこの百済宮で死去し、宮の北で殯が行われ（百済大殯）、東宮開別皇子が年十六歳で誄をした。書紀によると、このとき百済川のほとりに大宮と大寺とを同時に造り始め、西の民を造宮に、東の民を造寺に役したというが、これは次の皇極天皇が即位するとその元（六四二）年九月に、百済大寺の造営を継続するために、近江と越の丁を徴発し、また新しい宮（飛鳥板蓋宮であろう）を造るために、国々に用材を求めさせ、東は遠江、西は安芸に至る範囲の造宮丁を徴発することにしていることを参照すると、この場合も同様にかなり大規模な労働力の動員であって、畿外のかなり遠方にまで及ぶ地域の地方民を徭役に徴発したことが知られる。したがって、当時もし体制的不安がかなり顕著になっていたならば、朝廷は当然緊迫した空気に包まれて然るべきであるにも拘らず、実際には十一年十二月から翌年四月にかけて、伊予の温湯宮への行幸が行われている。この行幸のことは、伊予国風土記の逸文（釈紀十四。万葉集註釈三）にもみえていて、確かな事実とみてよいであろう。天皇はこのほかにも、三年九月と十年十月にも摂津の有間の温湯に行幸しているが、このような行幸の場合には、主要な皇族や政府の高官・要人は、留守官を残して殆んど全部が随行するのが通例であり、その留守中に事が起る恐れが少くないから（大化三年十二月晦、災皇太子宮。斉明天皇四年十一月、有間皇子事件など）、この時期にそのような遠方への行幸が行われたということは、当時の支配体制および政情に、それほどの不安がなかったことを物語るとみてよいのではないかと思われるのである。

二　外的要因

このように舒明朝の状況は、内的要因が六世紀頃からしだいに進行、あるいは深化していたにしては、あまりに平穏であるだけでなく、推古朝を過ぎた頃から、新しい要因が発生してきていたような形跡も、殆んど窺われないのであるが、一ぽう外的要因については、かなり明確なものを指摘することができる。しかも国内の政情は、皇極朝に入ってその二年の頃を境に急激に緊迫化し、改新前夜の様相を呈してくるのであるが、外的要因として指摘できる当時の大陸情勢は、かなりそのような変化に対応していると思われるところがある。

そこでその大陸情勢であるが、まず朝鮮においては、任那諸国が新羅に併合されてから、すでに半世紀以上を経ており（欽明紀二十三（五六二）年、加羅・安羅・斯二岐・多羅・卒麻・古嗟・子他・散半下・乞飡・稔礼の十国とある）、その回復の望みは殆んどなくなろうとしていた。末松保和氏によれば、任那滅亡後の朝廷は、やがて新羅の領有を黙認する代りに、任那之調というものを新羅から出させることにしたと考えられ、敏達紀四（五七五）年六月条に新羅が多々羅・須奈羅・和陀・発鬼四邑之調というものを進ったとあるのが、その最初であろうということがあって（末松保和『任那興亡史』第八章任那問題の結末）、推古紀八年二月条、同十八年七月条、同十九年八月条、同三十一年七月条、舒明紀十年是歳条などに、任那の使なるものが、新羅の貢調使と共に来朝しているのは、この任那の調が行われていたことを示すものとみることができる。これらの記事には、新羅が任那を侵した（推古紀八年条）とか、新羅が任那を討って、任那が新羅に附した（同三十一年条）というような記述があって、またこれに対する朝廷の対策などにも不明な点があって、任那をめぐる朝鮮の実情についてやや理解しがたいところがあり、またこれに対する朝廷の対策などにも不明な点があって、それらは将来の課題としなければならないが（任那と呼ばれているものの実体、四邑あるいは六城の性格、任那と新羅との関係、任那復興ということの内容、蘇我氏の外交方針など）、しかしとにかくこの任那の調すらも、確実に進らせることが次第に困難になりつつあったのではないかと思われる。

ただ、しかしそのようなことだけならば、それは欽明朝以来のことであって、必ずしも大改革の要因とするには足りないが、その後皇極朝に入ってまもなく、任那をめぐる情勢に大きな変化が生じた。すなわち新羅は、任那を滅ぼした三年後の五六五（欽明二十六）年に新たに大耶州（多羅―陜川）を置いていたが、六四二（皇極元）年七月、百済の義慈王は親ら兵を帥いて新羅領土に侵入して四十余城を陥れ、同八月には将軍允忠を遣し、兵一万を率いて大耶城を攻略させたのである（唐書百済伝、三国史記百済本紀義慈王二年）。

この四十余城というのがどこであるかは不明であるが、続いて大耶城を攻略しているところからみても、かなり広い地域にわたると考えられるので、このときに百済は洛東江の西岸全域、すなわち旧任那の大半を奪い取ったものと見られている（末松保和『任那興亡史』）。孝徳紀大化元（六四五）年七月丙子（十日）条には「高麗・百済・新羅、並遣レ使進レ調。百済調使兼領二任那使一、進二任那調一」とあって、そのあとに高麗使に対する好意的な詔の中で、「始我遠皇祖之世、以二百済国一為二内官家一、譬如二三絞之綱一。中間以二任那国一属二賜百済一。後遣二三輪栗隈君東人一観二察任那国界一。是故百済王随レ勅悉示二其界一。而調有レ闕。由レ是却二還其調一。……」といっているのは、百済が新たに奪い取った任那の地の領有を朝廷が認め、それ以後は百済が任那の調を進ることになった事実を述べたものとみることができる。そしてこの詔や、六四一（舒明天皇十三）年から六四二（皇極天皇元）年春にかけて、百済で内乱あるいはクーデターのようなものがあり、その結果親日本派が失脚したらしいこと（皇極紀元年正月乙酉（二十九日）条、同二月戊子（二日）条など――日本古典文学大系日本書紀下補注二四―一）、百済の態度がこの時期を境に変化をみせていること（皇極紀二年七月辛亥（三日）条、調の欠少）などからみると、百済はここに来て、独自の立場で積極的に任那侵略に乗り出したと考えられ、もしそうだとすると、百済と協力して任那を回復しようという朝廷の従来からの方針は、この段階で完全に挫折するに至ったということになるわけである。しかし百済は、任那を奪取した翌六四二（皇極元）年には、高句麗と結んで新羅の党項城を取ろうとし、新羅が唐に入貢する途を塞ごうとしたため、新羅は唐に救援を求め、ここに唐と新羅が連携する形勢が生じた。すなわち、これまで任那の問題は単に南朝鮮の問題に過ぎなかったものが、ここに至って、唐の動きと直接に関係する問題となったわけである。

第四節　中国と朝鮮の関係

一　隋と高句麗

そこで次に、中国と朝鮮との関係についてみてみると、中国では五八一（敏達一〇）年に隋の文帝（隋国公楊堅）が北周の帝位を継承して新王朝を開き、続いて五八九（開皇九、崇峻二）に南朝の陳を亡ぼして、約二七〇年振り（三一七年に東晋成立）に中国を統一した。この大統一国家の出現は、周囲の諸民族に大きな威圧を加えることになり、それに伴って、文化的刺戟もまた著しく強まったが、東アジアの諸国に対しては、やがて直接の軍事的脅威をも与えることになった。というのは、五八四年から南朝の陳に入貢していた高句麗は、中国統一後も隋に入貢しなかっただけでなく、隋に対する防備を固め、五九八（開皇一八、推古六）年には一万余騎の靺鞨族を率いて遼西に侵入したため、隋の文帝は、水陸三十万と称する軍を率いて高句麗を討伐しようとした。このときは糧食運搬の不備や疫病のために撤退せざるをえなくなり、高句麗も謝罪をしたので、一たん事は落着したが、その後高句麗が隋に朝貢したのは、六〇〇（開皇二十）年の一度だけで（隋書にみえる同年の遣隋使はこれらの動きと関係があるかもしれない）、高句麗の態度はあまり変らなかった。

そのため次の煬帝のときになって、いよいよ大規模な遠征が行われることになり、その第一回は推古天皇二十（六一二、大業八）年に行われ、徴募した兵員一一三万、隊列は前後一千里に渡ったというが、その陸軍三十万五千のうち、生還したもの二千七百人、水軍もまた大敗して引き上げた。そこで翌年に第二回、さらに翌々年に第三回の大遠征が行われたが、結局いずれも成功せず、かえってこれが大きな原因となって、隋の支配は崩壊し、推古天皇二十六（六一八）年に煬帝は殺され、唐の高祖（李淵）が新王朝を創建した。推古紀ではこの年の条にかけて、高句麗が大和朝廷に使者を遣して隋の来攻を撃退した状況を報告し、貢物と共に隋の捕虜二人と捕獲した武器などを送ってきたことを述べているが、それは実際には推古天皇二十三、四年ころのことではないかとも思われる（そのあとに続く船舶建造の話が同二十六年のことで、その目的が高句麗の通報に基いて非常に備えるためだったので、遡って高句麗からの遣使のことを併記したとみることもできる）。いずれにしても、この事件がわが朝廷にかなりの衝撃を与えたことは間違いないであろう。もっともこの高句麗の通報によって、初めて事情を知ったとするわけにはいかないであろう。海外事情はかなり敏感に伝えられているし、推古紀によれば、第三回高句麗遠征が行われた推古天皇二十二年に犬上御田鍬らが遣隋使として発遣された、翌年に帰国しているから、当然この遣隋使が事情を報告していたとみるべきであろう。

二　唐と高句麗

唐は高句麗に対する態度においては、隋と殆んど変らなかったが、初めのうちは積極的な行動に出ることを差し控え（隋の失敗に鑑みて）、栄留王を正式に高句麗王（上柱国遼東郡王高句麗王）に封じたが、しかし両国の関係は必ずしも良好ではなかった。しかし唐の国勢はその当初から極めて盛んで、国内の文物・制度は整い（武徳律令は六二四（武徳七）年に施行）、四方に対しても大いに武威を輝かした。それらの状況は、隋の高句麗遠征が行なわれたあとのことでもあり、かなり敏感に日本にも伝えられたと見てよいであろう。推古紀によれば、すでにその三十一（六二三）年七月に遣隋留学生であった薬師恵日らが、新羅の使者とともに帰国して、唐は法式の備り定まれる珍らしき国であるから、常に達うべきであるということを朝廷に報告していた。そして舒明朝に入ると、その二（六三〇）年八月に犬上三田耜・恵日らが遣唐使として派遣され、同四（六三二）年帰朝の際には、唐の送使高表仁、および遣隋留学生であった僧旻らを伴ってきた。

この高表仁は、単なる送使にすぎないものであったかどうかは問題であって、このときは丁度、唐と高句麗との関係が一時険悪になっていた時期であるから、恐らく高句麗討伐に協力する約束を取りつける目的をもって来たのではないかと思われる。なぜならば旧唐書倭国伝に、貞観五（六三一、舒明三）年に倭国が使を遣って方物を献じたことを述べ、そのあとに「又遣㆓新州刺史高表仁㆒持㆑節往撫之。表仁無㆓綏遠之才㆒、与㆓王子㆒争㆑礼、不㆑宣㆓朝命㆒而還。」といっており、舒明紀にも表仁の到着を丁重に迎えた記事はあっても、表仁が天皇と会見した記事がないところからみて、この旧唐書の記事は事実を述べたものと思われるが、そこに持節といっていること、今回のみ特に送使をよこしていること、これ以後朝廷は二十年近くも唐と直接の交際を絶っていること、などから考えると、表仁はかなり重要な使命を帯びて来朝し、結局その目的を達しないで帰ったものと思われるからである。おそらく使命を果せなかった言い訳けに、王子と礼を争ったために朝命を宣することができなかったというような報告をしたか、あるいは朝廷の側が太宗の命を受けて、これをはっきりと拒否することを避けるために、古人皇子あたり（中大兄皇子は当時七歳）が礼を争うというような方法を取ったのであろう。いずれにしても、朝廷は欽明朝以来の親高句麗政策を変えることなく、そのためには、唐に対して敢えて非協力の態度（敵対とまではいかないとしても）を取ることにしたとみられるのである。

このような日唐関係の下で、その後も舒明天皇十一（六三九）年九月に僧恵隠ら、同十二年十月には南淵請安と高向玄理というように、留学生らが長い留学期間ののちに（推古十六（六〇八）年に出発）次々に帰国した。これらの留学生らが朝廷の諮問に答えたり（僧旻、舒明紀九年二月戊寅（廿三日）、同十一年正月己巳（廿五日））、仏典を講説したり（恵隠、舒明紀十二年五月辛丑（五日））、諸氏の子弟を集めて経書の講説をしたり（僧旻、家伝）、自宅で教授したり（請安、皇極紀三年正月乙亥朔）したことは文献に見えているが、そのほかにも、中央の人々の関心に応えて、隋・唐の興亡、唐の発展、隋・唐と高句麗との関係など、直接に見聞きしてきたところを詳しく語って聞かせたに違いない。そしてそれらのことを通じて、唐大帝国の存在がしだいに大きく意識されるようになり、ことに将来その可能性が予見される軍事的脅威について、これに対処する必要が強く感じられるようになっていったと推測されるのである。

事実、皇極天皇三（六四四、貞観十八）年に至って、唐の太宗は高句麗遠征の準備を始めるわけであるが、高句麗ではその二年、あるいは三年まえに、泉蓋蘇文（書紀には伊梨柯須弥とある。伊梨はもと淵で、唐の高祖李淵の諱を避けて泉としたのであろう。音は恐らくIr-Kasumであろうという）のクーデターが行なわれ、強度の独裁政治が出現した。すなわち、西部大人蓋蘇文に悪行があったので、栄留王（建武）が諸大臣と議して、これを誅殺しようとしたが、事が洩れて逆に蓋蘇文は大臣ら百余人を殺し、さらに王を殺してその弟王の子の宝蔵王（臧）を立て、自らは莫離支となった。これは中国における兵部尚書と中書令とを兼ねたような職であったというのである。この事件は旧唐書や三国史記は六四二（貞観一六、栄留王二五年十月）年のこととしているが、書紀では皇極天皇元（六四二）年二月の条に、高句麗の使人が難波に到着して、去年九月に大臣伊梨柯須弥が王を殺して、弟王の子を立てたことを報告したという記事があって、両者に一年の相違がある。これは何れが正しいか確言はできないが、書紀のこのあたりの高句麗関係記事には、やや混乱の形述があるから（書紀では皇極天皇元年八月己亥（十六日）条に「高麗使人罷帰。」とあるが、使人来朝の記事はなく、また同二年六月辛卯（十三日）条に、高麗使人が来たという筑紫大宰の急報を聞いた群卿が、「高麗自己亥年（舒明一一）不朝而今年朝也。」といったという記事を掲げているが、実際には前年二月と八月に高麗使人の記事がある）、あるいは大陸史料の六四二（皇極元）年のほうが正しいのかもしれない。

この蓋蘇文のことを、大陸史料は甚だ暴逆無道で残忍な独裁者として述べているが、それには大義名分論と唐の立場の正当化のための誇張が、かなり含まれているとみるべきであって、日本の朝廷がこの独裁政治に初めから好意的であったこと、高句麗滅亡（六六八、天智七）の数年前に蓋蘇文が死ぬまで（六六五、天智四）、かれの地位が安泰であったことなどからみると、このような独裁政治の出現は、当時の高句麗にとっては、かなりの必然性があったものと考えられる。なおこの蓋蘇文のクーデターが朝廷に与えた衝撃は極めて大きく、それが中大兄皇子らの入鹿暗殺の主要な原因となったという見方がある（青木和夫「藤原鎌足」日本人物史大系第一巻所収が明言はしていないけれども）が、改新政治になってからも、高句麗とは友好関係を変えていないし、またそう見たのでは、古い皇権回復論に送戻りしてしまって、大改革が行われたことの説明がつかないので、簡単には従うことができない。

以上要するに朝鮮においては、皇極天皇元（六四二）年に至って、百済では親日本派が失脚して、対新羅積極派が指導権を握り、高句麗では泉蓋蘇文の独裁権力が出現して、唐に対する抵抗の姿勢をいよいよ強め、両国が提携して新羅を圧迫するとともに、新羅が唐に入朝する途を遮断しようとする情勢となったわけである。しかもこれに対して、新羅が唐に救援を求め、唐の太宗が翌六四三（皇極二）（貞観十七）年に使者を高句麗と百済に遣わして、新羅を攻撃しないように告諭すると、泉蓋蘇文は、かつて高句麗が隋に攻められていたとき、新羅がその隙に乗じて高句麗の五百里の地と城邑を奪取したままであることを理由に、太宗の告諭を拒絶したため、太宗は遂に高句麗討伐を決意するに至った。したがって、皇極天皇元年から同二年にかけては、朝鮮半島を中心とする東亜の情勢が、大きな危機に向って明白に急転回を示した時期だったということができる。

第五節　皇極朝の国内事情

一　皇極即位

以上は皇極朝に入ったころの朝鮮を中心とする大陸情勢であるが、このような緊迫した情勢は、隋の大遠征についての高句麗の報告、留学生の帰朝、高表仁の来朝などにすでに接していた朝廷としては、当然敏感にこれをキャッチし、注意を怠らなかったと思われる。そして、恰も大陸における情勢の急転回に対応するかのように、皇極天皇二年ころを境に、朝廷の空気に大きな変化が生じたと推定される（表面にあらわれた政情には大きな変化はないが、政界の底流に変化が生じたとみられる）ので、次に当時の国内事情をみてみることとする。

前述のように舒明朝の十三年間は、殆んど政界に波瀾がなかったと見うけられるが、その十三（六四一）年十月に天皇が死んで、翌年正月に皇極女帝が即位（皇極紀）したというのは、必ずしも順当な皇位継承とはいえない。女帝の即位は推古天皇という前例はあるが、推古朝から奈良時代の末までの時期（七・八世紀のほぼ二〇〇年間）に行われただけで、天皇の地位が全く形骸化した江戸時代を除けば、他に例がないことであり、その理由については、いろいろな見方があるけれども、基本的にはやはり時を稼ぐための中継的役割ということが、その主たる理由だったとみるべきである。ところが皇極女帝の場合には、同じく時を稼ぐためではあっても、それは幼少な皇子の成長を待つ間というのではなく、後継者の決定が困難で、問題を先に延ばしたという面が強いのである。

というのは、蘇我蝦夷が大臣として、推古女帝の死後に山背大兄王の支持派を抑えて、舒明天皇（田村皇子）の擁立を強行したのは、当時すでに天皇には、蝦夷の姉妹の法提郎媛が生んだ古人皇子がいたから、舒明天皇の次にこの古人皇子を立てれば、蘇我氏は再び外戚の地位を得て、その権力をさらに強化しうるという見通しがあったからにほかならない。したがって、蝦夷は舒明天皇の次には、とくに支障がなければ、当然予定に従って古人皇子を立てるはずであり、当時古人皇子は恐らく三十歳を越えていたのに対して、皇后宝皇女が生んだ中大兄皇子（東宮開別皇子とあるが、東宮というのは疑問）は、まだ十六歳だったというから、年齢などの点でも問題はなかったはずである。皇位継承の資格について、蝦夷が舒明天皇を擁立したことを問題視する向きもあるが、坂本太郎氏も言われたように（日本全史2）、舒明天皇は決して資格の点で山背大兄王に劣っていたわけではないから、その点があと（皇極即位）まで尾を引いていたとするわけにはいかない。それにも拘らず蝦夷は、今回は予定通りに事を運ぶことができないで、とりあえず皇極女帝を立てたのであるから、これはやはり問題の解決を先に延ばしたものとみるほかはないのである。先に延ばせばそれだけ中大兄皇子が成人するから、ますます解決の希望がなくなるではないかともいえるが、このころまで問題になっていた競争相手は山背大兄王であり、これについては何らかの手を打つこととして、入鹿の意志と手腕に期待することにしたのではないかと思われるのである。

要するに皇極女帝の即位という事実から読みとられることは、推古朝の末ころからすでに、上宮王家支持という形をとった蘇我氏権力批判の空気が存在し、それが舒明朝を通じて弱まるどころか、逆にむしろ強まってきていたということである。そこでそういう空気というものは、一たいどういう性質のものだったかということになるが、恐らくそれは、蘇我氏が六世紀以来一貫して指導してきた氏姓制度的権力集中コースに対する批判の空気であり、それが推古朝以来さらに強まってきたのは、やはり主として大陸情勢による危機感の増大ということだったと見るべきではないかと思われる。もっとも蘇我氏の取っていた政治コースよりも、より急速に効果的に権力の集中を実現しうる途として、より性急過激な律令制的権力集中のコースが結局はとられることになったわけであるが、聖徳太子摂政の当時、すなわち推古朝の頃からすでに明確に意識されていたわけではないから、太子の子の山背大兄王がはっきりとした律令的コース採用の意見をもっていたと断定することはできないが、蘇我氏批判の空気が留学生の帰朝にともなって、次第に律令的コースという映像を結ぶ方向にむかって強まってゆき、その勢力の結節点として、山背大兄王にますます大きな期待をかけるようになっていったという成り行きを想像することはできるであろう。

二 蘇我氏権力の強化

このように皇極朝は、女帝の即位という形で現われた、一種の不安定要素を含んだ状態で始まったが、初めのうち(二年一〇月まで)は、政情にとりたてて言うほどのことはなかったらしい。書紀には皇極天皇の元年から二年にかけて、高麗・百済・新羅などの使がそれぞれ何度か来朝した記事がみえ、朝鮮をめぐる情勢の変化(高句麗クーデター、百済の政変、百済の任那奪取、新羅の唐への求兵など)は、次々に朝廷に伝えられていたとみられるが、しかしそれらの記事は内容からみて、年代や前後関係、事実(同事重出も含む)にかなり錯誤があるのではないかと思われるので、それらの記事を他の国内関係記事と突き合せて、当時の朝廷の一々の反応を詳しく考えることは困難である。また皇極紀には、急に天候や自然現象の異変についての記事(夏令・冬令、風雨雷雹霜から、茨田池の小虫のことまで)、何か不穏な空気が強まっていたような印象を与えるところもあるが、これらの大部分は改新の前兆として、書紀の撰者がことさらに掲げた記事とみるべきであり、またその中には、僧旻帰国以来の祥災思想の流行というように考えられたものもあるであろう。

この頃の書紀の記事をみると、皇極紀元年正月辛未（十五日）の最初のところに「以二蘇我臣蝦夷一為二大臣一如レ故。大臣児入鹿更名鞍作自執二国政一、威勝二於父一。由レ是盗賊恐懾、路不レ拾レ遺。」とあって、このころ蝦夷は政治の実際を入鹿にまかせ、入鹿が積極的な姿勢で蘇我氏コースの推進に乗り出していたことをうかがわせるが、大体において大和の政界は舒明朝の続きであったとみてよいであろう。そのような状況の中で皇極女帝は、元年九月に百済大寺と新しい宮殿を造るために、広い範囲の地方にわたって役民を徴発し、あるいは用材を伐採させることとし、十二月壬寅（二十一日）に先帝の葬儀を行ない、同日に一おう滑谷崗（高市郡明日香村冬野という）（冬野は多武峰、談山神社の南方約一キロメートル、良助法親王の墓のあるあたり）に埋葬すると、即日小墾田宮に移り（位置は詳細不明）（小墾田宮は分注に、「或本云、遷於東宮南庭之権宮」とある）、翌二年四月丁未（十五日）に新築成った飛鳥板蓋宮に移った。

ところが同二年九月壬午（六日）に先帝を押坂陵に改葬し、続いて同月女帝の母の吉備嶋皇祖母命が死んで、その葬儀が終ると、そのすぐあとの十月三日（己酉）の条に、皇極紀では次の如き記事を掲げている。

饗二賜群臣伴造於朝堂庭一、而議二授位之事一。遂詔二国司一、如二前所レ勅、更無二改換一、宜之二厥任一、慎二爾所レ治。

これは、朝廷で群臣を集めて授位之事を議したが、決定に至らなかったので、その結果、すでに発遣することになっていた国司らに対して、まえに指示した命令は変更の必要を認めないから、それに従って任地に赴き、まじめに任務を遂行せよという旨の詔を出したという意味であって、ここにみえる国司は、前律令的なクニノミコトモチ（臨時の地方監督官、乃至徴税官であって、一般行政を掌る恒常的な地方官ではない。推古天皇十二（六〇四）年甲子四月戊辰条の十七条憲法の第十二条の「国司国造、勿斂百姓。」の国司も同じ）とみるべきものと思われるが、ここで問題になるのは「議授位之事」の意味である。従来は一般にこれを冠位を授けることの意に解しているが、しかし冠位の授与を決めるのに、授与の対象である群臣、しかも伴造に至るまでを集めて議するというのは、殆んどありえないことであり、また冠位授与の結果によって、クニノミコトモチに対する指示の内容に変更が生じるというのも、あまり考えられることではない（類聚国史に「如二前所一レ賜」となっているのは従えない）。冠位を与えることを授位と書くのはそう不自然ではないが、律令的用語では叙位、律令制以前では授冠・賜冠と書くのが、最も普通の書き方である。したがってここは、古く田口卯吉（鼎軒）氏もそうみられたように（同氏「藤原鎌足」史海第二巻、明治二四年）、女帝が譲位のことを群臣に諮ったものとみるべきであろう。

そうすると、このとき女帝が誰に位を譲ろうとしたのかが問題になるわけであって、それについては、このとき中大兄皇子はまだ十八歳で成年に達していないから、考えられることは、古人大兄皇子に譲ろうとして、群臣の反対が意外に多かったために果されなかったか、山背大兄王に譲ろうとして、蘇我氏に阻止されたかのどちらかであるが、私はやはり前者の可能性のほうが大きかったと考える。というのは、この場合の判断の主な基準は、女帝と蘇我氏との関係がどうであったかということであるが、この時期でも、皇室全体と蘇我氏権力とが対立関係にあったように頭から考えるのは誤りであって、大織冠伝に入鹿のことを「寵幸近臣宗我鞍作」と書いており、また入鹿が中大兄皇子らに殺された時に、その場にいた女帝が、すぐにはその意味が分からなかったことからも知られるように、女帝と蘇我氏との関係は、極めて親密であったと推測されるからである。したがってこの皇極紀二年十月己酉（三日）条の記事は、入鹿がいよいよ予定に従って古人大兄皇子の即位を実現し、蘇我氏の地位をさらに強固なものにしようとして、失敗したことを物語るものと解されるのである。そしてそう解することによって、すぐに続いて起る上宮王家滅亡事件との関係が非常にはっきりとしてくるのである。

すなわち皇極紀では、この授位の記事に続いて、三日後の十月壬子（六日）の条に、蘇我蝦夷が病気のため、私に紫冠を子の入鹿に授けて、大臣の位に擬したという記事があり、さらに続いて戊午（十二日）の条に、入鹿が独り謀って上宮王等を廃し、古人大兄を立てて天皇にしようとしたという記事があり、十一月一日丙子朔の条に至って、入鹿が上宮王家を攻め滅ぼす経過を述べた非常に長い記事が出てくるのである。このうち紫冠を授けたという記事は、おそらくこれまでも入鹿が実際には政治を動かしていたけれども、ここに至って蝦夷が正式に大臣の地位を入鹿に譲ったのであり、それを書紀は正式に大臣任命とは認めない立場から、私授と書いたものと思われるが（ヒソカニと訓むのは妥当ではない。こっそり授けたというのでは意味をなさない）、とにかくこれは蘇我氏が、「授位之事」が不成功に終ったので、決意を新たにして政局の打開に立ち向かおうとしたということを物語るものとみることができる。

三　上宮王家の滅亡

このように見てくると、上宮王家滅亡事件は、当然起るべくして起った事件ということができるであろう。事件の経過の概要は、皇極紀によれば次の如くである。すなわち入鹿は、同二年十月戊午（十二日）に独自に上宮王家を滅ぼす計画を立て、十一月朔日にいきなり大徳巨勢徳太臣と大仁土師娑婆連とを遣わして、山背大兄王のいた斑鳩宮を襲撃させた。そこで王は、奴の三成というものが数十人の舎人たちと奮戦している間に、馬の骨を奥の部屋に投げ込んでおいて、妻子と少数の従者をつれて、ひそかに胆駒山に逃げたが、宮に火をかけた徳太らは、焼跡から出た骨をみて安心して引き上げた。王らは四、五日の間山中に隠れていて、食べるものもないので、三輪文屋君という人が王に勧めて、これから深草屯倉に行き、そこから馬に乗って東国に赴き、乳部を中心とする兵を起して戦ったならば、必ず勝つことが出来るでしょうといったが、王は「吾情冀十年不レ役二百姓一。以二一身之故一、豈煩二労万民一。又於二後世一、不レ欲丁民言丙由二吾之故一喪乙己父母甲。豈其戦勝之後、方言二丈夫一哉。夫損レ身固レ国、不二亦丈夫一者歟。」といって聴かなかった。そのうちに山中に王らが隠れているのを見つけた人があって、入鹿に知らせたので、入鹿は同族の高向臣国押に出動を命じたところ、国押は「僕守二天皇宮一。不二敢出一レ外。」といって拒否した。そこで入鹿が自分で出向こうとしていると、古人大兄皇子があわててやって来て止めたので（「鼠伏レ穴而生、失レ穴而死。」）、軍将を遣して山の中を捜索させたが見付からなかった。しかし山背大兄王らが山から出てきて斑鳩寺に入ったので、軍将たちが兵をもって寺を囲むと、王は「吾起レ兵伐二入鹿一者、其勝定之。然由二一身之故一、不レ欲レ傷二残百姓一。」といって、妻子らとともに自経して死んだ。そのとき、五色の幡蓋と種々の伎楽が寺の上空に現れて、美しく照り輝いたが、入鹿がこれを見ようとすると、黒雲に変じてしまった。このことを聞いた蝦夷は嗔り罵って、「噫、入鹿、極甚愚癡、専行二暴悪一。儞之身命、不二亦殆一乎。」といったというのである。

この山背大兄王滅亡の記事は、舒明即位前紀とともに、詳細で長文の記事であるという点で、かなり特異な記事であるが、これは当時斑鳩寺（原法隆寺）の僧侶などの手で書かれた「上宮王家物語」というようなものがあって（横田健一氏は同氏「大織冠伝と日本書紀（下）」続日本紀研究五―一〇の中で、「入鹿誅滅物語」というようなものの存在を推定しているが、入鹿誅滅とこれとは主題と態度もちがっているから、もしそういうものがあっても、別のものであろう）、それに基いて書かれた記事ではないかと思われる。したがって、ここには上宮王家讃美と仏教思想による粉飾がかなり濃くみられるけれども、それらの点を除けば、大たいに於て信用できる記事といってよいと思われるが、この記事で最も注目される点は、入鹿が何の口実を設けることもなく、いきなり山背大兄王を滅ぼす行動に出ていることであろう。書紀では皇極天皇元年是歳の条に、蘇我氏が挙国の民と百八十部曲を徴発して、父子のために予め双墓を今来（いまの奈良県御所市と吉野郡大淀町今木との堺の地という）に造り、その時に上宮家の乳部の民をも悉く使役したので、上宮大娘姫王が憤慨して、「蘇我臣専擅二国政一、多行二無礼一。天無二二日一、国無二二王一。何由任レ意、悉役二封民一。」といったため、結局上宮王家が滅ぼされることになったという記事を掲げているが、しかしこれはそのような私怨、あるいは感情的な反目で説明すべきものではなく、前述のように皇極天皇二年十月己酉（三日）条の「授位之事」、および同月壬子（六日）の「紫冠私授」のこととの関係の下にみるならば、入鹿がこのとき「不レ忍二外甥之親一、以成二国家之計一。」といったと家伝が述べているように、蘇我氏なりの大きな政治的見通しの上に立ち、強い決意の下に行ったこととみなければならない。

　そのように見るならば、この事件を含む一連の事実が、皇極天皇二（六四三）年の十月・十一月であるということは、極めて重大な意味をもつことになる。すなわちそれは、前述のように、高句麗と百済における前年の政変の結果、朝鮮に対する唐の実力介入がいよいよ不可避となり、そのことの詳細がおそらく日本の朝廷に伝えられたと思われる時期と、正に一致しているのである。この事実は、従来は全く注目されなかったのであるが、私は改新の原因を考える場合に、当時朝廷に与えられていた（可能なものとして、および現実性をもって考えうるものとしての）二つのコース、即ち蘇我氏的・氏姓制度的権力集中コースと、性急過激な律令的権力集中コースのうち、前者に対して後者が優勢となりはじめた時期、言い換えれば、朝廷の空気が（表面は別として）改新の方向へ決定的に転換しはじめた時期は、正にこの皇極天皇二年十月ころであり、もっと狭く限定していえば、上宮王家討滅の事件がそのきっかけをなしたと見るべきだろうと思うのである。

このことを、今まで述べてきたことを要約する形で、もう少し敷衍していうと、五世紀以来の朝廷の発展、すなわち中央勢力の実力の充実、およびその線を更に推し進めた蘇我氏の権力集中政策の成果の蓄積は、明らかに改新を成功させ、律令国家の実現を可能にした前提であったが、しかしこれは改新の原因とみることはできない。また、こういう朝廷の発展の過程に生じた中央勢力内部における皇室の地位の相対的低下ということも、蘇我氏に対する反感が強まってきた場合の一つの要因となったことは否定できないけれども、これを改新の主要な原因と考えることはできない（蘇我氏権力は中央勢力全体の支持の上に成立し発展してきたもので、蘇我氏権力と皇室勢力との決定的な対立関係などというものは、大化直前まで見られない）。さらにまた、大きな政治的変革を必要とするような社会の内的要因が、何らかの形で存在し、かなり激化していた様子も特にうかがわれない（舒明朝ころの状況からみてもそうであるし、改新によって支配関係も社会構成も、殆んど変化を生じなかったことからいってもそうである）。とすれば絶頂期を過ぎた段階、すなわち舒明・皇極朝の時期に蘇我氏が当面していた最も重大な問題、したがってまた朝廷全体が当面していた最も重大な問題は、推古朝の末年以来とみに緊迫を加えてきた大陸事情に対して、どう対処していくかということであった。

その場合に、大陸の制度を採用して諸制度を改善し、整えてゆくことは、多かれ少なかれかなり前から行われていたことであり、それに伴って、君主権強化を求める空気も、ある程度朝廷の一部に生じてきていたと見られるふしもあるが（聖徳太子の摂政、山背大兄王の支持の意外な大きさなど）、しかし、はっきりと蘇我氏の指導による従来の氏姓制度の体制を否定し、律令体制の実現を目指す方向は、遣隋留学生が帰国してきはじめた推古朝の末年以後でなければ考えられない。そして、そのような方向を求める空気は、舒明朝から皇極朝にかけて、次第に中央豪族層の間に広まって行ったことが推測されるが、しかしそれはあくまでも底流としてであって、皇極朝に入った頃にはまだ殆んど表面化しておらず、蘇我氏に対する批判的勢力は、単に山背大兄王支持派という形をとっているだけで、反蘇我氏勢力というものが、政界に公然と形成されてはいなかった。そのような状態（律令的コースを目指す動きが公然化しない状態）は、その後も大化直前まで続くのであるが、蘇我入鹿が決定的段階に入った大陸情勢に対応して、蘇我氏コースによる国力の集中発揮を目指して体制の強化に乗り出すと、隠然たる批判的勢力の存在に対して、勢い強圧的な手段をとらざるをえなくなり、その手段の一つであった上宮王家の討滅がきっかけとなって、急速に中央の空気が転換していくことになったというように考えられるのである。

四　阿倍内麻呂と中臣鎌足

このようにして、長い伝統的制度の重みと、蘇我氏の威力の下で、表面上は殆んど不動に近いものとみえた氏姓制度的コースから、極めて急激で冒険に近いとも思われる律令制コースという大きな転換が、当時の中央の人々の意識の中で行なわれたのは、皇極天皇二年十月から同四年六月のクーデターまでの約一年半の間のことだったということになるわけであるが、しかしその間の当時の実情を直接に伝えるような史料は殆んどない。にも拘らずこのように推定するのは、勿論一つには、これまで述べてきた諸般の事情によるのであるが、それとともに、上宮王家滅亡事件の際には、山背大兄王に味方するものが殆んどなかったのに対して、大化のクーデターの際には、蘇我氏を助けようとするものが殆んどなく、朝廷の殆んど全部がすぐに中大兄皇子の側についたという、あまりにも対照的な事実があるからである。そこで最後に、この時期の大きな転換の事実を、側面からいくらかでも光をあてうるのではないかと思われるものとして、阿倍内麻呂と中臣鎌足のことをみておくこととする。

まず阿倍内麻呂であるが、彼は従来は、クーデター直前の大化元（六四五）年六月庚戌（十四日）に、新政府の左大臣に任命される以前の経歴は全く不明とされ、ただその娘の小足媛が、孝徳天皇の皇子時代（軽皇子）からその妃となって、舒明天皇十二（六四〇）年に有間皇子（斉明天皇四（六五八）年の事件当時には、有間皇子は十九歳だったと斉明紀にある）を生んでいたことが知られるだけとされていた。それはこれまで内麻呂というのが名まえと考えられていたためであるが、書紀に阿倍倉梯麻呂とも書かれ、東大寺要録には安倍倉橋大臣と書かれていること、推古紀（十六年八月、十八年十月、二十年二月条）に阿倍内臣鳥という人物が見えていて、このころ阿倍氏の中に「内」という家があったことが知られること（「内」の他に、布勢・引田・久努・許曽倍・狛・長田などの家があり、内の家が大化以後倉梯の家となったのは、おそらく内臣という官名ができたためか）からいって、内は家名で、名まえは蘇我石川麻呂の場合と同じく、麻呂だけだったとみるべきであろう。

そこで、もしそうであるとすると、彼に関する史料は新たに二つ、すなわち推古紀三十二（六二四）年十月朔条の記事と、舒明即位前紀（六二八）九月条の記事が追加されることになるが、その中の前者は、大臣蘇我馬子が阿曇連（欠名）と阿倍臣摩侶を推古女帝の許に遣わして、天皇が伝領していた葛城県の割譲を申し入れたが、女帝がこれを拒絶したという記事であり、後者は、女帝の死後に大臣蘇我蝦夷が天皇の後継者をきめようとして、大夫らを自邸に集めたときに、阿倍麻呂が蝦夷の意を体して、田村皇子擁立の線で、大夫らの意見をまとめるために努力したという記事である。そしてこの二つから知られることは、彼が舒明即位前後のころから、すでに大夫合議体、即ち朝廷の最高指導会議の首席のごとき地位を占め、しかも蘇我氏の政治に積極的に協力していたことである。そしてそういうかれの態度は、彼の娘の小足媛を妃としていた軽皇子（孝徳）が、山背大兄王を攻滅ぼす一味に加わっていたという上宮聖徳太子伝補闕記の記述を合せ考えると、皇極天皇二年の冬の頃までは変っていなかったと推測されるのである。したがってこのことと、彼が改新政府の首班たる左大臣の地位に据えられたこと、およびそうすることが中臣鎌足らのかねてからの予定であったらしく思われることとを突き合わせて考えると、彼の考えは、山背大兄王滅亡事件以後に急速に変化したのであり、それは中央勢力全体の意向を代表するものであったと推測されるのである。

次には中臣鎌足であるが、かれの動きについては、若くして宗業を辞退して三嶋に引退したこと、共に大事をなすに足る人物を求めて、まず軽皇子に接近したこと、ついで中大兄皇子に接近し、意気投合して蘇我氏打倒の計画を練ったこと、蘇我石川麻呂を味方に引き入れたこと、佐伯子麻呂らの武人（門部）を中大兄皇子に推挙したことなどが、皇極紀三年正月朔条にまとめて記されている。これを大織冠伝と照らし合せてみると、内容は殆んど同じであるが、かれが三嶋に引退したのは舒明朝の初年で二十歳前後、軽皇子に接近したのが皇極朝に入ってまもなくであり、中大兄皇子との結び付きも山背大兄王事件以前のことであって、皇極天皇三年正月という日付は、「於レ是中臣鎌子連議曰、……」に始まる石川麻呂抱え込みの事実にかかると見るのが妥当である（書紀では「称レ疾退居ニ三嶋一。于レ時軽皇子……」とあるので、時間的記述が不正確になっている）。

これらは、奈良時代の初めころに政府の手で撰述されたと思われる功臣の家伝をもとにしたかなり信用できる記事とみられるが（鎌足礼讃の修飾は別として）、これによると、鎌足は若いとき（二十歳前後）から、すでに蘇我氏権力を否定するような政治改革の必要を考えていたこと、彼の計画が最後まで極めて少人数の同志の間で進められていたことが窺われるが、その間とくに注目されるのは、一つは、いよいよ具体的な権力奪取の準備にとりかかったのが、皇極天皇三年に入ったころであることであって、これはかれがこの時期の朝廷の空気の変化を、鋭敏に感じとったことを物語るものとみることができる。またもう一つは、最後の段階で宮門警備の武人を抱き込んだこと、すなわち宮廷における入鹿一人の暗殺という方法によって、権力奪取の目的を実現しうると考えた点で、これもまたかれは、朝廷全体の空気が皇極天皇四（大化元）年に入ったころには（表面は別として）、殆んど蘇我氏コースから離れていた事実を、的確に握っていたことを物語るものである。

このように鎌足の行動は、さきの推定とよく合致するのであるが、ただかれが愈々クーデターを実行するに当って、とくに皇極天皇四年六月という時点を選んだ理由については、やはり大陸の情勢を参照する必要がある。すなわち、先述のように皇極天皇二（六四三）年高句麗の泉蓋蘇文は、唐の太宗の告諭を拒絶したため、太宗はついに高句麗討伐を決意し、翌三年約十万の軍を率い、李勣を遼東道行軍総管、張亮を平壌道行軍総管に任命して、親ら征討に向う準備を完了した。そして翌四（大化元）年四月に遼東に進入し、蓋牟城（遼東省蓋平県）、遼東城（遼陽市）を陥れ、六月には安市城（蓋平城東北）の攻略にかかった。結局太宗はこの安市城を抜くことができず、寒気をさけて一たん撤するのであるが、鎌足が蘇我氏に対するクーデターを行なったのは、正に唐の大軍が怒濤のごとく鴨緑江に向って殺到しようとしていたときであり、またクーデターが行なわれたのは、三韓進調の儀式の場で、そこに参列していた高句麗の使者は、おそらくすでに唐の大軍が遼河を渡って高句麗国内に侵入してから、本国を出発してきたものとみられる。

したがって当時の朝廷は、これらの使者から最新の情報をえて、異常な衝撃をうけたところだったわけであって、そういう時点を選んで鎌足がクーデターを決行し、それが成功して改新が実現することになったということは、やはり改新という大改革の根本原因と無関係のことではないと考えられるのである。

第三章　改新の内容

第一節　改新の定義

一　概　念

大化改新は日本史の全体からみても、明治維新と肩を比べる大きな事件であり、一大政治変革であったというように、今日では広く一般に見られているが、しかし、そのように大きな意義をもった事件として考えられるようになったのは、実はそう古くからのことではない。大化改新という名称は、当時の年号が大化であり、その改革の基本的内容を示したものとみられてきた大化二（六四六）年正月の詔が、孝徳紀の記事に

大化二年春正月甲子朔、賀正礼畢、即宣㆓改新之詔㆒曰、……

とあるように、「改新之詔」と書かれているところから、近代の学者が明治二十年代の後半になって造り上げたもの

で、まず久米邦武氏が大化の改革と呼び（同氏「大化の改革を論ず」史学会雑誌三―三〇・三一・三二、明治二十五年）、ついで三浦周行氏が大化改新の名称を初めて用いたようである（同氏「大化改新論」史学雑誌七―一、明治二十九年）。それ以前は、日本書紀を生み出した古代の律令貴族たちでさえも、大化元年六月に行われた蘇我宗家打倒のクーデターと、それに続く一連の政治改革とを併せて、それら全体をかれら自身の支配体制の出発点となった重要な事件として捉えていた様子は殆んど窺われない。続紀天平宝字元（七五七）年十二月壬子（九日）条に

太政官奏曰、……我天下也、乙巳以来、人々立ㇾ功、各得二封賞一。……大織藤原内大臣乙巳年功田一百町、大功世々不ㇾ絶。……

とあるように、大化元年を指して乙巳の年の功という言い方は見られるが、それはクーデターのことだけを意味していて、その後の政治改革までを含んではいない。

そのためか、平安時代以後もその事情は変ることなく、江戸時代になって新井白石が「孝徳改新」詔その他を採り上げ（「白石先生遺文」巻上、史論、享保九年）、本居宣長が改新之詔に触れる（「続紀歴朝詔詞解」一巻、寛政十二年）など、ある程度大化年間の改革に注意を向け、幕末に至って伊達千広がその著の中で、神代から江戸幕府の成立まで、大勢が骨の代・職の代・名の代へと三転したことを論じ、律令制度の進展をもって職の代の開始としたが、しかしそれも主たる関心が制度の面の変化に向けられており、またそこにそれほど大きな歴史的意義を認めるに至ってはいなかった。それは江戸時代においては、儒学者は大化に始まる律令体制を、主として中国流の封建に対する郡県という観点からとらえ、封建制度による武家の支配を肯定する立場にある以上、必然的に郡県制度を低く評価する態度が出てくるほかはなかったためであり、また国学者は、かれらが古典的な時代として理想視していたのが、平安中期のいわゆる王

朝文化の時代であったところから、律令時代は文物・制度・思想など、すべて外来文化の模倣の時代として、むしろ否定的な意義しか持ちえなかったために他ならない。

したがって、改新の歴史的意義が今日のように大きく認められるようになったのは、明治になって近代史学が起ってからのことであり、それも久米氏や三浦氏の論文が出た明治二十年代以後のことであり、大化改新という名称も、そのころから固定してきたといってよい。それ以来、改新に関する研究はしだいに進み、昭和に入るとまず津田左右吉・坂本太郎両氏によって、その学問的基礎が据えられ、その上に立って、戦後はとくに研究が深化するとともに、著しく複雑化してきたわけである。それらの研究史の一々については、ここでは省略する他はないが（研究史の詳細については、坂本太郎著『大化改新の研究』第一編第一章、研究の沿革、井上光貞氏「大化改新研究史論」、後に同著『日本古代史の諸問題』に収載、野村忠夫著『研究史　大化改新（増補版）』を参照されたい）、従来の諸研究は、それぞれその立場や時代的・思想的背景が異り、それに応じて、改新の内容・目的・性格・意義などについての理解がそれぞれに違っているため、改新という歴史的概念の仕方についても、人によってかなりの相違があることは否定できない。そしてそのことは、改新の範囲の問題とも密接に関連してくるのであるが、もし改新政府が蘇我氏権力を打倒したのち、ほぼ後に述べるような経過を辿って改革を進めたとするならば、私は改新の概念内容を、「大化のクーデター、およびそれに続く律令国家建設のための新しい態勢の確立」というように規定するのが、最も妥当ではないかと考えるのである。

この点について、現在では大化の五年間を狭義の改新とし、大化から大宝に至る約五〇年間を広義の改新とする坂本太郎氏の説が、広く一般に認められている。もっとも坂本氏は、狭義・広義の区別を明確に立てられたことは必ずしもなく、白雉以後は改新の結果として論じられていることが多いけれども、しかし、両者をいかにも狭広二義に区別して述べられている例もあり（坂本著『日本史概説』上巻、第三編第二章、昭和二十五年）、また氏は唐大帝国の絶大な軍事的脅威をそれほど考慮に入れておられず、律令体制による全国支配権の確立のみを改新の主たる目的とされていたから、大化・大宝間を広義の改新として十分に考えられていたことは、殆んど間違いがないといってよいであろう。

しかしながら、そのように広義の場合を設定して、律令国家建設の過程全体を改新の内容に含めてしまうことには、かなり問題があると思われる。というのは、大化改新という名称は、大化という年号を冠していることからも知られるように、もともと事件名であって、比較的短期間に起った諸事実を総括する名称として成立した歴史名辞であるが、律令国家の建設は五十年以上の歳月を要しており、その間に大きな段落がなく、全く一様な形で連続的に改革が進められたわけではない。そこにははっきりと発足期、停滞期、完成期というような段階を設けることも可能であるし、またその過程にも紆余曲折があり、国内や海外の情勢の変化などによるかなり重要な方針の変更や修正があって、当初の目的としたところと、完成した律令体制とが、内容的に必ずしも同一ではないことになったという可能性も十分にありうる。したがって、そのような過程全体を一つの事件名で呼ぶことには、そもそも用語上の無理があるだけでなく、そうすることによって、却って大化年間の諸改革が、それとしてまとまった一つの歴史的事象であり、独自の性格と意義を有するものであったことの認識が失われてしまう恐れがないわけではない。その点で、広義の概念を立てることには、俄かに賛成しかねるのである。

二　範　囲

さて以上のごとく、大化改新の語を「大化のクーデター、およびそれに続く律令国家建設のための新しい態勢の確立」というように定義するとすれば、それでは具体的に、その初めと終りは何時かということが次の問題であるが、そのうち、始めの時期については、それほど問題はないであろう。後述のように（本章第二節、前史、一、歴史的条件、を参照）、推古朝の政治は改新の先駆ではなく、基本的には蘇我氏の政治というべきものであって、そこに律令体制へのはっきりした指向は、まだ殆んど見出されないといってよい。律令体制への指向が可能性として与えられるようになったのは、何といっても遣隋留学生が帰国しはじめてからのちのことであり、実際には皇極天皇二（六四三）年の秋から冬、山背大兄王討滅事件あたりを境にして、それ以後になって初めて、蘇我氏権力を否定し、律令国家を建設しようとする気運が、政界の底流として一般化しはじめたとみられるが、しかしそれもクーデターが行なわれるまでは、殆んど表面化はしなかった。したがって、中大兄皇子や中臣鎌足らが、突然宮中で蘇我入鹿を斬り殺したとき、すなわち、皇極天皇四（大化元）（六四五）年の六月十二日が、改新が開始された時点であるとしてよいであろう。実質的に権力がはっきりと移動した時点も、ほぼこの時——より正確にいえば、この日入鹿を斬ったのち、直ちに法興寺（飛鳥寺）に陣を構えると、諸皇子・諸王・諸卿大夫・臣連・伴造・国造が悉くこれに従ったという時点——であって、その点は書紀も、はっきりとそのことを認識した書き方をしており、六月十二日までは蘇我蝦夷を大臣と書き、翌十三日の記事では蘇我臣と書いている。

これに対して、改新の終末の時点は、これを正確に決めることがそれほど簡単ではない。なぜならば、全体として史料が十分に残されておらず、また当時の人々が、改革が一段落したことを認め、あるいは宣言したような史料も、もちろんないからである。坂本氏の場合には、書紀によると大化五年までは改革が活潑に進められ、新しい政策が次々に打ち出されているが、白雉改元の祝典には、改新当事者の安堵と謳歌の気分が横溢しており、そのあと急に改革の熱意が薄れてしまったようにみえるということから、狭義の改新を大化五年までとされたのであるが、そこで一おう区切るべき内容的な必然性をとくに示されてはいない。しかし上述のような定義からすれば、当然新しい態勢の確立がほぼ完了した時期をもって終末点とすべきであって、その場合に私は、やはり大化五年の末ころで区切るのがよいのではないかと考えるのである。

なぜならば、新しい態勢の確立という場合に、その内容としては、まず権力の掌握と確保が第一の要件であり、さらにその上に立って、当座の新しい政治体制の確立と、基本的な改革方針の決定が必要であるが、それらのことは大化五年の末ころには、大たい完了したとみられるからである。すなわちまず権力の確保についてみると、クーデターの成功と政府の新陣容（天皇・皇太子・左右大臣・内臣・国博士）の決定のあと、その年の九月（書紀の分注の或本によれば十一月）の古人皇子事件を経て、権力は一おう確保されたとみられるが、ただ上述のように、大化三年のころから、世襲職制の廃止をめぐって、政府部内の対立が深刻になり、同五年三月に蘇我右大臣の讒死事件によって、急進派が事態を乗りきったとみられるので、中大兄皇子を中心とする改新権力は、この時点でほぼ最終的に安定したといってよいと思われるのである。

それからまた、当座の政治体制と主要な改革方針については、実際にはこの二つをはっきりと区別できない面もあるので、両者を併せてみてみると、それらの仕事の主なものとしては、後述の改新の過程で述べるような諸項目をあげることができるが、律令制度の二つの主な柱のうち、公地公民制関係（地方官制を含む）のものについては、大化二年三月までに必要な措置をほぼ終了し、長期の作業を必要とするものについては、すでに作業に着手したものもあったとみられる。ところがこれに対して、もう一つの柱である官僚制関係（中央官制を含む）のものについては、改新の詔には殆んどその規定がなく、大化二年八月に世襲職制廃止の方針（品部廃止の前詔）を明らかにしてから、同三年四月に暫定的な封禄制度（同後詔）、同年と五年二月に新しい冠位制を定めたが、前述のように世襲職制廃止に対する抵抗が意外に強く、そのために新しい中央官制の制定が、最後まで懸念として残り、蘇我右大臣の事件を経た大化五年二月に、博士の高向玄理と僧旻に中央官制の制定を命じ、恐らく同年の末ころになって、それが実現するに到ったと推定される。

そしてその官僚制関係の諸項目は、改新の詔には殆んど規定がなく、大化五年の中央官制に至るまでの諸制度も、みなきわめて簡単・素朴なものだったとみられるのに対して、公地公民制関係の諸項目は、中国律令制度の諸規定をかなり本格的に導入し、これによって、唐大帝国の武力的脅威に対抗して、戦力を強化することに重点があったとみてよいであろう。したがって大化の新政府は、当時は官僚制関係の諸制度を、さらに本格的なものにすることをあまり考えてはおらず、あるいは考えてはいたとしても、それを東アジアの国際情勢が安定するまでは、実行に移そうとはしなかったのに対して、公地公民制関係の諸制度については、恐らく大化三年ころから、すでに地方行政機構の適正化、編戸・里制の整備、班田制の実施、軍糧の多量な蓄積その他の作業に取り掛りはじめていたのではないかと推測される。かつて北山茂夫氏が、孝徳紀白雉三（六五〇）年正月条の班田と同年四月条の造籍の記事を全国的な実施とみて、この年をもって改新の時期を画された（同著『大化の改新』岩波新書一四六ページ）については、必ずしも賛成しかねたけれども、それらの記事が、すでに部分的に班田や造籍の作業を進めていたことの、一つの史料とみることは可能であろう。したがって、そのような点からいって、中央官制の一おうの制定があった大化五年の末ころをもって、改新の終末の時点と考えるのが、やはり最も相応しいのではないかと思われるのである。

第二節　前　史

一　歴史的条件

大和国家は全国大小の豪族が、それぞれ個別的に土地・人民を支配するという形態を基本としており、また各豪族は、全国的な政治機構の中で、それぞれ一定の地位（臣・連・君・直・造・首以下の諸姓）および専門職（大臣・大連・大夫・伴造・国造・県主以下の諸職）を世襲的に継承し、その中でとくに天皇を戴く中央豪族群、すなわち畿内勢力全体が中央権力体である朝廷を構成して主導権を握り、その全体の力によって、地方勢力をかなり緩い形で服属させているというのが、かれらの基本的な政治体制であった。この体制をふつう氏姓制度と呼んでいるわけであるが、ただ、そのような個別的支配を基本とする体制の下でも、畿内勢力が主として大陸の遥かに進んだ文化、技術の導入によって、経済的・文化的な実力をより一そう充実させてくると、屯倉や各種の部（職業部と御名代の部）を畿外の各地に設置することを通じて、しだいに地方勢力に対する支配力を増大させてゆき、六世紀に入ったころから、中央権力強化の傾向がとくに著しくなっていったというのが、今日一般に認められている見解である。このような傾向の進展は、蘇我氏権力の成立・発展とその時期を一にしており、また、とくに蘇我氏の積極的な指導によって推進されたということができるが、やがて七世紀の半ばに至り、大化改新が行われることによって、それまでの個別的支配と世襲職制を根本的に否定する新しい政治体制、すなわち律令制度の政治体制が建設されることになったわけである。

そこで、この改新の前史ともいうべき動きが、何時から始まったかということがまず問題となるが、それは、改新の原因やその性格をどうみるかによって異なってくる。まえに私が少し詳しく論じたことがあるように（著作集第二巻第四部第一章「推古朝政治の性格」を参照）、すでに六世紀に入ったころから、律令制度の萌芽が目立って進展してきていたという井上光貞氏の大化前後連続説は、かなり広く一般に受け容れられていたけれども、これは、実は氏姓制度そのものの発展の姿を、律令制度の萌芽と見誤ったものであって、それらの現象を律令制度的なものとする根拠は、きわめて薄弱である。それからまた、同じく六世紀のころから、大和国家の支配の強化にともなって、社会的・政治的な矛盾がいろいろな形で増大し、それらが改新のごとき変革を必然的なものとしたという議論も、戦前早い時期からいろいろ行われてきているが、それらも多くは結果論的な推測説であって、確かな事実に基づくものは殆んどないといってよい。また、かりにそのような問題がある程度生じてきていたとしても、それらを解決あるいは克服する任務を帯びて登場してきたのが、他ならぬ蘇我氏であるから、蘇我氏権力成立の事情を、そのような要因によって説明することはできても、改新の原因をそれによって説明することは適当ではない。改新は蘇我氏権力の否定を必須の要件としたのであるから、もしその種の要因を考えようとするならば、蘇我氏権力が最盛期を過ぎたころから、その支配の下で、どのような矛盾が新しく生み出されてきていたかということを、問題にする必要があるわけである。

さらにまた、推古朝の政治を聖徳太子の政治として捉え、このいわゆる太子の政治をもって改新の先駆とする見方も、戦前早くから一般化しており、もしこれが正しいとすると、改新への動きは、すでに推古朝には始まっていたとしなければならなくなる。しかしながら、これもすでに詳しく論じたことがあるように（前掲第四部第一章「推古朝政治の性格」を参照）、冷静に検討してみると、推古朝に行われた諸政策の中に、明確に氏姓制度の根本の原則（個別支配と世襲職制）を否定して、律令的な方向を目指していたといえるものは殆んどない。また、それらの諸政策に、聖徳太子が独自の立場で打ち出したと断定できるものも殆んどない。推古朝は正に蘇我氏権力がその絶頂期にさしかかった時期であり、推古朝の政治は、基本的には蘇我氏の政治だったとみるべきものである。そもそも大化改新が、律令国家への転換を目指して行われた政治改新だったとするならば、その動きが起ってくるための条件としては、体系的な一つの国家制度としての律令制度というものの十分な知識が与えられていることが、絶対に必要であるが、そのような知識がかなり詳しく、また明確な形でわが国に伝えられたのは、少くとも推古朝に派遣された遣隋留学生たちが帰国しはじめた頃、すなわち具体的には、推古紀三十一（六二三）年七月条の記事にみえるように、推古朝の末年に薬師恵日らが唐から帰国して、「留二于唐国一学者、皆学以成レ業。応レ喚。且其大唐国者、法式備定之珍国也。常須レ達。」と報告したときより後としなければならない。したがって、改新への動きをみる場合には、その開始期は舒明朝に入ったころから以後、蘇我氏がその絶頂期を過ぎるとともに、朝鮮半島を中心とする東アジアの国際情勢が、いよいよ緊迫の度を加えてきた時期に求めるのが妥当ということになるわけである。

二　中臣鎌足の行動

このように改新への動きが生じうるのは、早くとも推古朝末年に遣隋留学生が帰国し始めたころから後ということになると、その動きとして史料の上に現われる事実というものは、殆んど中臣鎌足の行動を中心にして捉えることができる範囲に限られるということになる。そして上述のように、その主な史料であるこの時期の書紀や大織冠伝の記述は、その一般的な史料価値に従って、これを利用して差支えないものであり、改新に関する記述に限って、とくにその信憑性を疑うような必要性はないとすると、鎌足の行動は次のように捉えることができる。

すなわち、かれの名が初めて史料の上に現われるのは、皇極紀三（六四四）年正月朔条であって、そこには

三年春正月乙亥朔、以二中臣鎌子連一拝二神祇伯一。再三固辞不レ就、称レ疾退二去三嶋一。……

という書き出しで、

(イ)　彼が宗業を継いで、朝廷の祭官の地位に就くことを辞退し、病と称して摂津の三嶋（大阪府三嶋郡の淀川北岸、今の茨木市南方か）に引退したこと。

(ロ)　それから、皇極女帝の弟の軽皇子（後の孝徳天皇）の宮を訪れて厚遇され、それに感じて、将来必ず皇子を天皇の位に即けたいと思うということを、皇子の舎人に語ったこと。

(ハ)　さらに皇室中のすぐれた人物を求めて、中大兄皇子に心を寄せ、これに接近して、ともに南淵請安の許に通って学問する往還の途上で、蘇我氏打倒の謀議を進めたこと。

(二) 蘇我石川麻呂を仲間に引入れるために、麻呂の娘を中大兄皇子の妃に納れるように取り計らい、その結果、麻呂が謀議に加わるようになったこと。

(ホ) 門部の武人である佐伯子麻呂と葛城稚犬養網田を皇子に薦めて、仲間に引き入れたこと。

などが、一つづきの長い記事として書かれている。そのあと翌四年六月甲辰（八日）条になって、いよいよ三韓進調の日に宮廷で蘇我入鹿を斬る相談をする記事が出てくるから、これらのことは、みなそれ以前に起った事柄であることは明らかであるが、しかしそれらが、みな三年正月およびそれ以後のこととみるわけにはいかない。

そこで問題は、これらのことが、それぞれ何時の時点のことかということと、そのうちのどの時点を前史の始まりとすべきかということであるが、まず前者の点については、大織冠伝の記述を参照することができる。すなわち大織冠伝では、この部分の最初の(イ)のことは、

及二岡本天皇御宇之初一、以二良家子一、簡授二錦冠一、令レ嗣二宗業一。固辞不レ受。帰二去三島之別業一、養二素丘園一、高二尚其事一。……

となっていて、これを舒明天皇初年（治世六二九～四一）のこととしている。鎌足は天智天皇八（六六九）年に五十六歳で世を去ったから、推古天皇二十二（六一四）年の生れで、舒明天皇元（六二九）年には十六歳であった。また(ロ)の軽皇子の宮を訪れたことと、(ハ)の南淵請安の許に通ったことは、皇極朝に入ってからのこととしてはいるけれども、皇極天皇二（六四三）年十月に入鹿が山背大兄王を亡ぼす相談をしたという記事よりも前に述べている。これは先述のように、大織冠伝のほうが、共通の原史料の形をより忠実に伝えているのであって、書紀のほうは、その原史料に一々詳しい年月が記してなかったために、便宜上一連の事実を一つの記事にまとめて、皇極紀三年正月条の一ケ所に

掲げたのであり、実際に三年正月にあったのは、その中の一つだけであって、それは恐らく(ニ)の蘇我石川麻呂と婚姻関係を結んだことだと考えられるのである。なぜならば、(ホ)の門部の武人らを仲間に引き入れた事実は、全体の記事をまとめて、その時点に係けるというほど重要な事実ではないし、大織冠伝にはこの婚姻の期日が来たことを、「及二于三春忽至、百両新迎一……」と述べていて、それが正月であったことを窺わせるからである。そしてもしそうであったとすると、(イ)は舒明天皇初年、(ロ)と(ハ)は皇極天皇元年か二年の頃、(ニ)は同三年正月の頃、(ホ)は同三年から四年六月のクーデターまでの間で、おそらく四年六月にきわめて近いころということになるのではないかと考えられるのである。

なお鎌足の出身については、大鏡第五巻の藤氏物語の最初のところに、「そのおとどは常陸国にてむまれたまへりければ……」とあることのほか、書紀には鎌足の出身について何の記載もないこと、中臣氏の系図に不審の点があること、春日神社の第一殿と第二殿に鹿島の神と香取の神が祭られ、天児屋根命と比売神は第三殿と第四殿に祭られてあること、などをあげて、かれを東国の出身とする説があるけれども、大鏡は遥か後世の著述であるから、その記述には殆んど史料価値を認めがたいし、その他の根拠も、みな必ずしも鎌足を東国出身としなければ、説明がつかないというものではない。したがって、大織冠伝や中臣氏系図の記すところに従って、鎌足は大徳冠前事奏官兼祭官と書かれているような地位にあった中臣御食子の子として、大和の高市郡の藤原の家に生れたとしてよいであろう。それからまた大織冠伝には、鎌足が若いときに、旻法師の堂で行われていた周易の講義を聴きに行って、入鹿と同席したときのことを、舒明朝の初年に宗業を辞退して三嶋の別業に引退したという(イ)の話のまえに述べているが、これは、このことをかれの為人を物語る挿話の一つとして述べているのであって、かれの事蹟を年代を逐って述べている中の一事実として述べているわけではないから、これを舒明朝初年以前のこととする必要は必ずしもない。周易の講義を聴くにふさわしい年齢という点からいえば、むしろかれが三嶋にしばらく引退したのち、再び飛鳥を中心とする地域の上流社会の人々の中に立ち交わるようになってからのこと、としたほうがよいのではないかと思われる。

そこで次に、それでは後者の点、すなわち上のような鎌足の動きの中のどの時点を前史の始まりとすべきかという点はどうかというと、これはどういう事実を前史の内容と考えるかによって、(イ)(ハ)(ニ)のいずれをとることも可能であるといってよいと思われる。しかし私は、やや窮屈な考え方にすぎるかもしれないけれども、一おう(ニ)の時点を前史の始まりと見ておくことにしたいと考える。なぜならば、詳細は後に改新の原因論の中で触れる機会があると思われるので、ここでは省略するけれども、山背大兄王滅亡事件のあった皇極天皇二年の秋から冬にかけての時期が、国内および海外の情勢の決定的な転換期であって、そのために、そのころを境に朝廷全体の空気が、表面化は殆んどしなかったにしても、その底流において、反蘇我氏的・律令的コースへと大きく変化し、そのことによって、そのころから鎌足が考えていたような権力奪取と政治改革が、はじめて現実に可能となったのであり、そのことを明敏に洞察した鎌足が、いよいよ実際にクーデターを決行する具体的準備に着手したことを示すのが、(ニ)の事実だと考えられるからである。したがって改新の前史として知られる事実は、(ニ)と(ホ)の事実およびクーデター直前（六月八日）の打合せなどであって、それらはすべて鎌足と中大兄皇子の二人を中心とするごく少数の人々によって、極秘裡に進められたことだったということになるわけである。

第三節　改新の過程

一　第一段階

以上が前史であるが、次に改新それ自体の過程についてみると、日本書紀の記述に一おう従った場合には、これを大きく四つの段階に分けることができる。すなわちその第一は、クーデターの決行とそれにすぐ続く新政府の発足で、時期としては大化元（六四五）年六月中、その第二は、大改革にいよいよ着手するまでの準備期間で、同年七月から十二月までの間、その第三は改革の前段で、翌大化二年正月から同年三月までの間、その第四は同じく改革の後段で、それ以後大化五年の末ころまでの間、ということになるといってよいと思われる。

そこでまず第一段階であるが、クーデターは書紀によれば、大化元年六月八日に打合せを行ない、十二日の飛鳥板蓋宮における三韓進調の儀式の場で、蘇我入鹿を不意に襲って斬ったわけである。大織冠伝では、これを中大兄皇子が三韓上表の儀があると詐って、入鹿を宮廷に誘い出したように述べているが、しかし、当時皇子がそのようなことができるような重要な地位にあったかどうか、はなはだ疑問であるから、これはやはり書紀の記述のように、実際に行われる予定であった儀式の場を利用したものとみるほうが自然ではないかと思われる。しかし、そのことよりももっと重要な問題は、なぜこのようなクーデターの方法が取られたかということである。この時点は、後に少し詳しく触れると思われるけれども、唐の太宗が派遣した高句麗大遠征軍が四月には遼東に進入し、六月には安市城（遼東省蓋平県東北）を包囲攻撃中であり、これが陥落すれば、直ちに鴨緑江の線まで殺到することになるという、極めて緊迫した情勢のときであった。したがって、そのような情勢をひしひしと感じさせる三韓進調の儀式の場で、入鹿ひとりを群臣の面前で斬ることによって、朝廷を構成する中央諸氏族群の一般的な支持が、実はすでに蘇我氏から殆んど離れてしまっている事実を、一挙に表面化することができるという見通しが、鎌足らにあったからとみるよりほかはない。

そして、その見通しが正しかったことは、中大兄皇子らが直ちに飛鳥寺（法興寺）に軍陣を構えると、諸皇子・諸王・諸卿大夫・臣・連・伴造・国造らが悉くこれに従ったと書紀が述べている事実によって証明された、というようにみてよいであろう。書紀がこの時点を境にして、蘇我蝦夷の肩書を大臣から単に臣に書き改めているように、権力が事実上蘇我氏から皇子の手に移ったのはこの時点であって、その当然の結果として、蝦夷は翌十三日に孤立無援の中に滅び去ったのである。蘇我大臣家がこのように脆くも潰え去ったについては、その権力の基盤についての具体的検討もまた必要であるけれども、これまでのところ、それは必ずしも十分に行われているとはいいがたい。しかしいずれにしても、このような形で権力の移行が行われたということは、改新を推進した主体がごく一部の人々であり、伝統的な中央有力豪族層の人々は、一般的にみな反改新勢力であったという、古くからの通念が成立しなかったものであることを、きわめて端的に物語っているのである。

したがって、これに続く新政府の発足が、きわめて順調に行われたのは当然であって、その点について、強いて書紀の記述を疑う必要はないであろう。書紀によれば、蝦夷が滅びた翌日の六月十四日に、早くも軽皇子が即位（孝徳）して、皇極上皇を皇祖母尊と尊称することとし、中大兄皇子がその皇太子となり、阿倍内麻呂と蘇我石川麻呂が左右大臣に、中臣鎌足が内臣に、僧旻と高向玄理が国博士にという新陣容が決定されたことになっていて、それ以外の新しい官職の任命記事はない。

このうち、軽皇子を天皇にしたことについては、皇子が山背大兄王を攻め滅ぼす一味に加わっていたという太子伝補闕記の記述が正しいとすると、やや不審と思う見方もありえないことはないけれども、もともと上宮王家の勢力や政治的立場と改新運動との間には、直接の精神的・実質的な繋りがあったわけではないし、中央豪族層が改新運動を中心に強く集結したのは、極めて切迫した海外情勢に対応して、急激な律令体制への転換を行なおうとしたためであって、皇権の回復はそれ自体が主たる目的だったとはあまり考えられないとすれば、その点をそれほど不審とする必要はないのではないかと思われる。また、それにしても皇子はその時点（山背大兄王の討滅事件）では、入鹿に対してきわめて協調的な態度をとっていたことを否定できないけれども、これも、朝廷全般の空気がその底流において大きく転換したのが、その頃からのちであるから、その点もそれほど問題にする必要はないであろう。ただ皇子の力量・識見が、大事業に当るには不十分であったことは、鎌足も早くから見抜いていたことであるし、即位に当って一たん古人大兄皇子を推挙したことからみても、そのことは明らかであるが、しかしこれは、実権を握った中大兄皇子が当分自由の身で改革に専念できるように、すぐに天皇の地位に即くことを避けるとすれば、やはり皇室の中で皇極上皇の弟である軽皇子を立てることが順当であり、また朝廷の人々全体の支持を得ることができる所以だったというようにみてよいであろう。

それからまた皇祖母尊という尊号についていうと、これはほかにも舒明天皇の母の糠手姫皇女（敏達天皇皇女で、田村皇女ともいう）が島皇祖母命、皇極・孝徳両天皇の母の吉備姫王（欽明天皇の孫、桜井皇子の女という）が吉備島皇祖母命、元明上皇が皇祖母と呼ばれた例があって、大たいにおいて、時の天皇に対して女性の尊長といえる人物に対して用いられたとみてよいと思われている。しかしミオヤという語からすると、孝徳天皇の姉に対して用いられるのはやや不適であるから、実権者である中大兄皇子の母という意味で用いられたのではないかという見方も、ありえないことではないけれども、この場合には、のちの皇太后にほぼ当る尊称として、本来の語義からすると、ややずれた用い方をしたものとみてもよいのではないかと思われる。そこでもしそうであるとすると、皇太后という中国風の称号は、このときはまだ用いられなかったことになるから、皇太子という称号も、このときすでに用いられたかどうかやや問題となり、中国的な皇太子の制度は、実は大友皇子が最初であって、中大兄皇子は旧い制度の大兄であり、そのために、有間皇子などが皇位継承権を主張して事を起す余地が存在したというようなことも、考えられないことではない。

それから次には、左右大臣以下の任命記事についてであるが、これは主要なものをあげただけというのではなくて、このとき新しく任命されたのは、これらのものだけだったとみてよいのではないかと思われる。おそらくこのときは、朝廷の政治組織を大きく改めることは殆んど行われず、全体の構造としては、旧来の世襲職制度に基く伴造・品部制がそのまま存続させられ、その最高責任者であって、大臣・大連の地位に当るものとして、左右大臣が任命されて、公式の政府の首班とされたものと考えられる。ただし、この名称を改めたについては、このとき阿倍臣と蘇我臣を並べるのに、大連の名称を用いるのは不適当だったこと、および隋唐の尚書省の左右僕射(丞相)の制に倣ったとみられることなどを指摘することができる。またそれとともに、このように前から中央有力豪族層の中心的存在であったとみられる阿倍内麻呂と蘇我石川麻呂をこのような地位に据えたことは、これまた中央豪族層の人々が、全体としてけっして反改新的存在ではなかったことを、明白に物語るものといってよいであろう。

またこれに対して、鎌足が任命された内臣というものについては、その地位の性格が必ずしも明らかではないが、鎌足が死の直前に大臣の位を与えられているところから考えると、これは明らかに大臣よりは低い地位であり、また内臣という文字からすると、やはり政府の正式の官職というよりは、やや非公式の臨時のものであり、直接に新制度の立案に当るものとみられる国博士を指揮して、改新政策の推進に当ることを主たる任務とする皇太子中大兄皇子の政治顧問役、とでもいうべきものとみるのが妥当なところではないかと思われる。ただ鎌足の改新政府における地位について、大織冠伝では最初に「軍国機要、任㆓公処分㆒。」という語をあげており、また鎌足が死に面して天智天皇の問いに答えた言葉として、「臣既不敏、敢当何言。但其葬事、願用㆓軽易㆒。生則无㆑益㆓於軍国㆒、死何有㆑労㆓於百姓㆒。」（書紀の天智天皇八（六六九）年冬十月乙卯（十日）条にも殆んど同様の文章がみえる）という語が述べてあるところからみると、かれの第一の任務は軍国にあり、律令制度についての指揮とはいっても、その中心は、律令制度の推進による国力の徹底的な強化面にあったとみてよいであろう。以上のようにみると、ここで成立した改新政府は、左右大臣を頂点とする政務執行機関と、内臣の指導下にある政策立案機関の二つの系列が並立し、その上に皇太子中大兄皇子がおり、その皇太子が天皇の権限の現実の行使者として、両系列を統轄するという体制だったとみてよいのではないかと考えられる（これら新政府の組織については、本書第二部「大化改新史論」二、改新政治の進行、1、新政府の発足、をも参照）。

なおこのあと、書紀には同月十五日条に、新任の左右大臣に金策を賜わったという記事があるが、この金策（注に引く或本には、練金を賜うとある）については、後世にその例がみえないので、その実態は全く不明である（文選、西京賦に「乃為㆓金策㆒、錫用㆓此土㆒」という文があるから、そのような漢籍の文字を用いた単なる修飾記事とも考えられるが、また天智紀元（六六二）年五月に朝廷が百済の鬼室福信に与えたとある金泥で書いた冊書、あるいは黄金の冊書の如きものか）。また十九日条には、天皇・皇祖母尊（皇極）・皇太子が、飛鳥寺の西の大槻樹の下に群臣を集めて誓盟を行なったという記事と、年号を建てこの年を大化元年としたという記事があるが、そのうちの前者については、次のような誓盟文が掲げてある。

告二天神地祇一曰、天覆地載、帝道唯一。而末代澆薄、君臣失レ序。皇天仮二手於我一、誅二殄暴逆一。今共瀝二心血一、而自今以後、君無二二政一、臣無二弐朝一。若弐二此盟一、天災地妖、鬼誅人伐、皎如二日月一也。

これは天皇以下、朝廷を構成する全員が、君主権を改めて確認するとともに、君臣ともに誠実に政務に携わるべきことを、天神地祇に誓ったものであって、その誓盟の内容の最も中心をなす「君無二二政一、臣無二弐朝一。」の部分は、単に天皇が群臣に対して絶対服従を誓わせたというのとは、かなり趣きを異にしているといってよい。そしてここでこのような形式がとられていることは、改新の性格を考える上で、きわめて興味のあることといわなければならない。このような形式は、天帝の命を受けて天下を支配し、臣下に対しては全く責任を負わない中国古代の専制君主制からは、決して出てくることのない形式といってよいであろう（この誓盟文については、著作集第五巻第一部第三章「有間皇子事件の政治的背景」をも参照）。なおかつて石井良助氏は、改新の詔の第一条で廃止の対象となっているのは、子代の民と屯倉、および部曲の民と田荘だけであるから、一般的な私地私民廃止の決定は、当然それ以前に行なわれていたとしなければならないとして、この誓盟をもって領地領民制の廃止、天皇直接統治体制の樹立、中央集権的官僚組織の樹立の三点の宣言を含むと解し、以後のすべての施策の基礎として重視されたけれども（石井氏「東国と西国」法制史研究一、後に同著『大化改新と鎌倉幕府の成立』に収載）、この誓盟文は、おそらくもとは素朴な和風の文章で、先述のような意味のことを述べたものだったのであって、そのような具体的な内容の宣言が含まれているものだったと解するのは、何といっても無理なことであろう。

それからまた後者の大化建元については、ふつうはこれがわが国における公式年号の始まりとされているが、一部にはこれを疑う説もある。すなわちかつて藪田嘉一郎氏は、大化の年号の記載のある唯一の同時代史料である宇治橋断碑の銘文を、後世の偽作とすることによって、その存在を否定されたけれども（藪田氏『日本上古金石叢考』）、しかしとくに有力な根拠があったわけではない。したがってこれを事実とすれば、これは改新政府が非常な意気込みで発足したことを示すものであり、内臣・国博士という政策立案機関の設置と併せて、政府が初めから大改革を意図して出発したものであることを、雄弁に物語るものということができると考えられる。

二　第二段階

次に第二段階であるが、書紀によれば政府は翌七月に入って、まず六月に行なう予定であった三韓（高麗・百済・新羅）進調の儀を行なったのち、大夫・伴造らに対して「悦びを以って民を使うべき路」を諮問し、それに対する蘇我右大臣の「先ず神祇を祭鎮して、然る後に政事を議すべきである」という答申に基いて、倭漢比羅夫と忌部子麻呂をそれぞれ尾張国と美濃国に遣して、「供神の幣」というものを課しており、八月にはいわゆる東国国司を任命・派遣するとともに、朝廷に鍾と匱を置いて、それによって広く人々の訴えを聞くこととし、同時に男女の法なるものを定め、さらに仏教界に対する新政府としての方針と、僧尼の監督者の任命のことを述べた詔を出している。また九月には、諸国に使者を遣わして武器を集めさせ、つづいて吉野に引退していた古人皇子を謀反のかどで討ち滅したのち、民の元数を録する使者を諸国に遣わし、その際に私地私民の獲得行為を停止すべきことを命じた詔を出し、やがて十二月になって、都を大和の飛鳥から難波の長柄豊碕宮に遷している。

これらの諸施策のうち、まず七月丙子（十日）条の三韓進調の儀式であるが、これは六月十二日にその式場で蘇我入鹿が暗殺されて、予定の儀式が完了しなかったために、ここで改めて進調の儀式を行うとともに、その機会を利用して、新政府の主として朝鮮諸国に対する外交方針を明示しようとしたものといってよいであろう。孝徳紀にみえるその記事は、高麗と百済に対する詔文の書き出しが、ともに「明神御宇日本天皇詔旨、……」となっていて、その点は後の公式令などの令文による文飾であることを思わせるけれども、その外交方針の内容は、いかにも当時のものとして相応しいとみることができるものである。これについてとくに注目されるのは、高麗に対する詔では、

天皇所ㇾ遣之使、与二高麗神子奉遣之使一、既往短而将来長。是故可下以二温和之心一、相継往来上而已。

と述べて、高麗の王を敬重し、高麗との友好関係を重視する態度を示していることと、百済の誠実さを欠く態度を厳しく咎めていることであるが、これはさきに舒明天皇四（六三二）年十月の唐使高表仁の来朝のとき以来、朝廷がとってきたとみられる唐に対する高麗の態度の支持という立場を、新政府になっても依然として堅持することを明らかにするとともに、百済に対しては、唐と新羅の結合に対抗するために、日本と高麗の提携の路線に対して、積極的に協調するように、百済の国内事情の調整を求めたものというように理解してよいのではないかと思われる。そしてそのような東アジアの国際情勢は、当時いよいよ緊迫の度を加えつつあった最も重要な問題であり、また大化改新が行なわれるに至ったについての最も重大な要因とみられるものでもあったから、新政府が諸施策を進め始めるに当って、先ずそれについての外交方針を明確に打ち出そうとしたのは、極めて自然なことだったといってよいと思われる。

それから次に、同月戊寅（十二日）条の先ず神祇を鎮祭して、然る後に政事を議すべしとしたことであるが、ここ

にみえる「以レ悦使レ民」という語は、日本書紀通証が指摘しているように、易の兌卦にみえる語から出た慣用句で、敏達紀十二年是歳条の日羅の語の中にも見えているが、そこでの用い方からも明らかなように、民衆を悦んで政府の使役に服するようにさせるという意味であって、その使役というのは、二次的には広く調庸物のような物納の義務をも含むとしても、中心はあくまでも、政府が直接に民衆に力役義務を課することを意味している。そしてその翌日己卯（十三日）に、それについての供神の幣を尾張と美濃に課しているところからみると、広く畿外に及ぶ全国の民衆を対象として考えられていたと推察される。したがってこのことは、すでに舒明朝に百済大宮と百済大寺を造るために、広く東西の民を徴発し、皇極朝に百済大寺を造るために近江と越の丁を徴発し、また飛鳥板蓋宮を営むために、東は遠江を限り、西は安芸を限る範囲から、造宮丁を徴発したというような先例はあったにしても、新政府がここでそのような人民支配方式を、広く全国的に実施してゆく体制をとろうとしていたことを示すものと解することができる。なおこの尾張と美濃が東国への出口に位置する国であることと、すぐ次に出てくる東国国司の派遣とを結びつけて、この場合の政府の新しい支配を実現し展開してゆく意図は、専ら東国方面にのみ向けられていたというように理解しようとする向きもあるけれども、当時の重点がある程度東国方面に置かれていたということはあったかも知れないにしても、あまりに東国にだけ地域を限って理解しようとするのは、必ずしも適切ではないと思われる。

それから次に、八月庚子（五日）条のいわゆる東国国司の派遣であるが、これは大化元年中の諸施策の中で、最も新しい改革にすでに踏み出したものと見られやすいものである。この施策に関しては、この後も孝徳紀の大化二（六四六）年三月甲子（二日）条、同月辛巳（十九日）条、同年八月癸酉（十四日）条に一連の記事がみえており、それらは、書紀の撰者が文飾を加える際に、互いに不統一な書き方になったとみられる部分もあるけれども、内容は極めて具体的であり、また前後の諸事情と矛盾するところがないから、詳しい原史料があって、それに基いて書かれた記事とみてよいと思われる。この東国国司については、まえに井上光貞氏の綿密な考察（井上氏「古代の東国」平凡社『万葉集大成5』所載、後に「大化改新と東国」と題して同著『日本古代国家の研究』に収載）や、黛弘道氏の論及（黛氏「国司制の成立」大阪歴史学会編『律令国家の基礎構造』所載、後に同著『律令国家成立史の研究』に収載）などがあり、私も井上氏の考察の問題点を指摘して、所見をやや詳しく述べたことがある（著作集第二巻第四部第四章「大化の東国国司について」を参照）。

それでここではごく簡単にいうこととすると、これは孝徳紀には国司とあるけれども、常陸国風土記にみえる総領と同一のものであって、原史料ではクニノミコトモチのような和風の語だったものを、それぞれその性格の一面を重視して、書紀ではこれを国司と書き、風土記ではこれを総領と書いたものとみるのが妥当と考えられるが、要するに第一次のものは、三関以東の東国全域を八つの区域に分けて、それぞれに派遣された地方官であり、長官・次官・主典（あるいは判官）の三等官によって構成された律令的な官制だったけれども、その定員はのちの国司よりも多く、その管轄区域も、令制の国を二、三ヶ国併せた程度の広域支配の地方官であった。そしてその任務も、第一次のとき（大化元—四・五年）には造籍と校田、それに武器の収公、第二次のとき（大化四・五—白雉四・五年）には、その上に予定されていた班田についての作業の着手と、国郡制の整備に重点が置かれていたようであって、のちの国司のように、民政全般の直接掌握を主目的としていたかどうかは疑問であり、裁判権などのように、明らかにこのときの国司の権限外に置かれていたものがあったことも、指摘することができる。したがってこの東国国司、ことに大化元年八月に派遣された第一次のものは、その形態や官制は律令的な地方官とすることも、できないことではないけれども、将来実施すべき国郡制、あるいは国郡制的な全国支配の下拵えをするために任命、派遣されたものであるから、これは改革の開始あるいは新制度の実施というよりは、基本的にはやはり大改革の準備作業の一つとすべきものと考えられる。

もっとも、このようにいった場合に、第一次のときの主要な任務が造籍と校田ということになっているのは、やや問題のようにもみえるけれども、八月条の詔文の中の細注に

謂㆑検㆓覈墾田頃畝、及民戸口年紀㆒

とあるように、この造籍は、翌月甲申（十九日）条の記事に使者を諸国に遣して民の元数を録せしめたとあるのと同様の、大まかな人口調査を行なうものであり、また校田というのも、各地域の耕地面積の概数を調査するものであって、ともにまえに詳論したことがあるように（本書第三部「改新の詔の研究」四、第四条の検討、を参照）、改新の詔の第四条にみられるような当面の税制を実施するために、基礎資料を整えようとしたものとみることができる。

なお井上氏は、この国司がはじめとくに東国に派遣されたのは、東国が新制を敷き易い地域だったため、ここをまず強固な支配体制の下に編入することによって、新政府の立場を確乎たるものにしようとしたものというように述べて、これを極めて政略的な施策とされたのであって、もしそのような見方が当っていたとすれば、準備的措置としての性格はさらに強いものだったことになるけれども、そのような見方が妥当でないことは、すでに上掲の拙論で述べた通りである。

それから次に、孝徳紀の同日条、すなわち八月庚子（五日）条にみえるいわゆる鍾匱の制と男女の法であるが、これについてもすでに詳論したことがあるので（著作集第二巻第四部第五章「鍾匱の制と男女の法」を参照）、ここではこれもごく簡単にいうこととすると、前者の鍾匱の制のほうは、一見すると中国的な政治思想に基いた観念的な施策にすぎないもののようにみえ、従ってまた、書紀の撰者が構作した記事とみうる余地があるようにもみえるけれども、同大

化二年二月戊申（十五日）条の記事と併せて考察すると、これはこの頃実際に行なわれた施策であり、思い切った改革に着手するに当って予想される諸般の摩擦と混乱を避けるために試みられた、投書による一種の訴訟制度という、極めて実際的な性格をもった施策であったとみるのが妥当と考えられる。そして訴訟処理の仕方が、これまでの大夫合議体やのちの大宝令以後の太政官会議による最高政務決定の方式と殆んど同じであって、新政府の権力構造が、やはりかなり貴族制的な性格をもつものであったことを、具体的に物語っていることがとくに注目される。

また後者の男女の法は、婚姻法あるいは律令的な賤民制を新たに制定したものという見方が従来から行なわれてきており、また一部に、家父長制的家族制度の強化を主たる目的として制定されたもの、とする見方も出されているけれども、この法はそのようなものでは全くなく、男女というのは生まれた男女、すなわち両性の間に生まれた子どもの意であって、生まれた子どもの所属を決定する基準を明示し、それによって、これから政府が直接に対処しなければならなくなる全国の人民の所属に関する争訟問題に、混乱が生じないようにしようとしたものとみるのが妥当と考えられる。そしてこのようにみた場合には、この鍾匱の制と男女の法は、ともに争訟問題を処理するための施策という点で、互いに密接な関係をもつものであったことが明らかになるのであり、また、新政府がこれから全国民に対して、律令的な直接支配を行なおうとするに当ってとった、準備的な措置であったということになるわけである。

以上は大化元年中の諸施策の中でも、とくに重要な問題点を含むものであって、それらは詳しく検討してみると、大たいみな来るべき大改革への意気込みを表わすもの、必要な準備的措置として行なわれたもの、およびその両者の性格を併せもったものだったということになるわけであるが、その点は他の諸施策についても同様にいえることである。もっともその中で古人皇子の事件は、前にも述べたように（本書第二部「大化改新史論」二　1、新政府の発足、を参照)、これを新政反対の人々を糾合した一大運動だったとする説もあるけれども、九月に吉備笠垂の自首があってから、吉野の皇子を討ったという十一月まで、二ヶ月も放置していたらしいこと、同類とされた田口川掘以下の人々の顔触れをみると、それほどの運動とは思えないこと、川掘以外はみなその後も朝廷で活躍していたことが確認できること、わずか三十人程度の兵を差し向けるだけで処理できたことなどからすると、どの程度まで謀反の事実があったか甚だ疑しい。いずれにしてもこれは、中大兄皇子らがその権力を安泰にするためにとった、いわば政略的な措置であるから一おう別とすると、八月癸卯（八日）条には仏教界に対する詔がある。この詔には十師・寺司・寺主・法頭などのことがみえるが、これらの仏教界による自主的統制機関や俗人による実務執行機関の類は、すでに推古朝にその先例がみられるものであり、諸氏の造る寺は今後は国家が助け作ろうというのも、仏教界が今後は国家の直接支配の対象となることについての、政府としての積極的な心構えを示したものであるから、とくに新しい制度を打ち出したものではなく、むしろ大改革への意気込みから出たものとみるべきであり、十二月癸卯（九日）条の難波遷都も、改新が根本的に急迫する海外情勢に対応することと、直接に関係があることはいうまでもないけれども、それとともに中国風の都城・宮殿を営んで、律令国家としての体裁を整えようとした施策として、同様の意気込みから出たものとみるべきであろう。遷都を大化三年ころ以後とする説もあるが、造営が終らなければ遷都はありえないということは勿論ない。

またこれに対して、九月丙寅朔条の武器の収公と同月甲申（十九日）条の民の元数の調査は、上述のようにすでに東国国司の主要任務として指示されたものと同一の事事柄とみられるから、これは東国国司の場合と同様に、準備的措置として行なわれたこととみるべきである。このうちの武器の収公については、まえに少し詳しく検討したことがあるので（本書第三部「改新の詔の研究」四、第四条の検討、5兵器の負担、を参照）、ここではごく簡略に述べておくと、この武器の収公はもちろん後代のそれとは異なり、豪族層の所有していた兵器を完全に没収して、政府に所属させるわけではなく、各地に集積して豪族層の人々に管理させていたものを、急要に応じて人々が利用し、部下や民衆に使用させたものに外ならないであろう。したがって、ある程度は豪族層の所有の中から提出したとしても、それは当然十分の量ではなく、とくに大化の新政府の場合のように、東アジアの国際的状況に対応して、多量の兵器を集積させておくためには、当然多数の兵器を製造させ、またその製造に必要な費用を一般の民衆に賦課することになったに違いはないのである。大化二（六四六）年正月甲子朔条の改新の詔の第四条の中に、

凡兵者、人身輸二刀・甲・弓・矢・幡・鼓一。

という規定があるのは、そのことを示すものであり、また同月条に

天皇御二子代離宮一、遣二使者一、詔二郡国一修二営兵庫一。

とあるのは、このときすでに全国各地に多量の兵器を集積する施設を造営させ始めたことを示すものとみることができる。したがって全国的な軍団制度の成立は遥かに後世を待たなければならないけれども、中央集権的な軍事強化の準備は、この段階からすでに始められていたとみてよいであろう。

それから民の元数の調査についていうと、この元数という語は、他にあまり見えない語であるが、元は正字通などに「元、大也。」とあり、安閑紀元年閏十二月壬午（四日）条に

仍奉二献上御野・下御野・上桑原・下桑原、并竹村之地、元合肆拾町一。

とある元合の語を古訓でオホスベテと訓んでいるから、元数は大数であり、従って概数の意であるとしてよいであろ

う。書紀集解はこの元の字を適宜に凡の字に改め、その後の刊本もみなそれに従っているが、とくに根拠があるわけではない。前述の八月条にみえる東国国司と倭国六県の使者に命じた造籍のうち倭の六県はあるいは造籍が不可能ではないかもしれないが、東国国司の場合は到底可能とは考えられないから、その場合と今回の諸国に遣わした元数の記録とは、恐らく殆んど同様のものだったのではないかと思われる。したがってそれは各国ごとの人口の概数で、詳しくても村落ごとの家数と人数の程度だったかもしれないけれども、それでもこれから律令制度を組立てるに必要な計数としては、差当ってはそれで一おう十分であり、またいろいろな面で非常に役立つものだったのではないかとも推測される。それは例えば翌年正月朔に出された有名な改新の詔を見ても、例えばその第一条にみられる国や郡の等級や防人兵士の構成、第二条にみられる里数や里の戸数の決定などは、当然大まかではあっても全国の戸口の概数を必要とするものであり、ことに第四条の税制にみられる田の調・戸別の調・調の副物の賦課の額や官馬・兵器の徴発の数、仕丁の人数などは、その計数が翌年度からでもすぐに使用されたに違いないものであることによって明らかだからである。したがってこの場合の元数の調査は、そのような目的のものだったとみてよいであろう。

ところで、この元数を録せしめた記事のあとに書かれている詔文は、その内容が元数を録することと、必ずしも対応していないようにみえるし、その解釈も、従来必ずしも明快に説明されているとはいえないので、ここで一通りこの詔文を検討しておくこととすると、この詔文は当時のものそのままではなく、もし当時の文章があったとすれば、それはごく簡単な和文のものだったのではないかと思われる。いずれにしてもこの詔文をみるとその第一段（「恣」情駈使。」まで）では、天皇の標代の民、すなわち御名代の部に倣って、臣・連・伴造・国造らがそれぞれ私民を設置していることを述べ、第二段（「或者全無こ容針少地。」まで）では、同じく臣・連以下の諸豪族が争って山海林野池田、とくに広大な田地を有するようになってきていることを述べ、第三段（「随レ事而作。」まで）では、その結果調賦を進るときには諸豪族がそれぞれ中間搾取を行ない、宮殿・園陵の造営・修理には、やはり彼らが私民を率いて徭役に従う形になっていることを述べている。そして第四段で以上のことを総括し、「損レ上益レ下、節以二制度一、不レ傷レ財、不レ害レ民。」という易の文章を引いて、これを好ましからざることと決めつけており、ここまでがこの詔文の前置きとなっている。この第一〜三段で述べている当時の実情というものは、私地私民制を根本原則とする氏姓制度の政治体制の下では、ごく自然の発展の姿ともいうべきものであって、それ自体としては、けっして社会的あるいは政治的弊害の増大というようにみられるものではない。ただしかし、それが公地公民を基本とする律令制度を採用することになると、そのために初めて、その新しい立場からみて好ましからざる事象とされることになったのに外ならない、というように理解されるべきものである。

　これに対して、そのあとの第五段（「方今百姓猶乏。」から「勿三妄作レ主、兼二并劣弱一。」まで）は、この詔の本来の趣旨を述べた部分であって、現状は一般民衆の生活に余裕がないにも拘らず、有勢者が水陸を割き取って私地となし、毎年民衆に賃租させて、その地子を徴収しているが、今後賃租させることを行なってはいけないし、また劣弱な民衆を私民としてはいけないということを述べているわけである。しかしこの部分でいっていることと、前置きの部分との間の論理的関係が極めて不明確であって、前置きの部分がこの部分の理由付けの役割を果してはいないとともに、この部分の内部においても、土地を占有して百姓に賃租させることと、百姓が窮乏していることとの関係や、百姓に賃租させることと、劣弱なる者を兼併して私民とすることとの関係も、これまた甚だ不明確な述べ方になっている。これは、やはりのちの孝徳紀大化二年八月癸酉（十四日）条と同三年四月壬午（二十六日）条にみえるいわゆる品部廃止の詔

(前・後)(著作集第二巻第四部第十章「いわゆる品部廃止の詔について」を参照)の場合と同じように、本来それ自体は決して弊害でも不合理でもなかったものを、好ましからざるものとして説かざるをえなくなったために生じたことである。そしてそういう事情を十分に考慮に入れて、この詔の趣旨を大まかに捉えようとすれば、要するにここで言おうとしていることは、従来から進行してきている私民と私地の新しい獲得競争は、これを禁止するということだというように理解してよいのではないかと思われる。そしてそれがもし大たいにおいて当っているとするならば、それは私民・私地の拡大の停止ではあるけれども、まだ私地私民制そのものの否定を述べているわけではないから、この詔もまた、新制度への切換えを物語っているものではないということになるわけである。そしてこの機会にこのような趣旨が述べられたのは、やはり律令支配に必要な全国的戸口調査を実施するに当って、私地私民制を廃止し公地公民制を採用すべき理由を、どうしても少し詳しく説明しておきたかったためとみてよいのではないかと思われるのである。

さて、以上大化元年の末までに行なわれた新政府の諸施策について要約すると、それらは大たいにおいてみな、大改革への意気込みから出たものと、律令的な新制度のための予備的措置とみられるものであって、それらはいずれも、従来と根本的に異る全く新しい制度につながることであるから、そこにはどうしても、すでに新しい要素が多少なりとも含まれていることは否定できないけれども、基本的にはやはりみな新制度の制定や実施に入るための態勢、あるいは準備を整えるためのものだったということができる。したがってこの第二段階は、大改革開始のまえの予備的段階であって、それはかなり順調に行なわれたといってよいということになるわけである。

三　第三段階

そこで次に第三段階であるが、これはいうまでもなく大化二（六四六）年正月甲子朔の有名な改新の詔の宣布に始まるわけであって、いよいよ実際に改革そのものが推進されることになった時期である。ただし改新の推進という場合に、その中には基本的方針の決定、新制度または暫定的な制度の制定あるいは実施、そのための必要な作業の着手などをみな含むものとすると、そのような改革そのものの推進が行なわれた時期は、大たい大化年間の五年間全部としてもよいのであるが、しかしその時期も、大化二年八月のいわゆる品部廃止の詔（前詔）が出る以前と、出てから以後とでは、改革の内容にはっきりとした相違が認められるので、ここではその時点を境として、その前段を第三段階とし、その後段を第四段階として、両者を区別することとする。

さて、この第三段階に出された改革に関する重要な施策は、詔文の形でいくつか孝徳紀にみえているが、その中で内容的に最も重要なものは、いうまでもなく改新の詔であって、それは周知のように四ヶ条から成っている。すなわち第一条に子代の民、屯倉、部曲の民、田荘というある種の土地・人民を廃止して、その代りに大夫以上には食封を、それ以下の官人・百姓には布帛を与えること、第二条に京師・畿内・国司・郡司以下の地方行政上の諸制度、全国的交通連絡機関、海外辺境防備施設などを置くこと、第三条に籍帳制度と班田収授法を採用すること、第四条に田の調、戸別の調以下の統一的な租税制度を実施することを述べている。その一々の内容については、別に詳細な検討を試みたものがあるので、ここではそれらについては省略することとするが（本書第三部「改新の詔の研究」を参照）、これを全体としてみるならば、この詔文の信憑性について、これまで種々の論議が行なわれてきているけれども、先に詳しく述べたように、その大筋は大たいにおいて信頼してよいものと考えられる。すなわちその詔文は恐らくは大化当時の原詔があって、それに基いて書かれたものであり、その場合に書紀の撰者によって、かなり強度の修飾の手が加えられていることは否定できないにしても、そのために内容が根本的に変改を蒙っているというような、すなわち大化当時は全く考えられていなかった内容が盛り込まれる結果になっているというような惧れは、それほどはないとみるのが妥当だといってよいと思われるのである（本書第一部第一章第二節「孝徳紀の記述」を参照）。

従って、この孝徳紀の記述によって改新の詔の内容をみてみると、それはすでに極めてはっきりとした律令的な人民支配の体系を示していたといってよいであろう。そこで今かりに、当時における律令的改革の課題の主要な項目となりうるものを一おう列挙してみると、

（A）　官僚制

（a）　世襲職制の廃止

（b）　中央官制の制定

（c）　官人制度の制定

（1）　冠位（位階）制度

（2）　任用制度

（3）　考選制度

（4）　待遇制度（封禄・資蔭）

(d) 氏族制度(氏・姓)の再整備
(B) 公地公民制
(a) 私地私民制の廃止
(b) 地方行政制度の制定
(1) 京制
(2) 畿内制
(3) 国郡制
(4) 全国的交通連絡機関
(c) 民政制度の制定
(1) 籍帳制度
(2) 班田制度
(d) 租税制度の制定
(1) 調庸制
(2) 徭役制

というように分類・整理できるのではないかと思われる。そしてもしそうであるとすると、改新の詔の第一条は(B)の(a)、第二条は(B)の(b)の(1)(2)(3)(4)、第三条は(B)の(c)の(1)(2)、第四条は(B)の(d)の(1)(2)に当るわけであって、支配層の内部構造の問題である(A)の諸項目は完全に欠落しているけれども、それ以外の項目の主要なものは、ほぼ網羅しているということになるのである。

ただし、第一条にあげてある子代の民以下のものを廃止すれば、当時存在した私地・私民はすべて否定したことになるのかどうかという疑問が当然出されるけれども、その点は先掲の論文で考察したように（本書第三部「改新の詔の研究」一、第一条の検討、を参照）、大化のときの公地公民化は、全国大小の諸豪族の個別的な土地・人民領有権を、否定あるいは没収することによって実現したものではなく、それら全体を一本化し、それを前からその上に存在していた天皇の上級領有権と合体させ、国家の全国的な土地人民支配権という形にすることによって実現したと考えるならば、それらの領有権を排除して設定されていた私地・私民の代表的なものである子代の民以下のものを廃止すれば、それで公地公民制の実現に必要な措置はほぼ完了したとみてよいと考えられる。それからまた、上に列挙した諸項目のほかに、それらに比肩しうる重要性を有するものとして、司法制度や軍事制度もあげることができるが、司法制度は中央官制や地方官制の中で整備してゆく考えであったとみることができ、軍事制度は国際的緊張が存続する間はむしろ着手せず、他の諸項目がある程度整備された段階になってから着手する予定だったとみることができるので、ここでは項目表から省くこととした。

なお、このように官僚制関係の諸項目が、殆んど完全に欠落していることは、詔文の信憑性を考える上でも、極めて注目すべきことである。なぜならば、もしこの詔文が後世の書紀の撰者などの手による全くの造作であったならば、後世の貴族社会の人々の観念からみた場合には、公地公民制と並んで律令制度の最大の要素とされ、ことに中央官制や冠位制などは、最も重要な存在とされていたものであるから、それがこのように欠落した形で造作されるということは、とうていありえないことだからである。したがって、この事実からだけでも、詔文の全面否定論は成立が極めて困難といわざるをえないのである。

さてこのように、この詔文の内容は、律令制度の最大の要素の一つが、殆んど完全に欠落しているのであるが、従来はそのことが不思議なほど明確に意識されなかったために、この詔文は、当時指向されていた律令制度全体の構想を示したものとして受け取られてきた。そしてそのために一般には、この詔文はこれから実行しようとする改革全体の大綱を示したものであり、その後に出されたことがみえる孝徳紀の諸詔は、この大綱に基いて決定されていった個別的政策（部分的実施、修正、補足、再確認など）であるという坂本太郎氏以来の見方が、広く一般に行われてきているけれども、それには私はあまり賛成することができない。なぜならばこの見方は、大化当時いわゆる旧勢力の抵抗が無視できないほど強く、改革の推進が必ずしも容易ではなかったという旧来の通念と、後に出された諸詔の中に、明らかにこの詔と内容的に重複するものがいくつかあるという理解とからきているのであるが、しかしこれまでもたびたびいうように、反改新的な旧勢力の存在というのは事実に反するし、また重複する内容の詔があるというのも、詳しく検討してみると、みな不正確な解釈からきたものといってよいからである。この詔は上述のように、官僚制関係の諸項目のような最大の要素の一つが、まるまる欠落しているのであるから、全面的な構想を示した青写真というようなものとするわけには勿論いかないし、また第四条の税制などのように、明らかにすぐに実施される予定のものも含まれているのであるから、これを単に将来の方針を述べたものとするわけにもいかない。したがってその中には、すぐには実施できないもの、かなり長年月の準備を必要とするものも含まれてはいるけれども、これはやはり基本的には実施令とみるべきものであり、また、改革の主要項目のかなりの部分に網羅されてはいるけれども、その性質からいえば、後の諸詔と併列の関係にあるものとみるべきものであろう。

このように、この詔以後の諸詔は、みな独自の内容のものであって、この改新の詔に対して従属的地位にあるとみるべきものではないが、しかしその中で大化二年三月までのものは、すべてこの詔と同じく、先に列挙した項目表の中の（B）の（b）（c）（d）に関するものばかりである。すなわち政府は、こののち三月に入ってまず辛巳（十九日）条に、さきに派遣した東国国司らの任地における不法行為に対して、これを厳重に戒める長文の詔を出し、その詔の最後につづけて、

宜下罷二官司処々屯田、及吉備島皇祖母処々貸稲一、以二其屯田一班中賜群臣及伴造等上。

ということを述べ、「官司処々屯田」と「吉備島皇祖母処々貸稲」なるものを廃止することを定めている。これについては私が前に少し詳しく論じており（本書第三部「改新の詔の研究」一、第一条の検討、4、官司屯田と子代入部・御名入部およびその屯倉の廃止、を参照）、吉備島皇祖母の処々の貸稲については、とくに問題はないと思われるので、官司の処々の屯田についてだけ少し触れておくこととすると、これは官司とはいっても大化前代のことであるから、それぞれの世襲職の諸氏族が、その職務に従事するために必要な財源として、朝廷において公的に設定されていた土地とみられるもので、実体は田地だけで農民は所属せず、その収穫あるいは地子はすべてその官司に納められて、その官司の食料・雑費に充てられるものだったというように推測されるものである。またその翌壬午（二十日）条には、皇太子中大兄皇子の奏請に基いて、「子代入部」「御名入部」およびその屯倉なるものの廃止を決定した奉答文がみえているが、これもすでに詳論したように（著作集第二巻第四部第九章「大化前代における皇室私有民」を参照）、ここで対象としているものは、みな本来は皇族のある特定の個人のために公的に設定され、その中の一部は現在諸豪族の手に相続されているものもあるような、ある特殊な土地・人民とみるべきものである。従来はこれを改新の詔第一条の廃止のことが述べ

られている「子代之民」およびその屯倉と同一のものとみて、私地・私民の廃止がかなり困難だったので、ここでそのことを再確認し、皇太子が率先垂範して、自己の私地・私民を返上することによって、その実現を促進しようとしたものというように説かれてきたけれども、その解釈は全くの誤りというべきである。したがって、この官司処々の屯田と、子代入部・御名入部およびその屯倉とは、ともに特定のもの（官司あるいは個人）のために公的に設定された土地および人民であって、そのために個別的支配の下にあるものではあるけれども、改新の詔の第一条で廃止の対象に含まれることになったのかどうか、当時の人々の一般の観念からすると、かなり不明確であったために、ここに至ってその廃止を明確にしたものとみられるのである。

以上のごとく政府は大化二年正月から三月にかけて、公地公民制関係の諸政策をつぎつぎに決定していったが、上述の皇太子の奏請による入部（子代入部・御名入部）とその屯倉なるものの廃止によって、公地公民化のための差し当り必要な措置は一おう取り終えたと、当時の当事者たちは考えていたように見うけられる。そしてそのことを示すのが、その二日後の三月甲申（二十二日）条にみえる長文の詔で、それは初めにふつう大化の薄葬令と呼ばれている新しい葬送・営墓方式の規定を掲げ、そのあとに続けて、それまで一般に行われていた種々の迷信的な風習を禁止する旨を述べ、最後に市司および要路津済の渡子の調賦というものを停止し、その代りに田地を与えることと、畿内および四方の国（全国）に勧農の使者を遣すべきことを述べている。これらは一見すると、互いにあまり関係のない事柄を雑然と並べただけのようにみえ、果してこのとき同時に宣せられたものかどうかも疑わしくなるようにみえるけれども、実はこれらはみな私地私民制が原則として否定され、全国民がすべて公地公民制の対象として、新たに政府の直接の支配の下に置かれることになった結果、政府としてここで初めて何らかの措置が必要となったことばかりである（これらの政令については、本書第三部　一、3「私民の廃止」を参照）。上述の葬送・営墓方式の規定も、従来は薄葬令と呼ばれているがために、本来の趣旨が十分に理解されないできているが、これは実は諸氏族がそれまで行なっていた私葬制の方式を、政府の手による公葬制の方式に改めようとしたものであって、これまた公地公民制への切換えの結果、絶対に必要となったことに他ならない（著作集第二巻第四部第八章「大化のいわゆる薄葬制について」を参照）。これらのことについてはすでに論じたことがあるので、ここでは詳しいことは省略するけれども、これによって政府は、この段階で公地公民化に必要な措置は一おう取り終えたと考えていたとみてよいと思われるのである。

四　第四段階

それから最後に第四段階であるが、これは大化二（六四六）年三月以後、同五年の末ころまで、あるいは同六年二月の白雉改元までであって、この時期には、主として第三の段階ではすべて後廻しにされていた官僚制関係の諸事項に関する改革が進められたとみられる。もっともそのことは、これまではっきりと認識されることがなかったのであるが、それはもっぱら孝徳紀大化二年八月癸酉（十四日）条と同三年四月壬午（二十六日）条にみえる二つの詔文の解釈が、あまり正確ではなかったところからきていたといってよい。そこでまず、この両詔の解釈が問題であるが、これについてもやはり以前に詳しく検討したことがあるので（著作集第二巻第四部第十章「いわゆる品部廃止の詔について」を参照）、ここではその要点だけを簡単に述べることとすると、ほぼ次の如くである。

すなわちこの両詔は、両者を併せて品部廃止の詔と呼ばれることが多いので、ここではその中の前者をいわゆる品部廃止の前詔、後者をその後詔というように呼ぶこととすると、前詔の内容は、まず、品部設置の結果生じてきている各種の弊害というものをあげて、その故に品部をすべて廃止して、これを国家の民（公民）とすることにするということを述べており、さらにまた品部を廃止すると、その結果として臣・連・伴造らがそれぞれ自らの氏の称として伝えてきた過去の天皇・皇族の名が、同時に消えてしまうのではないかと危惧するかもしれないけれども、その心配をする必要はないということを説き、最後に、

今以二汝等一使レ仕状者、改二去旧職一、新設二百官一、及著二位階一、以二官位一叙。

と述べている。孝徳紀ではこのあとに続けて「今発遣国司并彼国造、可二以奉聞一。……」という文章があるけれども、前詔の内容はこの「以二官位一叙。」までとみるべきである。

この前詔の内容については、以前には品部という語をただ単に部というのと全く同じと考えられていたために、これは一般的に部の廃止のことを述べたもので、従って改新の詔の第一条にみえる私有民の否定の再確認にすぎないものとみられていたのであるが、戦後になって井上光貞氏が、品部を単に部というのと同じとする説の不当である根拠をいくつかあげた上で、品部というのは各種の部のうちのある特定のものだけを指す語であり、それは主としていわゆる職業部だけであるということ、および職業部は、伴造制すなわち大和朝廷の政治組織である世襲職制の基礎構造をなしていたものであるから、その廃止はとりもなおさず世襲職制を廃止することであり、またそのように解釈することによって、初めてこの詔の最後の部分で述べていることとの関連がつくようになり、詔文全体の趣旨がそれによって初めて明白になるということを論じられた（井上氏「部民史論」中央公論社『新日本史講座』、後に「部民の研究」と題して同著『日本古代史の諸問題』に収載）。この井上氏の所論によれば、この前詔は世襲職制の廃止と、それに代る律令的官僚

制の採用の方針を述べたものということになるわけであって、これはほぼ承認しうる見解といってよいと思われる。ただしその中で、井上氏が品部とはいわゆる職業部のみを指すとされた点は疑問であって、御名代の部、すなわち御名代のトモの出仕の資として、歴代の天皇および皇族の名号・官号を付して設置されたものとみられる部も、当然品部の中に含まれるとみるべきであり、実際にもこの詔が述べている品部設置の弊害や、品部廃止に対する諸氏族の人々の危惧も、みな主として御名代の部についてだけ起りうることのように思われた。

それからまた後詔のほうであるが、これも文章がかなり難解で、意味のつかみにくいところが少なくないけれども、その内容は大たいにおいて、臣・連・伴造らが過去の皇祖神や天皇の名を氏族の名称としているところから生じてきている弊害について述べたのちに、今後新しい制度を逐次決定してゆくつもりであるが、それまで待ちどおしいに違いないから、さしあたり皇子・群臣以下に庸・調を賜うこととする、ということを述べているとみてよいであろう。そしてその弊害について述べている部分では、前詔の場合と大たい同じことがらを問題にしているので、品部という語はどこにも使用されてはいないけれども、従来一般にこの後詔は、前詔で述べたことの再確認にすぎないものとみられてきている。しかしこの詔の主眼は、最後の部分の

故始二於皇子・群臣一、及二諸百姓一、将レ賜二庸・調一。

という個所にあるのであって、これは、将来新しく官僚制の下における律令的な官人待遇制度ができるまでの間、暫定的な待遇制度として、庸・調を支給することにするということである。そしてその庸・調というのは、まえに論じたように、さきの改新の詔の第四条に定められた税制に基いて、諸豪族がそれぞれの旧私有民から徴収することにした庸や調の一定部分を政府に納めないで、そのまま自己の収入とすることを許すということだったというように解釈

することが可能である。したがってこの両詔は、ともに品部の廃止と関連しており、また互いに密接な関係を持っているものではあるけれども、厳密に定義しようとするならば、前者はこれを世襲職廃止の詔と呼び、後者はこれを庸調支給制の詔と呼んで、両者をはっきりと区別するほうがよいと考えられる。

さて、両詔の文意をこのように理解した上で、その内容をさらによくみてみると、次の二点がとくに注目される。すなわちその一つは、両詔ともに伴造・品部制の廃止すべきである所以を説こうと努力していながら、実際には、その中の一部分にすぎない御名代の制の弊害だけを力説するに止まっていることであり、そのもう一つは、その弊害なるものも、実は実質的な弊害とは殆んど考えられないようなものであって、廃止の理由としては、はなはだ力のないものだということである。これらの点もすでに前掲の拙稿に詳論したことではあるけれども、必要な範囲で以下に少し再説すると、これは要するに、当時の政府の指導者たちが、伴造・品部制廃止の必要性を人々に納得させようとしても、有効な理由をあげることが極めて困難だったことを示すものであって、それはまた逆からいえば、当時において伴造・品部制、ないしはそれを基礎構造とする世襲職制全体が、それ自体としてはなお十分な発展性をもっており、少くともその面では、支配体制の矛盾あるいは行きづまりというようなものは、とくに問題となるような状態になっていたわけではなかったことを物語るものといってよいのではないかと思われる。すなわち、世襲職制に基くこれまでの大和国家の政治組織は、当時の社会にとっては、まだ必ずしも不適合なものとなっていたわけではなかったけれども、朝廷が改新によって、中国隋唐の律令制度を採用する方針をとるに及んで、それとの関係で初めて、廃止が必要とされるに至ったのに他ならないというように考えることができる。従来一般に改新の原因として、世襲職制にもとづく支配体制の行きづまりということが、ほとんど常識のように説かれてきたけれども、それは実は、改新によって根本的に改革されたからには、当然すでに行きづまっていたにちがいないという単なる結果論から、そのような議論がなされてきたにすぎないのであって、実際に行きづまっていたという具体的な例証は、ほとんど挙げられていないし、またさらに根本的なことをいえば、改新は国内的事情を主たる要因として起った政治変革であるというように、初めから決めてかかっていたことにそもそも問題がある、ということになると思われるのである。

それからまた、それと同時に上に指摘した二つの点は、世襲職制の廃止をめぐって、当時の一般豪族層、とくに中央諸氏族の間に、かなり強い危惧と反撥の空気が存在したことを物語るものとみてよいのではないかと思われる。なぜならば、もし改新の当初から世襲職制の否定が、当然のこととして一般に認められていたならば、品部廃止の理由をこのように不自然な形で、しかも二度に亘ってまで説く必要はなかったはずだからである。庸・調支給制の決定も、もちろんこれは現実に必要なことだったからではあるにしても、やはり同時に反撥の空気がかなり強く、新しい官僚制への切換えが必ずしも容易ではないとみられたための、暫定的・宥和的政策でもあったと考えられるのである。そもそも公地公民制と官僚制とは、律令制度の二大の柱であるが、そのうちの後者である官僚制のほうは必ずしも絶対的なものではなく、かなりの程度まで世襲職の要素を存続させた形の律令制度を考えることも、現実には可能だったといってよいであろう。事実、大宝・養老両令に示されている律令制度の完成された形においても、大化以前の職業部の一部と、その直接の支配者であったいわゆるトモの小氏族が、品部・雑戸とその伴部として、中央官制の中の一部に存続させられているし、また、中臣氏と忌部氏が神祇官の官職を、高橋（膳）氏と安曇氏が内膳司の官職を世襲的に独占しているというような例を指摘することもできる。したがって大化当時においては、隋・唐の制度のような純粋な官僚制に近い形をとる方向と、旧来の世襲職のかなりの部分をそのまま残して、それに位階・封禄の面や新設の中央・地方官の任命の面で、官僚制的な方式を採り入れたような折衷的な形をとる方向と、大きくいって二つの途が与えられていたといってよいであろう。両詔の内容からすると、それぞれの伝統的な世襲職に深く執着していた諸豪族、とくに中央諸氏族は、むしろ後者に近い途を予想して改新に参加していたのが普通であり、それに対してもし前者の途を強行しようとすれば、かなり強い広汎な反撥が生じうるのが、当時の一般的な情勢だったということが推測されるのである。

このように、世襲職制の廃止に対する反対の空気が、当時かなり強かったということを想定すると、そのことは、公地公民制にくらべて、官僚制の諸改革がかなり後廻しにされたことの十分な理由とすることができると同時に、それによって、これ以後の政局の動きを、かなりよく説明することができるように思われる。すなわち、この両詔が出るまでの二年弱（第二段階をも含めて）の期間にくらべると、以後の三年近く（大化末年まで）の期間は、新政策の決定に関する記事が孝徳紀の中ではとくに少く、わずかに二つの新冠位制定の記事と、八省百官の設置を命じたという記事がみえるだけであるが、これはその時期に政府に残された大きな課題が、主として官僚制の採用だけであったこと、およびその実現がなかなか容易ではなかったことを物語っているとみることができる。

そこでとくにこの時期の状況について、以下に少し詳しく述べることとすると、孝徳紀大化三年十月条以降の記事に

冬十月甲寅朔甲子（十一日）、天皇幸㆓有間温湯㆒。左右大臣、群卿大夫従焉。十二月晦、天皇還㆑自㆓温湯㆒、而停㆓武庫行宮㆒。武庫、地名也。是日、災㆓皇太子宮㆒。時人大驚恠。

とあって、これはこの時期における一般の不安と不満の表れとみることができるものであり、続けて同年是歳条には

制二七色一十三階之冠一。一曰、織冠。有二大小二階一……。二曰、繍冠……。三曰、紫冠……。四曰、錦冠……。五曰、青冠……。六曰、黒冠……。七曰、建武。初位。又名二立身一……。此冠者、大会、饗客、四月・七月斎時所レ着焉。

とあって、このときに推古朝の十二階の冠位を改定し、新たに七色十三階の冠位を制定したが、これを直ちに施行せず、翌四年四月朔に初めて実施に移した。しかしこのとき左右大臣がこの新しい冠を着けないで、依然として古冠を着したというのは、この新しい冠位が、官僚制的性格を有するものだったために、それに対する抵抗の意志を示したものであって、このとき左右大臣が、世襲職制廃止に対する反対派の中心の立場に立っていたことを物語るものとみることができる。四月辛亥朔条のこの記事には、

罷二古冠一。左右大臣、猶着二古冠一。

とあるが、これについてまえに井上光貞氏は、旧来の紫冠がそのまま新制に引き継がれたために、左右大臣が依然として古冠を着したのだとされた（同氏「冠位十二階とその史的意義」、同著『日本古代国家の研究』第二部第一章に収載）。しかしすでに論じたことがあるように（著作集第二巻第四部第一章「推古朝政治の性格」四、推古朝政治の内容、2、十二階の冠位、を参照）、もしそうであるならば、それをとくに古冠と書くわけがないし、紫冠がそのまま引き継がれたといううるならば、他の織・繍・錦・青・黒なども、おそらく同様だったであろうから、その中で左右大臣だけが古冠を着けたというのはおかしいことになる。新冠の紫冠は大小に分れたのであるから、そのまま引き継がれたという井上氏の推測は明らかに無理であって、このとき左右大臣が新制の序列に組み込まれることを拒否する意志を表明したもの、と解するほうが遥かに自然である。

それからまたこれに対して、翌大化五年二月条には、

制二冠十九階一。一曰、大織。二曰、小織。……十九日、立身。是月、詔三博士高向玄理与二釈僧旻一、置二八省百官一。

とあり、冠位を改めて十九階としたことと、その同月に国博士の高向玄理と僧旻とに命じて、律令的な中央官制の制定を命じたことが知られるが、これらはみな中大兄皇子や中臣鎌足らの急進派が、既定の方針を強硬に押し進めようとしたことを示すとともに、その結果として大化五年の初めころには、政情がかなり緊迫していたことを推測させるわけである。そして同年三月の阿倍左大臣の死と、その一週間後に起った蘇我右大臣の讒死事件、およびその翌月の、巨勢徳陀古と大伴長徳がともに大紫の冠位を授けられて左右大臣に任命されたという記事は、ここで中大兄皇子が左大臣の死という好機を逃さず、讒言を利用して右大臣をいきなり攻め亡ぼすという非常手段をとることによって、このときの難局を乗り切ったことを物語るものとみることができるわけである。その事件の詳細については、すでに述べたことがあるので、ここでは省略するが（著作集第二巻第四部第十章「いわゆる品部廃止の詔について」を参照）、このような経過をへて大化五年の末ころまでには、恐らく高向玄理と僧旻によって、ごく簡単なものではあったかもしれないが、律令的な中央官制が制定され、それとともに官僚制への切り換えに必要な措置は、一おう取り終えたと考えられたとみられるのである。

第四節　後　史

一　国際情勢の緊迫

上述のように、改新政府の後半期の課題であった官僚制に関する改革のために必要な当面の措置は、大化五（六四九）年の末ころまでに一おう完了したことになったと推定されるのであるが、その翌年二月には白雉が出現したというので、朝廷では大規模な祝典が行なわれた。すなわち穴門（長門）の国司がその正月九日に麻山という所で捕えたという白い雉を献上してきたので、その出現の意味について百済君や沙門らに下問したところ、僧旻法師が白雉出現についての緯書の記述や、中国史籍にみえる先例などをあげ、最も詳細で適切な説明を行ない、これは休祥であるから天下に大赦すべきであるとの旨を答申した。そこで朝廷ではこの答申に従い、これを祥瑞として取り扱うこととし、元日の儀の如き盛大な祝賀の式典を行ない、天下に大赦して年号を白雉と改めたのである。これは祥瑞の制度がわが国で正式に取り上げられた最初とみてよいと思われるが（祥瑞の制度については、著作集第四巻第二部第三章「律令国家と天命思想」を参照）、孝徳紀の詳細な記述によると、その祝典には改新の成果を謳歌する気分が横溢していたといい、またこれ以後、孝徳紀には急に改革に関する記事が現われなくなる。このとき改新の成果を実際にどれだけ謳歌したかは別としても、形の上で謳歌されたことは確かであるとすると、明確な時期を示そうとする場合には、改新の結末をこの白雉改元の時とすることも可能であろう。

ところで、これ以後の白雉年間の五年間には、難波長柄豊碕宮の造営が進んで、同二（六五一）年十二月に孝徳天皇は新宮に遷居し、三年九月に宮が完成したこと、同四年五月と五年二月の二度に亘り、重ねてかなり大規模な遣唐使を派遣したことなどが知られるほかに、直接に改革に関することとしては、白雉三年正月己未朔の班田既に訖るという記事と、同年四月条の戸籍を造るという記事がみえるだけであり、しかもこの二つの記事は、それ自体にいろいろと問題があることを一おう別としても、いずれも内容は改新の詔の部分的実施というべきものであって、新しい政策を打ち出したという性質のものではない。そして同四年には、中大兄皇子が難波から倭の飛鳥に戻ることを考え、孝徳天皇の同意がなかったにも拘らず、天皇一人を置きざりにしたまま、皇極上皇、皇后間人皇女、皇弟（大海人皇子）らとともに飛鳥に遷り、公卿・大夫および百官の人々もみなこれに従った。天皇はこれを恨んで位を捨てようとし、山碕の地に宮を造り始めていたが、翌五年十月に難波の宮の正殿で病死した。皇太子が飛鳥に戻ったのは、当時の海外情勢の緊迫に対処するためであり、天皇がそれに同意しなかったのは、それほどの必要性を理解できなかったためであろう。そしてこの時点で、阿倍左大臣と蘇我右大臣はすでにこの世になく、僧旻も白雉四年六月ころに（孝徳紀の記事の分注に引く或本には、五年七月とする）難波の阿曇寺で病死し、高向玄理も同五年二月に遣唐押使となって唐に出発し、在唐中に世を去ったから、改新政府発足当時の首脳陣で残るところは、中大兄皇子と中臣鎌足の二人だけとなったわけである。

このように白雉年間には、改革に関する諸施策はほとんどみられなくなったため、周知のように坂本太郎氏は、白雉改元を境にして、それ以後は改革の熱意が薄れたとされて、大化五年までを狭義の改新、それ以後さらに大宝律令の完成までを含む時期を広義の改新、というように定義されたわけである。私は既に述べたように（第三章第一節二

「範囲」)、そのように二重の定義を下して、大宝に至るまでの律令国家建設の全過程をその中に含んだ大化改新という概念を立てることには、必ずしも賛成ではなく、改新は大化五年までという定義のしかただけに限るのがよいと考えるが、それとともに、白雉年間の状況を坂本氏のように、熱意が薄れたためとして受け取ることにも、かなり問題があるのではないかと考える。というのは、これまでみてきたように、大化五年の末ころまでに改新政府は、公地公民制と官僚制の両面における改革の方向を明らかにするための主要な措置は、ほぼ取り終り、あとはそれに基いて、現実に新しい諸制度を実現してゆく作業の段階に入ったわけであるから、急に改革に関する記事が現れなくなるのは、ある程度は当然のことであり、しかもその上にこの時期に入ると、東アジアの国際関係が、より一段と緊迫の度を加えたことが推測され、そのために、当然改革に関する必要な作業の進捗は、国家戦力強化の方向へと、大幅に傾かざるをえない状態になっていったと考えられるからである。

　すなわち唐の太宗による高句麗征討の大事業は、大化元（唐の貞観十九）（六四五）年六月の安市城（遼寧省蓋平県東北）の攻略に成功せず、九月になって唐の征討軍は撤退し、同五（貞観二十三）年の太宗の死によって、この大事業は一時中止されることになった。したがって、唐の攻略に抵抗する高句麗を支持する外交方針を継承した律令政府にとって、東アジアの危機は一時去った如くであったが、孝徳紀大化三年是歳条の記事によれば、

　新羅遣二上臣大阿飡金春秋等一、送二博士小徳高向黒麻呂・小山中中臣連押熊一、来献二孔雀一隻、鸚鵡一隻一。仍以二春秋一為レ質。春秋美二姿顔一、善談咲。

とあり、このとき日本に来て質となったことが知られる新羅の金春秋（後の武烈王）は、三国史記の新羅本紀によれば、翌四年すなわち真徳女王二（唐の貞観二十二）（六四八）年には唐に使して、唐と密接な軍事的協力関係を結ぶことに成

功した。その結果として孝徳紀白雉二（六五一）年是歳条に

新羅貢調使知万沙飡等、著二唐国服一、泊二于筑紫一。朝庭悪二恣移レ俗、訶責追還。于レ時巨勢大臣、奏請之曰、方今不レ伐二新羅一、於レ後必当有レ悔。其伐之状、不レ須二挙力一。自二難波津一、至二于筑紫海裏一、相接浮二盈艫舳一、召二新羅一問二其罪一者、可二易得一焉。

とみえ、この時に来国した新羅の貢調使知万沙飡らが唐国の服を着ていたので、朝廷はかれらを筑紫から追い返すこととするとともに、左大臣巨勢徳陀古が新羅を召して問罪すべきことを主張したことが知られるが、これは唐と新羅の連携のもつ軍事的脅威が、すでに現実のものとして当時の朝廷に迫ってきていた実情を窺わせるに足るものである。

それからまた同四年五月に、吉士長丹と高田根麻呂を大使とする二船の遣唐使を唐に発遣し、すぐに続いて翌五年二月に、また高向玄理を押使とする二船の遣唐使を発遣したことが孝徳紀にみえているが、これは唐と新羅の動きを牽制するために、政府がとった外交措置だったとみられるとともに、それがこのように続けて二度に亘って発遣されていることは、高田根麻呂の船の遭難の報があったためではあるにしても、いかにこの外交措置が緊急のものと考えられていたかが窺われるのである。この時期における最も重大な政治的事件といってもよい中大兄皇子の飛鳥への帰還も、前述のように、その根本的な理由は海外情勢への対応という点にあり、また皇子と孝徳天皇との間の意見の相違も、主としてその点の認識の相違から生じたものとみるのが妥当ではないかと考えられるのである。

このこと、すなわちこの時期の政治的な問題は、それが重要なことがらであればあるほど、海外情勢への対応と密接な関係をもっていたと考えるべきだということは、次の斉明・天智朝についても当然に当て嵌まることである。たとえば、この時期の大きな政治的事件の一つである斉明天皇四（六五八）年の有間皇子事件は、ふつうは皇子と皇太

子中大兄皇子との間の、単なる権力争奪の事件として扱われてきていたけれども、事件の起りを述べた斉明紀四年十一月壬午（三日）条には、

留守官蘇我赤兄臣、語二有間皇子一曰、天皇所レ治政事、有二三失一矣。大起二倉庫一、積二聚民財一、一也。長穿二渠水一、損二費公粮一、二也。於レ舟載レ石、運積為レ丘、三也。有間皇子、乃知二赤兄之善一レ己、而欣然報答之曰、吾年始可レ用レ兵時矣。

とあり、斉明女帝（皇極重祚）・皇太子以下が紀伊の牟婁温湯に行幸した間に、留守官であった蘇我赤兄が天皇の失政三ヶ条をあげて、孝徳天皇の子であった有間皇子に謀反を勧めたという記事がみえている。皇子は結局赤兄の陰謀に遭って、謀反のかどで滅ぼされたわけであるが、この失政三ヶ条の件は書紀の全くの造作とは考え難く、やはり実際に赤兄が皇子に語り、皇子が誘い乗せられて謀反を企てる気になったとみるのが自然と思われる。

ところでこの失政三ヶ条の内容であるが、これらの事柄は書紀では如何にも暴政であったかのように描かれており、従来も多くはみな無用な造営を事とする搾取と浪費の行為として扱われてきたが、しかし国際関係がいよいよ危局に向った時期に、そのようなことはあるわけがない。東アジアの情勢が安定してから後の書紀の撰者たちが、この頃の厳しかった時期を知らず、天智天皇と大友皇子を秦の始皇帝とその子の二世皇帝に擬えて描き出した面もあるけれども、三失の内容はみな大和の地域における軍粮の蓄積と防衛施設の強化を物語るものであって、唐の武力的侵攻の脅威に対して中大兄皇子らがとった対策とみられるものである。ただ、それを無用の労力や物資の濫費とみる人々も少くはなく、有間皇子もまた、それらの人々の支持を期待して謀反を企てようとしたけれども、そのような立場の相違が、一に海外情勢に対する認識の如何にかかっていたことは十分に考えられることであって、そのような認識の相違

が、孝徳天皇やその子の有間皇子らと中大兄皇子らとの間に存在しており、それがこの事件の重要な背景となっていたということも、ありえないことではないということが考えられるのである（この事件について詳しくは、著作集第五巻第一部第三章「有間皇子事件の政治的背景」を参照）。

それからまたもう一つ、この時期の大きな事件として、阿倍比羅夫のいわゆる蝦夷征伐がある。改新政府は大化三（六四七）年に渟足柵（新潟市沼垂）、翌四年に磐舟柵（新潟県村上市岩船）を造って、柵戸を置いたことが孝徳紀にみえているが、このころ蝦夷に対して侵略的な政策をとっていた様子もないし、改革の進行中にわざわざそのようなことをするほど、問題が生じていたかどうかも疑問であるから、これも海外情勢に十分に対応してゆくために、日本海方面に対する背後の備えを固めておくという意味をもった措置だったということも考えられるのである。

ところが斉明朝に入ると、突然この比羅夫の遠征の記事が、斉明紀四（六五八）年条から六年条にかけて出てくるのであるが、それらは少くとも二種類以上の史料に基いて書かれたものらしく、同事重出と思われる記事もあって、そのために毎年一回ずつ計三回の遠征があったとみる説もあれば、二回とみる説もあり、実は一回だけだったとする説もあることは周知の通りである。いずれにしても、それらの記事によると、越国守であった比羅夫（阿倍引田臣比羅夫と書かれている個所もある）は、一八〇艘あるいは二〇〇艘という舟師を率いて日本海岸を北上し、齶田（あぎた）・渟代（ぬしろ）・津軽などに郡を置いて、蝦夷の首領をその役人に任命したのち、さらに進んで粛慎国を討ったという。この粛慎（ミシハセ）については、蝦夷に同じとする説（津田左右吉氏）、アイヌとする説（田名網宏氏）、沿海州地方のツングース族とする説（坂本太郎氏）などがあり、また粛慎と戦った地域についても、男鹿半島・津軽半島のあたりとみる説、北海道とみる説などがあることも、これまた周知の通りである。しかし、粛慎と蝦夷とを書紀は案外はっきりと意識して書き分けているらしいこと、津軽海峡以南には棲息しないとされている羆（ひぐま）二匹とその皮を多数持ち帰ったとみられることなどからして、これはむしろ、この時たまたま北海道あたりに進出してきたツングース族を討ったものとみるのがよいのではないかと思われる。

いずれにしても、この遠征が行われた理由については、これを中央の人々の関心をそとに向けさせるために行なったものとする見方もあるが、当時そのような必要があったかどうかは大いに疑問であり、また、有間皇子を簡単に亡ぼすために、皇子の母方の親族である阿倍氏の武力を遠ざけたものとする見方もあるが、それもかなり穿ちすぎた見方であって、比羅夫が率いた多数の舟軍が、律令制度がすでに着々と進展しているときに、阿倍氏独自の私的兵力というような性質のものだったというようなことは、あまり考えられそうもないことである。この場合にも、この当時の政治の基本線は対外政策にあったということを、十分に考慮に入れることが特に必要なのであって、斉明紀五年三月甲午（十七日）条に、

甘檮丘東之川上、造二須弥山一、而饗二陸奥与レ越蝦夷一。

とあって、飛鳥の甘檮丘の東の川辺に須弥山を造って、陸奥と越から宮廷にきて朝献した蝦夷を饗したという記事があり、また同月条に、

是月、……授下道奥与レ越国司位各二階。郡領与二主政一各一階上。

とあって、越国守とともに陸奥国司もまた、同じく位二階を進められたという記事があるところからみると、このとき後顧の憂なく海外情勢に対応できるように、蝦夷に対して全面的な鎮撫政策がとられたのであり、比羅夫はその政策の一環として、日本海側の蝦夷に対する工作に当ったが、たまたま粛慎すなわち大陸のツングース族の一部が、北

海道あたりに進出してきているという情報があったために、かなりの舟軍を整えて出動したのであって、このときの政策に関しては、阿倍氏関係の記録だけが、何らかの事情で残存していたために、この日本海側の遠征の事実だけが書紀に記載されて、後世に伝えられることになった、というように考えるのがよいのではないかと思われるのである。

ところでこの斉明朝の後半の時期には、周知のように東アジアの緊迫した国際関係が、いよいよ最終の段階に入り、日本の朝廷は斉明天皇五（六五九）年七月に重ねて遣唐使を唐に派遣したけれども、坂合部石布を大使とするこの一行らは、唐の東征が終るまで長安に抑留され、翌六（唐の顕慶五）年七月に唐と新羅の連合軍は、まず百済を挟撃してその王城の泗沘城（扶余の扶蘇山城）を陥れ、ついで旧都の熊津城（今の公州）に逃れた義慈王以下多くの王族・貴族を捕えて、百済の領土を占領した。これに対して日本の朝廷は百済の残存勢力の一つであった鬼室福信・余自信らが救援を求めてきたのに応じて、ここで初めて大規模な出兵の準備に取り掛り、翌七年になって天皇・皇太子以下が北九州に赴き、同年に天皇が筑紫の朝倉宮（朝倉橘広庭宮という。福岡県朝倉郡朝倉町山田の地）で世を去った後も、中大兄皇子が長津宮（福岡市博多の地。娜大津といった）で派遣軍の指揮に当り、翌天智天皇元（六六二）年に大軍を百済の旧地に送り、また舒明天皇三（六三一）年から日本に来ていた百済王子豊璋（余豊ともある）を本国に送り返して百済王とした（豊璋については、著作集第五巻第一部第二章「万葉歌人軍王と百済王豊璋」を参照）。この百済復興運動は一時は勢力を拡大する気配もあったが、翌二年になって百済側に内紛が起り、中心人物であった福信が豊璋に殺されたためもあって勢いが振わなくなり、また同年八月に日本の水軍は、唐将劉仁軌らの率いる水軍と白村江（旧唐書には白江口とある。錦江の河口付近か）に戦って、潰滅的な打撃を受けた。その結果、豊璋は北の高句麗に逃れ、日本軍は、余自信以下多数の百済貴族の亡命者を伴って本国に引き上げ、百済復興の望みは殆んど絶えるとともに、日本の朝廷が四世紀末ころから有していた南朝鮮における権益も、ここに至って最終的に失われることになった（この時期を中心とする東アジアの諸情勢については、西嶋定生氏「六―八世紀の東アジア」旧岩波講座『日本歴史』2、古代2、および池内宏「百済滅亡後の動乱及び唐・羅・日三国の関係」満鮮地理歴史研究報告第一四、後に同著『満鮮史研究』上世第二冊、第六章、日本の出兵、を参照）。

百済救援に失敗した中大兄皇子は、北九州から大和に戻って戦後の対策に努め、唐・新羅の侵攻に備えて翌三年には対馬・壱岐・筑紫などに防人と烽を置き、筑紫には水城を築き、さらに同六年には大和に高安城、讃岐に屋嶋城、対馬に金田城を築いた。この二、三年のころには、唐の高宗も新羅や日本まで占領することを一時は考え、劉仁軌など現地の意見を容れてそれを思い止まったともいわれ、日本としてもこの時期が最も危険なときであった（この時期の情況については、瀧川政次郎氏「劉仁軌伝」古代文化三六―七・九・一一、を参照）。しかし朝鮮半島では百済の旧地を占領して熊津都督府を置いた唐が、新羅の妨害を排除してその占領地を確保するために、むしろ日本との国交回復を得策とし、早くも同三年に使者の郭務悰を日本に遣して接触を開始し、新羅もまた唐の勢力に対抗する必要から、日本との国交回復を望んで、同七年に使者の金東厳を遣してきた。したがって、同年に唐と新羅の連合軍は高句麗をも攻め滅ぼし、やがて新羅がしだいに唐の勢力を駆逐して、朝鮮半島全域の統一を実現し始めたが、実際にはそれ以前にすでに、日本に対する直接の脅威は消えていたわけである。しかしそれは、直接の脅威がなくなったというだけであって、新羅が統一をほぼ完成した天武天皇四（六七五）年ころまでは、日本としてはやはり、かなりの警戒態勢を続けることが必要だったと考えられていたであろう。

二　律令制度の整備

前述のように改新政府は、大化五（六四九）年の末ころまでに、律令国家建設のための新しい態勢の確立を終えたとみることができるが、その中の公地公民制関係（地方行政制度をも含む）については、大化二年三月ころまでに態勢を整えたのに対して、官僚制関係のものは、同年八月に初めて着手して、大化五年の末まで約二年半の年月を必要とした。

そこでここでは、まず公地公民制関係のその後の情況についてみることとすると、地方行政制度ではまず京制であるが、白雉四（六五三）年に政府が難波から飛鳥に戻ってから天智朝に入るまでは、海外情勢への対応に追われて、制度の整備はほとんどなかったのではないかと思われる。それから畿内制であるが、改新の詔の第二条で名墾の横河、紀伊の兄山、赤石の櫛淵、近江の狭々波の合坂山という四地点が指定されただけであった畿内の地域が、国制の成立によって、その範囲がより明確化されたことは言うまでもないが、これもそれ以上に特に制度の整備があったとは考えられない。もっとも中大兄皇子は、天智天皇六（六六七）年三月に都を近江の大津に移して、翌七年正月にそこで正式に即位したが、その時にはすでに海外の脅威がやや薄らぎ始めていたから、人心の一新という一般的理由以外には、遷都の具体的根拠を指摘しがたい。しかしいずれにしても大和朝廷の成立以来、皇居は原則として畿内の範囲内にあるべきものであったから、これは極めて異常な行為であって、中央勢力全体の意向を無視した専制君主的な態度に他ならない（この近江遷都については本書第二部「大化改新史論」二、5近江遷都、および著作集第五巻第一部第三章「有間皇子事件の政治的背景」を参照)。したがってこれは、京制にとっても畿内制にとっても、正常な制度の進展とするわけにはいかないであろう。

これに対して、国郡制には白雉以後一定の進展があったといってよい。そのうちのまず国制についていうと、改新政府が大化元年七月に初めて発遣した東国国司は、やがて西国にも同じく派遣されたと推定されるが、後代の総領と同様の広域支配の地方官で、第一次に赴任したものは、初めは班田の準備作業とみられる造籍・校田と武器の収公を主たる任務とし、同二年正月の改新の詔によって班田収授法が実施されると、その八月に再び任に赴く際には、班田の作業についての指示が与えられ、また恐らく同四年か五年ころに第二次の国司と交替した際には、指示を受けていた国県を書図した資料を持ち帰り、政府はその資料に基いて国県の区分と名称を定めた。また常陸国風土記に総領とみえる高向臣と中臣幡織田連らは、同四・五年ころから白雉四(六五三)年ころにかけて、我姫国を八国に分割してその一国を常陸国とし、さらにその地域にあった新治・筑波・茨城・那賀・久慈・多珂の六つの国造のクニから、大化五年に香島郡を、白雉四年に信太郡・行方郡・石城郡を分置した。これらの東国・西国の国司と総領とは、これを性質の異なる別個の地方官とする説も幾つかあるけれども、それらはみなやはり無理であって、当時は単にミコトモチの如き和語で呼ばれていたものを、書紀では国司と書き、常陸国風土記では総領と書いたものとみるのが最も自然である。したがってこのミコトモチは同一の地方官であり、第一次のものが主として班田の準備と着手に従ったのに対して、第二次のものは、もちろん造籍と班田の作業をも推進させたに違いないが、主たる目的は国郡制の整備にあり、ほぼ白雉四・五年ころまでにその仕事を終えて、新しい国司制の発足とともに退場したと推測されるわけである。したがって律令的な国司制は、以前にも述べたことがあるように(著作集第二巻第四部第六章「畿内制の成立」2を参照)、畿内のものは幾らかおくれたかもしれないけれども、畿外のものは東国も西国も、白雉五年までにはすべて成立したとみてよいのではないかと思われるのである。なお、九州地方には九国二島を統轄して、主として海外関係の軍事・外交を掌り、史料に筑紫大宰府・筑紫惣領・筑紫都督府などと見えている広域支配の地方官が、大化以後もずっと存在していたことはほぼ間違いがないと思われるが、その他の地方にも白雉五年以後、惣領の如きものが存在していたかどうかは明らかではない。しかし少くとも中国・四国地方には、やはり軍事のことを主とする広域支配の地方官が置かれていた可能性は十分にあったのではないかと思われる。

それからまた郡制についていうと、郡制は改新の詔の第二条にみられるように、大化二年正月に制定された。もっともその郡制の規定は後世の令文による造作であって、原文には評制が規定されていたとする転載説も行われているけれども、それが到底成立しがたいことは、先に詳しく述べた通りである(本書第一部第一章第二節一「改新の詔の信憑性」を参照)。ただし改新の詔に定めた郡制の規定では、郡司の大領・少領には必ず国造を任命することとしていたが、全国的に編戸が行われ、里制が整備されるまでは、郡制を直ちに実施することが現実に不可能であったためか、天武天皇五(六七六)年ころまでは、旧来の国造制をそのまま存続させた。またこの郡制では、郡の等級を三階とし、四十里を大郡、三十里以下四里以上を中郡、三里を小郡とする大規模な郡としていたが、やがて大化五年頃から白雉年間にかけて、旧来の国造制のクニの一部を分割して、多くの評を設立した。この評を設立した史料としては、大化五年に度会評と多気評を立て、天智天皇三(六六四)年に多気評を割いて飯野評を立てたという皇太神宮儀式帳の記事と、惣領(東国国司)の高向大夫・中臣幡織田大夫らが、大化五年に下総国海上国造領の一部と那賀国造領の一部を割いて香島評を立て、白雉四年に筑波・茨城両国造の七百戸を割いて信太評を、茨城・郡珂両国造の七百戸を割いて行方評を、また多珂国造のクニの北半を割いて石城評を立てたという常陸国風土記の記事があるだけであるが、評となったものの中の大部分は、恐らく白雉五年までに立てられたとみてよいのではないかと思われる。なぜならば、奈良時代以後の郡司の家柄について、「難波朝以来譜第重大之家」というような慣用語がしばしば用いられているが、それは例外を除けば、すべて孝徳朝の時期を出発点としているからに他ならないからである。

したがって、大化元年からしばらくの間は、国造は国造のままで東国国司や西国国司に従って業務を行ない、それらの国司が中央に上るときには、国造もそれに随って国造として中央に赴いていたけれども、一般的な業務に加えて、造籍・校田から班田収授へと業務が進み、さらに編戸や里制の整備にも着手することが必要になったため、第二次の東国・西国国司が赴任する段階で、大幅な郡の増大を考えることになったのではないかと思われる。常陸国風土記の例では、大化までは国造のクニ六個所から成り、そこから四個所の評が分立したが、この例はあまり標準的とはいえないので、全国的に国造本紀が列挙する総数が、問題のあるものをも含めて、すべてで約一三〇であるのに対して、令制の郡の総数が、律書残篇にみえる養老・天平頃の五百五十五という数字と大差がなかったものとして、白雉五年頃の段階ではそれよりもやや少なかったとすれば、初めの頃の評の数は、国造のクニの数のほぼ四倍程度だったとみてよいであろう。しかし、以上は大体において行われた律令制度の整備であるが、しかしそこには明確にそのような整備といえるようなものであったか、またそれ以外にそのような整備が有りえたかどうか、やはり大いに疑問ではないかと思われる。

白雉改元以後、孝徳朝では難波の長柄豊碕宮の造営が進み、白雉三（六五二）年九月に宮殿が完成したこと、同四年五月と同五年二月に続けて二度の遣唐使を派遣したことが知られるほかは、改革に関することとしては、同三年正月の班田が終ったという記事と、同年四月の戸籍を造ったという記事が、孝徳紀にみえるだけであるが、この両者は、記事自体に問題があるだけでなく、その内容がかりに事実だったとしても、ともに改新の詔の部分的実施とみるほかはないものにすぎず、新しい政策を打ち出したというものではない。ただ重ねての遣唐使派遣は、このころの唐と新羅の提携による東アジアの国際情勢の緊迫化をうかがわせるものがある。そして同四年に至って、中大兄皇子が天皇ひとりを難波に置き去りにしたまま、皇極上皇、間人皇后、左右大臣以下の群臣を率いて飛鳥に戻ったのも、恐らく国際情勢の緊迫と関連したことと思われるが、これを恨んだ天皇は、皇位を去ることを考えているうち、翌五年十月に難波の宮殿で病死した。そのとき阿倍左大臣と蘇我右大臣はすでにこの世になく、僧旻も白雉四年六月（あるいは五年七月）ころに難波の阿曇寺で病死し、高向玄理も同五年二月に遣唐使の押使となって出発し、在唐中に世を去ったから、改新発足当初の政府首脳陣で残るところは、中大兄皇子と中臣鎌足の二人だけとなった。

孝徳天皇の死後は、皇極上皇が重祚したが、その斉明朝には、孝徳天皇の子の有間皇子の謀反事件（斉明天皇四（六五八）年十一月）、阿倍比羅夫のいわゆる蝦夷征討（同四年四月―六年三月）、朝鮮半島における唐・新羅連合軍の百済討滅（同六年八月）などがあり、朝廷は百済遺臣の復興運動を支援するために、救援軍を百済の旧地に派遣することとし、天皇以下が筑紫に赴いたが、天皇は同七（六六一）年七月に筑紫の朝倉宮で世を去った。また次の天智朝では、天皇（中大兄皇子）が天智天皇六（六六七）年三月に都を飛鳥から近江の大津京に移して、翌七年正月に正式に即位したが、同二年八月に日本の救援軍が白村江（白江の口）の戦で唐の水軍に大敗し、救援軍が朝鮮半島から全面的に撤退した後も、唐が日本に来攻する可能性はしばらく存続していた。したがって、斉明・天智両朝の時期は国の内外ともに多事で、改新政治の進展はかなり困難な状況だったが、しかしその間にも地方行政制度を含む公地公民制関係の諸制度の整備は、着実に進められていたとみられる。

すなわち日本書紀やそれ以外の風土記、金石文、木簡その他の史料から知られることを総合すると、国郡制（郡ははじめは評といった）は白雉年間にはすでに全国的にほぼ整備が終ったようであり、編戸の作業を進めながら行われる里制の整備も、この時期を通じて、着々と進められていたことが知られる。天智天皇九（六七〇）年に造られた有名な庚午年籍は、わが国初の全国的戸籍で、後々まで永久保存されることになったが、そのような整った戸籍の完成は、公地公民制関係の諸制度の整備が、天智朝においてすでに一おうの段階に達していたことの確かな証左である。

ところがこれに対して官僚制関係の諸制度は、天智天皇三年二月に二十六階の冠位を制定し、同十年正月に太政大臣・左右大臣・御史大夫（のちの大納言に当る）を任命しているところからすると、中央官制などがある程度整備されたであろうことは否定できないが、それほどの進展があった様子はない。このころに近江令なるものが作られたということが古くからいわれてきているが、その根拠は極めて薄弱である。ことに官人制度、すなわち官人の任用・考選・待遇制度、およびその前提となる氏族制度などの整備は、そのほとんどが天武朝以後の主たる課題として残されたということができる。

すなわち中臣鎌足が天智天皇八年十月に病死し（死の直前に大織冠と大臣の位と藤原の氏姓を与えられた）、天智天皇が続いて同十年十二月に世を去ると、翌天武天皇元（六七二）年に壬申の乱が起り、天武天皇（大海人皇子）が近江朝廷の後継者の大友皇子を攻め滅ぼして飛鳥浄御原宮で即位したわけである。この天武朝と次の持統朝の時期に、中央官人任用の一般原則から始めて、地方氏族・庶民層出身者の任用法、下級官人の考選法、八色の姓、一般的官人考選法など、官人制度の内容をなす諸制度がつぎつぎに定められてゆき、持統天皇四（六九〇）年ころに至って、官人制度の整備がほぼ完了し、その上でやがて持統女帝は、律令制度の総仕上げとして、大宝令の撰修に着手した。以上のような経過をみると、改新の詔において既にみられた公地公民制と官僚制の間の跛行関係は、大宝律令完成の直前まで続いていたことが知られるのである。

第二部　大化改新史論

一　舒明・皇極朝の政情

1　舒明天皇の即位

舒明・皇極朝（六二九―六四五）は、いわば大化改新の胎動期である。改新という一大政治変革の進行過程や改革内容については、細部の点に至るまで多くの研究業績が積み重ねられてきているが(1)、最も手薄なのはその原因論であって、従来いわれていることは、かなり観念的で具体性を欠いている。それは、大化以前のことになると信頼できる史料がきわめて乏しいということもあり、また、改新の根本目的についての考察がやや不十分なためということもあるが、従来の論の中にも問題はある。ことに、ふつうは六世紀ころからの大和国家の変質の必然性と、改新のごとき性急過激な変革を生んだ事情とをあまり区別せず、改新のおもな諸条件はすでに推古朝までに出そろっており、改新は聖徳太子の政治目標を継承し、実現したものにすぎないとしている。しかし、この両者はいちおう区別して考えるべきであって、中国の制にならって一挙に律令的な政治体制に切り換えようとしたについては、やはりそれだけの事情が求められなければならない。その意味で、この舒明・皇極朝という時期は改めて見なおす必要がある。

（1）改新を主として扱った代表的な業績としては、津田左右吉「大化改新の研究」（『日本上代史の研究』所収）、坂本太郎『大化改新の研究』、家永三郎「飛鳥時代史」（『新講大日本史』第二巻所収）、井上光貞『日本古代史の諸問題』、同『大化改新』、北山茂夫『大化の改新』（岩波新書）。
また研究史については、坂本太郎、前掲書、第一編第一章「研究の沿革」、井上光貞「大化改新研究史論」（『日本古代史の諸問題』所収）などがある。

六二二（推古天皇三十）年に聖徳太子が世を去り、君主権の絶対化を唱えたその政治が終わると、それから大化に至るまでの約二十年間は、ふたたび蘇我氏が朝廷の全権を握り、太子執政以前の状態にもどったとふつうは説かれている。それは単に政治形態の上だけからみれば、確かにそのとおりであるが、しかし中央の政治情勢は、太子以前にくらべると、すでにかなり進んでいた。

というのは、さきに大臣の蘇我馬子が推古天皇を立てたときには、政治危機の表面化を避けるために異例の女帝擁立を行なったのだという見かたもあるが、当時は、馬子がほとんど朝廷全体の支持をえて大連の物部守屋を攻め滅ぼしてから、まだ数年しかたっておらず、蘇我氏の権勢がその絶頂にさしかかったときであった。かれが崇峻天皇を暗殺した事件も、かれの権勢の絶大であったことを物語るものでこそあれ、そこには、天皇を中心とする反蘇我勢力の形成というような気配は、まだほとんどうかがわれないといってよい。六世紀の中葉、欽明朝のころから、中央への権力集中の傾向が著しくなり、それが政治機構の上では、中央における官司制的組織の発達、地方における国造の地方官化という形で表われてきたことは、すでに説かれているとおりであるが(2)、蘇我氏は、この傾向に対する反動的勢力だったわけではなく、まさにその先登に立つ推進者であった。したがって、六世紀以来のそのような傾向から、ただちに反蘇我勢力の成長を推論することは妥当ではない。

（2）井上光貞『大化改新』。

しかしながら実際には、この権力集中の傾向にともなって、欽明朝のころからすでに皇権再強化の気運もわずかながら芽生えはじめていた。それはおそらく、蘇我氏指導下の権力集中のコースが、四・五世紀以来蓄積されてきた朝廷の実力のおのずからなる発現という面が大きかったのに対して、そのような自然の展開の線に沿った権力集中だけでは不十分と感じさせるような事情が、国の内外に生じてきていたためであろう。もちろん強大豪族の横暴に対する反感や、中下流豪族の不満ということも考えられるし、皇室の伝統的権威がなお強く生きていたことも事実であるが、それらは要するに一般的な条件であって、とくにこの時期に皇権再強化の必要が一部に意識されはじめたについては、やはり根本的には当時の歴史的諸事情によると考えるべきであろう。ただこの気運は、右にいったように、はじめは反蘇我勢力という形をとるほど表面化しなかった。しかし、太子執政の約三十年のあいだに、それはかなり促進され、太子の死後、推古朝の末年には、蘇我氏の指導権をかならずしも全面的に認めようとしない空気が、朝廷の諸豪族の間にすでに無視できない程度に広がっていた。そのことを最もよく示すのが、舒明天皇即位決定の際の紛議である。

『日本書紀』によれば、馬子は六二六（推古天皇三十四）年に死んで、子の蝦夷が大臣の地位を継ぎ、その二年後、すなわち六二八年三月に推古女帝が老齢で世を去った。このとき女帝は、臨終の枕元に田村皇子と山背大兄王を呼んで、それぞれ遺言をしたが、その内容はどちらも曖昧なものであった。そのため蝦夷は大臣として嗣位を決定することになり、同年九月に女帝の葬礼が終わると、大夫《まえつきみ》すなわち朝廷の重臣たちを自邸に集めて、各自の意見を求めた。山背大兄王は、母は馬子の娘であるが、父の聖徳太子の立場を継ぐものであったのに対して、田村皇子は敏達天皇の孫で、母は皇族出身だったけれども、馬子の娘の法提郎媛との間にすでに長子の古人大兄皇子がいた。蝦夷はこの自分に親しい田村皇子を立てようとして、女帝の遺言を田村皇子にやや有利なように色をつけて大夫らに伝えたが、しかし、意見の一致を得ることはできなかった。集まった大夫らのうち、阿倍麻呂・大伴鯨・釆女麻礼志・高向宇摩・中臣弥気・難波身刺の五人は田村皇子の擁立に賛成したが、許勢大麿呂・佐伯東人・紀塩手の三人は山背大兄王を推し、蘇我倉摩呂は返答を保留したために、蝦夷はその場で決定することができなかったのである。

その後、女帝の遺言をもって自分に後事を托したものと解していた山背大兄王は、この合議の模様を伝聞して憤慨し、斑鳩宮から使者を蝦夷のもとに遣わして、自分を除外する理由を詰問し、両者の間に押問答が数回くり返されたが、最後には王のほうが折れた。また、蝦夷の叔父かとみられる境部摩理勢は、あくまで蝦夷に反対して、ついに攻め殺された。これらの経過のうちに、山背大兄王を推した大夫らも蝦夷の威に屈したらしく、結局は蝦夷が目的を達して、翌年正月に田村皇子すなわち舒明天皇が即位したのであるが、しかし、はじめ大夫の半数近くが山背大兄王を推したことは注目に値する。蘇我倉摩呂が即答を避けたのも、蝦夷と同族だからであって、内心は山背大兄王を推していたとみてよいであろう。『日本書紀』によると、蝦夷ははじめ独断で嗣位をきめようと思ったが、「群臣の従わざらんことを顧み畏れ」て大夫らの意見を統一しようとしたというのであるが、それが不可能であったために即決はできなかった。この紛議の過程をみると、当時すでに皇権再強化の気運が底流として中央上層部にかなり広がり、その点で、蘇我氏権力の基礎が以前ほど強固ではなくなっていたことがうかがわれるのである。

2　大夫合議体の動向

舒明天皇はその後、十二年のあいだ在位したが、その間は目だった政治上の動きが史料の上にほとんどみられない。このことは、次の皇極朝の約四年間がきわめて緊迫した状況を示しているのにくらべると、大化直前の時期としては、やや不思議な感がないでもない。もし改新の諸条件がすでに熟していたならば、こういうことはあまりありうることではないであろう。それはあるいは『日本書紀』に材料が残されていなかったためかもしれないが、しかしやはりこの時期は、政界の表面にあまり波瀾がなくて推移したのではないかと思われる。

このころの中央政界の一般的空気は、前節でみた舒明擁立の場合にもうかがわれるように、大夫らの動きに最もよく反映していたと考えられる。六・七世紀の朝廷の権力構造を考える場合に、政治運営の任にあたるような要職としては、従来は大臣・大連だけが問題にされてきた。もちろん朝廷の職制が品部《しなべ》を基礎とする伴造制という形で発達し、中央豪族の中下流のものが、それぞれ専門職を世襲する伴造《とものみやつこ》として組織されてきたことは、すでに一般に認められてきているところであるが、しかし、この伴造層の上に立つ上流豪族層の様態は、かならずしも明らかになっているとはいえない。上流豪族の中には、蘇我氏が財政関係、大伴氏が軍事関係というように、おなじ部門に属する各種の伴造を統合する上級指揮者としての地位を占め、一定の世襲職をもつもののあったことは推測できるが、しかし、すべてがそのように組織化されていたかどうかは明らかでない。ただ、かれらの中の若干のとくに有力なものが集まって、大臣・大連の下に朝廷権力の中枢部を構成していたことが、かなり明瞭にうかがわれるのであって、それが右にいった大夫と呼ばれるものである。(3)

(3) 大夫についてくわしくは、関晃「大化前後の大夫について」(『山梨大学学芸部研究報告』一〇号――著作集第二巻第三章)、原島礼二「大夫小論覚書」(『歴史評論』一一三号)参照。

大夫という語は、令制では五位以上のものに対する敬称として用いられ、奈良朝以後はもっぱら五位の通称となった。また『日本書紀』では、崇神紀以降、大夫・士大夫・公卿大夫などの語を朝廷の重臣あるいは有力者の意味にしばしば用いているが、それらは一般に単なる中国風の文飾にすぎない。しかし、大化前後にみえる大夫の語は、そのような特定の地位が存在したことを示すとみられるのであって、重要政務を合議決定する議政官ともいうべきものであった。そのおもな職務は、大臣・大連の下で合議体を構成して朝政に参議し、天皇と臣下との間に立って奏宣の任にあたることであって、その機能は、後世の太政官会議あるいは公卿会議ときわめて類似している。この大夫の地位は完全な世襲ではなく、十二階の冠位の大徳・小徳のものによって占められ、諸氏の勢力の消長や人物の交代のため、その顔ぶれは時期によってある程度の変化があったと思われるが、大夫を出す伝統的家柄は、「良家の大夫」などということばが示すようにほぼ一定していた。文献にみえる大夫の氏姓としては、舒明擁立の際に出てくる阿倍臣・大伴連・采女臣・高向臣・中臣連・難波吉士・許勢臣・佐伯連・紀臣・蘇我倉臣・河辺臣・小墾田臣のほかに、三輪君・物部連・膳臣・葛城臣・平群臣・坂本臣・春日臣・田中臣・阿曇連・穂積臣・羽田臣・田口臣・大市連などがある。

舒明天皇即位のころには、この大夫らの半数ちかくが皇権再強化の考えを持ちはじめていたわけであるが、舒明朝をつうじて政界が平穏だったことは、そのような空気が依然として底流のままであり、現実の政治勢力となるまでには至らなかったことを物語っている。しかしそれが、蝦夷の権勢に圧殺されてしまうことなく、徐々にでも強まっていったであろうことは、舒明天皇の死に当たって、蝦夷が皇后であった皇極女帝を立てざるをえなかったことから推測できる。かれにとっては、古人大兄皇子を即位させて外戚の地位を確立することが、舒明擁立のときからの狙いだったにもかかわらず、それができなかった。その点で、推古女帝の場合に女帝自身が蘇我氏の娘を母としており、また当時、ほかに馬子がとくに予定していた候補者があったようでもないのと大きな相違がある。(4) このたびは明らかに蝦夷には、舒明擁立のときのように山背大兄王支持派を押し切る自信がなく、女帝を立てることによって問題をさきにのばしたとみられるのである。

（4） 推古擁立の事情については、坂本太郎『日本全史（2）』一五ページ参照。

このように皇権再強化の気運が、わずかずつでも強まっていったについては、当然その理由が考えられなければならないわけであるが、国内の事情については、じつはかならずしも明らかではない。従来一般にいわれてきたのは、氏姓制度の弊害ということであるが、それは、じつは律令制の立場からみてはじめて弊害と見なされることがらにすぎず、氏姓制度の内部的欠陥が累積して、行きづまりの状態に立ち至っていたことは、具体的にはなんら論証されていない。たとえば世襲職制が、朝廷機構の複雑化にともなって、古い形のままでは不都合な面がしだいに増大したであろうことは想像にかたくないが、伴造制という基本構造はそのままにしておいて、必要に応じて官僚制的な人材任用を部分的に行なうことは可能だったのであり、また実際にも六世紀以来、しだいに行なわれてきていたのであって、一挙に世襲職制を否定しなければならないほどの状態になっていたとは、とうてい考えられない。世襲職廃止の必要を説く「孝徳紀」大化二年八月条と同三年四月条の詔が、観念的なことばかりで、まともな理由をあげることができなかったのもそのためであろう。

また、私地私民制が有力者の土地人民獲得競争と相互の対立抗争を生んできたことは事実で、そのために朝鮮対策が不振におちいっていたことも確かであるが、私的支配の内部的矛盾あるいは困難が著しく増大していたという実情は、具体的に明らかにされているとはいえない。そのような実情がかりに六世紀ころに生じていたとすると、蘇我氏の指導下に進められてきた中央権力強化のコースは、それを克服する運動だったという関係になるから、それに対してまた新しく起こってきた皇権再強化の気運については、その原因を別途に求めなければならなくなるし、蘇我氏権力の下に新しくそのような実情が生じてきていたということも、いまのところ推論の域を出ない。私的支配の弊害を説く際のほとんど唯一の史料的根拠は、諸豪族が私民を置いて「情《こころ》のほしきままに駈使」し、私地を割取して「争い戦うこと已《や》まず」ざることを述べた「孝徳紀」大化元年九月甲申条の詔文であるが、この詔文が私的支配を非難する調子で書かれているのは、律令的公地公民主義の立場から書かれたものである以上、当然のことであって、そういう点を除去して読むならば、大化直前においても私的支配は行きづまるどころか、むしろいよいよ発展する勢いにあったことが、明瞭に読みとられるのである。したがって、律令的な体制によらなければ打開できないような国内事情が、この時期にどういう形でどの程度存在したかを明らかにすることは、今後の重要な課題というべきであろう。

これに対して、海外事情については具体的な事実をある程度まで指摘することができる。朝鮮関係についてみると、「舒明紀」にはこれという記事はないが、任那喪失このかた、朝廷の任那回復の意図にもかかわらず、所期の成果はほとんどあがらなかったし、その後の新羅や百済の態度は、進調使はあい変わらず送ってよこしながらも、誠意を欠くことが多かった様子であるから、朝廷内部にしだいに焦慮の色が濃くなり、親百済政策をとる蘇我氏に対して異見をもつものも現われていた。したがって、外交政策の分裂を防ぐために、皇権を強化して豪族の権力を制限する必要がしだいに強く感じられてくるということも、十分考えられるのである。

ことに大陸関係では、中国の南北両朝を統一した隋・唐大帝国の出現と、その軍事的脅威および文化的刺激を無視することはできない。すでに六一一（推古天皇十九）年から数度にわたって、隋の煬帝《ようだい》は高句麗大遠征を試みており、それは結局失敗に終わって、隋滅亡の一因となったが、高句麗王から詳報をうけた朝廷では、これによって外交政策の強化と国力の集中発揮の必要を痛感しはじめたにちがいない。また、さきに聖徳太子が送った遣隋留学生が、推古朝の末年から舒明朝にかけて、つぎつぎに帰国してきたことも、大きな刺激を朝廷に与えたであろう。その中で、まず注目すべきは薬師《くすし》恵《え》日《にち》である。かれは六二三（推古天皇三十一）年に僧恵斉・恵光、倭漢《やまとのあや》福因らとともに帰国して、留学生らがみな学業の成果があがっているから召し帰すべきことと、大唐は法式の備わった珍しい国であるから、常にかようべきことを報告したが、そのかれが六三〇（舒明天皇二）年に犬上三田《いぬがみのみた》耜《すき》とともにふたたび唐に派遣されたことは、朝廷の要路が、大唐の法式すなわちその国家制度に対して、なみなみならぬ関心を向けたことを物語るものである。その後、六三二年には僧旻《みん》ら、三九年には僧恵《え》隠《おん》ら、四〇（舒明天皇十二）年には南淵請安《みなぶちのじょうあん》と高向玄理《たかむこのげんり》が帰国したことが知られるが、かれらが、あるいは朝廷の諮問に応じ、あるいは講筵を開くなどして、儒・仏などの学問知識のみならず、直接に見聞した隋・唐王朝の交替と唐帝国の隆運などの状況をくわしく伝え、それによって飛鳥地方を中心とする中央の上流社会が、唐制への関心をさらに高めていったことは想像にかたくない。

3　上宮王家の滅亡

このように皇権再強化の気運は、しだいに強まりながらも、まだ舒明朝のあいだはほとんど表面化しなかった。それは、蘇我氏が朝廷全体を威圧するにたる権勢をもっていたためということもあるにちがいないが、主としては、蘇我氏の手で進められてきた中央権力強化のコースが、この段階ではまだ一般に信頼を失うに至っていなかったためとみるべきであろう。ところが次の皇極朝になると、中央の空気は急に緊迫してくる。

その直接の原因は、やはり蘇我入鹿が政治をとるようになったことにあるとみられる。すなわち、蝦夷は皇極朝に入ってもなお大臣の地位を占めていたが、「皇極紀」元年十月条には、「大臣の児入鹿、自ら国政を執りて、威は父に勝れり。云々」とある。これは、蝦夷が古人大兄皇子を擁立できなかったために、その実現を入鹿の実行力に期待して、実際の政治を委ねたのであり、入鹿もまた、外戚関係を確立して、従来の中央権力強化のコースを一段と強力に推し進めようという固い決意と抱負とをもって、政治に乗り出したのであろう。そのためこのころから蘇我氏の態度は目立って強圧的となり、独断専行の色彩がますます濃くなった。「皇極紀」には元年条にすでに、蘇我氏が祖廟を葛城の高宮に立てて八佾《はちいつ》の舞をし、また、ことごとく挙国の民を徴発して、あらかじめ蝦夷と入鹿の墓をならべて今来《いまき》に造り、これを大陵・小陵と呼んだが、そのときに上宮家の乳部《みぶ》の民をもことごとく集めて造墓に使役したので、上宮の大娘姫王《おおいらつめのみこ》が憤慨して、「蘇我臣は専ら国政を擅《ほしいまま》にして、多く無礼を行なう。天に二日なく、国に二王なし。何に由りてか意のままに悉《ことごと》く封民を役《つか》う」といったという記事がみえている。八佾の舞をしたとか、大陵・小陵と呼んだとかいうのは、蘇我氏をことさらに悪く書こうとした『日本書紀』の潤色であろうが、そういう点を除けば、右のようなことは実際に行なわれたとみてよいであろう。このような蘇我氏の態度に、不遜とか専横というようなことばを使って道徳的評価を下し、それゆえに滅ぼされる当然の理由があったように書くのは学問的ではないが、その強引なやり口が、周囲の反感を強めたであろうことは否定できない。『日本書紀』は、この大娘姫王のことばが上宮王家滅亡の原因になったと述べているのであるが、やがて翌二年十月条に、「蘇我臣入鹿、独り謀りて、上宮王らを廃して古人大兄を立てて天皇となさんとす」という記事が現われ、つづいて十一月条に、山背大兄王が滅ぼされる長い記事が掲げられている。

それは、舒明擁立のときの記事とおなじ書きぶりの非常にくわしい記事で、かなり細かい点まで具体的に述べているところからみて、部分的な作為の点を除けば、全体としてほぼ信頼できるものである。入鹿誅滅物語というようなものの存在したことを推定する説(5)もあるが、むしろ舒明擁立の事情をも含む上宮王家物語というようなものがあったのであろう。入鹿誅滅の話のほうは中臣鎌足が主人公になっていて、主題が明らかにちがっている。

（5） 横田健一「大織冠伝と日本書紀（下）」（『続日本紀研究』五巻一〇号）。

それはともかく、『日本書紀』によると、入鹿は巨勢徳太らを遣わして斑鳩宮を襲撃させたが、奴《やっこ》の三成《みなり》というものが奮戦してこれを撃退する間に、山背大兄王は馬の骨を寝所に投げ込んでおいて、妻子と少数の従者をつれて生駒山に逃げた。宮に火をかけた徳太らは、灰の中から出た骨をみて安心して引き上げたが、数日たって山中で王らをみたものが入鹿にしらせたので、入鹿は同族の高向国押に出動を命じたところ、国押は「僕《やつかれ》は天皇の宮を守る。敢えて外に出でじ」といって拒否した。そこで入鹿が自分で出向こうとしていると、古人大兄皇子がやってきて止めたので、軍将を遣わして捜索させたが、そのうちに王らが山から出て斑鳩寺に入ったので、兵をもって寺を囲むと、王は妻子らとともに自経して死んだ。このことを聞いた蝦夷は、入鹿を罵って、「ああ入鹿、極甚《はなはな》だ愚癡にして専ら暴悪を行なう。なんじの身命、また殆《あや》うからずや」といったというのである。

この事件でとくに注目されるのは、入鹿が「独り謀りて」上宮王家を滅ぼそうとしたという点である。これは、まえに蝦夷が舒明擁立を独断で決しかねたことや、さらにさかのぼって、馬子が物部氏を討滅するときに、諸皇子と群臣に勧めて事を起こしたことと比較すると、その相違がはっきりする。もっとも『上宮聖徳太子伝補闕記』には、蝦夷・入鹿・軽王（のちの孝徳天皇）・巨勢徳太・大伴馬甘《うまかい》・中臣塩屋枚夫《ひらふ》の六人が上宮王家を滅ぼしたとあり、『大織冠伝』には、入鹿が諸王子とともに謀って滅ぼしたとあるが、後者が諸王子は身に害の及ぶのを恐れて入鹿に従ったにすぎないといっているように、主として入鹿ひとりの意志から出たものであることは、まちがいないであろう。しかもそのやり方をみると、なんの口実も設けることなく、いきなり兵を遣わして滅ぼしたのであって、大化以後に中大兄皇子などの権力者が、陰謀によって邪魔ものを除いた数々のいわゆる謀反事件ともちがっている。このような思い切った手段に出たのは、『日本書紀』がいうように上宮王家と感情的に反目したとか、あるいは単に古人大兄皇子を皇位につけるためだとかいうだけでなく、これによって「国家の計を成」そうとしたと『大織冠伝』が書いているように、もっと大きな政治的意図と明確な決断の上に立ってのことと考えるべきであろう。『日本書紀』は改新を正当化する立場に立っているから、入鹿をただ暴逆で驕慢な人物のように記述しているが、じつは器量すぐれた人物だったとする見解(6)は傾聴すべきであって、蝦夷のことばのように一概に愚行として片づけるべきではない。

(6)　北山茂夫『大化の改新』(岩波新書)二八―三〇ページ。

しかしながら、この事件の結果、蘇我氏に対する反感が一段と強まり、皇権再強化に心を向けるものが急に増加したであろうことは否定できない。蘇我氏の権勢が表面なお圧倒的にみえながら、その裏面で、大夫合議体を中心とする朝廷全体の空気は、この事件をきっかけにして決定的に転換しはじめたと考えられるのであるが、ただ、それがすでに律令的な中央集権的官僚制への指向と結びついていたとただちに考えてよいかどうかは疑問であろう。なぜならば、当時の権力集中の方向として考えうるものは、公地公民制の上に立つ徹底した君主制的官僚支配へのコースだけではないのであって、私地私民制のまま伴造制・国造制をより官僚制的に整備して全国支配の強化をはかるコースが、現実に蘇我氏の指導のもとに進められてきており、聖徳太子の政治といえども、まだ後者の枠をほとんど出ていないからである。(7)ふつう十七条の憲法と十二階の冠位をあげて、太子の政治を前者のコースにあるものとしているが、この二つをそのように過大評価することは問題であって、太子の政治には、私地私民制と世襲職制を根本から否定する実績はほとんどみられず、その条件もおそらくまだ与えられていなかったであろう。天皇中心史観に不知不識のうちにとらわれて、六・七世紀の革新の動きを、すべて天皇政治か否かということで割り切ろうとすることは戒めなければならない。もし律令制へのコースだけが当時とりえた唯一の途であったとするならば、蘇我氏を先登にして六世紀後半以来進んできた方向というものが、まるでわからなくなってしまうであろう。なるほど大化の諸詔文などからみるかぎりでは、そのようにみえるかもしれないが、それは律令国家の立場から書かれたために、とくに君主の権威を強調し、私地私民制に攻撃の鋒先を向けているにすぎないのである。

（7） この点はすでに津田左右吉「大化改新の研究」（『日本上代史の研究』所収）第八章にくわしく論じてある。その中で十七条憲法偽作説は、にわかに従いがたいが、その他はおおむね妥当な見解というべきである。

結局この緩急二つの革新コースのうち、どちらが中央勢力全体の支持をうるかということが、大化直前の最大の問題だったのであり、その問題が現実の日程にのぼったのは、上宮王家の滅亡事件からであったとみられるのである。そして、それから約二年という短日月の間に、人々の気持が急速に律令制コースのほうに傾いていったについては、やはりちょうどその時期の大陸の情勢に目を向ける必要があるであろう。すなわち、唐の太宗がみずから大軍をひきいて最初に高句麗に攻め入ったのは、六四四年十一月から翌年九月にかけてのことであって、それはまさに皇極天皇三―四年にあたっている。さきに隋の煬帝も高句麗大遠征を行なったが、そのときは、征討が失敗したのちにその報道がわが国にもたらされたらしく、隋の国内体制にかんする知識もまだ十分に伝えられていなかった。しかしこのたびは、留学生らの帰国によって、唐の国家制度とその隆々たる国運とは、すでによく知られていたのであるから、その報道の事実とそれに対する反応の状況とを具体的に史料の上に求めることはできないにしても、朝廷の人々がこれによって重大な脅威を受け、国力を急速に集中強化する必要を痛感したであろうことは容易に推測できる。この間の事情については、すでに明治の中ごろに田口卯吉博士が、いちおう考えうる範囲のことを周到に要領よく論じたのち、「嗚呼《ああ》是れ非常の変革なり。中大兄及び鎌足如何《いか》に賢且つ明なりと雖も、唐太宗高麗征伐の一挙我人心を震動したるの時にあらざれば、何を以て能く実行するを得んや」と述べているが、(8) 朝廷の大勢は、この時期に至ってほぼ決したといってよいであろう。

（8）田口卯吉「藤原鎌足」（『史海』第二巻、一八九一年）。

4　阿倍内麻呂と中臣鎌足

入鹿は一般の反感を招くことを当然予想し、それを抑えきって進む自信をもっていたのであろうが、反感の強まりかたはかれの予想以上だったと考えられる。そのためにかれは警戒心を深め、その態度はますます強圧的となった。かれのいわゆる暴逆は、皇権再強化の気運に対応するものであって、その原因というよりは、その結果という面が大きい。蝦夷と入鹿の家を甘檮《あまかし》の岡に並べ建てて、周囲に城柵をめぐらし、門のかたわらに兵庫をつくり、門ごとに水槽と木鈎を置いて火災に備え、常に力人に武器を持って家を守らせ、また、畝傍《うねび》山の東に家を建て、池を掘って城とし、兵庫に箭《や》を貯え、常に兵士五十人に身辺を護衛させて出入したという「皇極紀」三年十一月条の記事は、その状況の一端を示している。こうして中央の政界は緊張と不穏の気につつまれていったが、しかしこの時期になっても、上流豪族層は反蘇我氏的態度をなかなか外面に表わそうとはしなかった。それは蘇我氏の権勢を恐れたためであり、また、上宮王家の滅亡によって、反対勢力の結集点を見失ったためであろう。このような一般的動向を代表していたのが阿倍麻呂である。

阿倍麻呂は、のちに改新政府の左大臣になった阿倍内麻呂と同一人物で、推古朝の大夫阿倍内鳥（鳥子）の子と考えられる。(9) 内というのは、当時阿倍氏がいくつかの家に分かれていたうちの一つの称である。麻呂はさきにみた舒明擁立の紛議の際には、事前に大臣の蝦夷と打ち合わせをして大夫らを召集し、会合の席上で推古女帝の遺言の内容なるものを伝えて、衆議の一致をはかろうとしているが、これはかれが大夫の筆頭で、大夫合議体の議長ともいうべき地位にあったことを物語るとともに、蝦夷の意を体して舒明擁立のために積極的に努力していたことを示している。これよりさき「推古紀」三十二年十月条によれば、かれは大臣蘇我馬子の命をうけて、推古女帝に対して歴代天皇の伝領する葛城県《あがた》を蘇我氏に移譲するように交渉しているが、これまたかれが蘇我氏と同調していたことを示すものである。

（9） 阿倍麻呂については、関晃「大化の左大臣阿倍内麻呂について」（『歴史』二一輯——著作集第二巻第三章付論）参照。

大夫合議体の議長格であるかれの、このような行動は、同時にその当時の朝廷の大勢を物語るものであるが、これは、上宮王家滅亡のころまでは、変わらなかったのではないかと思われる。なぜならば、かれの娘の小足媛《おたらしひめ》は軽《かる》皇子（のちの孝徳天皇）の妃となって有間皇子を生んでおり、かれと軽皇子との姻戚関係は、有間皇子が生まれた六四〇（舒明天皇十二）年のころには、すでに成立していたわけであるが、その軽皇子が上宮王家を攻め滅ぼす一味に加わっていたことが、さきに引いた『太子伝補闕記』の文にみえているからである。おそらくかれの心境は、そののち朝廷の大勢の急転とともに変化したが、それでも表面の態度は改めることなく、やがて蘇我氏権力が打倒されるに至ってはじめて、いわゆる旧勢力の総帥として、改新政府の首班の地位に就いたものであろう。

これに対して、蘇我氏権力の打倒にまず動き出したのが、いうまでもなく中臣（のちの藤原）鎌足である。鎌足の行動についでは、『日本書紀』も『大織冠伝』もほぼ一致しており、挿話的な部分を除けば、その大筋はほぼ信用してよいであろう。かれは推古・舒明朝の大夫中臣御食子《みけこ》（弥気）の長子で、中臣氏の世襲職である朝廷の祭官の地位を継ぐはずであったが、これを固辞して叔父の中臣国子に譲り、摂津の三島の別荘に引退して、そこでまず難波に住んでいた軽皇子と親交を結んだ。しかし皇子の器量を不十分とみたかれは、そののち飛鳥にもどって中大兄皇子（のちの天智天皇）に接近し、これと極秘のうちに権力奪取と国制改革の計画を練っていたが、六四四（皇極天皇三）年の春のころ、大夫の中の有力者である蘇我石川麻呂の娘を中大兄皇子の妃に納れてこれを謀議に加え、さらに宮門警備を世襲職とする武人の佐伯子麻呂・葛城稚犬養網田らを仲間に引き入れた。(11)

(10)　法興寺（飛鳥寺）の槻樹の下における蹴鞠（『日本書紀』では打鞠）の話や、石川麻呂の娘の姉妹の話があやしいものであることについては、山田英雄「中臣鎌足伝について」（『日本歴史』五八号）参照。

(11)　子麻呂らが門部の家柄であることについては、佐伯有清「宮城十二門号と古代天皇近侍氏族」（『続日本紀研究』二巻四・五号）参照。

右の暗躍の全経過を『日本書紀』は皇極天皇三年正月朔条に一連の記事としてまとめて載せているが、中大兄皇子との結合に至るまでの事実は、それ以前のこととしなければならない。そうすると、鎌足が三島に引退したのがいつころかということが問題になるが、叔父の国子が『中臣氏系図』に舒明朝の祭官と書かれているから、鎌足の引退は『大織冠伝』にいうように舒明朝の初年のころということになる。また、かれの年齢については、「天智紀」八年十月条に、享年を五十とする説と五十六とする説があげてあるが、後説のほうが自然であって、『大織冠伝』が記しているように、かれの生まれたのは六一四（推古天皇二十二）年、宗業を辞退したのがちょうど成人に達したころとみるべきであろう。したがって、舒明朝初年のころすでにかれの胸中には、蘇我氏打倒の意図があったということになるわけであるが、かれの抱いていた構想はどういうものだったであろうか。

鎌足の出身については、中臣氏の系図に不審の点があること、『大鏡』に鎌足は常陸国で生まれたとあること、鹿島・香取の神である武甕槌《たけみかづち》神と経津主《ふつぬし》神が藤原氏の氏神である春日神社の第一殿と第二殿に祭られていること、などをおもな理由として、鎌足を常陸の地方豪族の出身者とする説があるが、(12)もしそれが当たっているとすると、かれにおいては中央勢力全体の立場を重視するような構想を抱いていた可能性が薄くなる。しかし、『大鏡』ははるか後世の書物で問題にならないし、鹿島・香取の神のことも、それほど確かな根拠にはならない。ただ、中臣氏関係の系図で最も信頼度の高いものは、『延喜本系帳』に拠ったという『中臣氏系図』であるが、それは鎌足の四代まえの黒田という人物から系譜が始まっていて、しかもその子の常盤のところに「中臣姓始」という注記があり、欽明朝から用明朝にかけて崇仏可否の問題で蘇我氏と争った鎌子・勝海の名はみえない。したがって、黒田の家はもと中臣氏の傍流であり、本宗の家が勝海のときに滅ぼされたのち、これに代わって中臣氏の中心となったということは考えられる。しかし、かりに傍流だったとしても、種々の徴証からしてきわめて近い傍流だったと思われるし、鎌足の父の御食子がすでに大夫の地位を占めていたのであるから、鎌足を地方出身者あるいは地方豪族的性格を有するものと考える必要はまったくない。

(12)　丸山二郎「中臣氏と鹿島・香取の神」(『日本古代史研究』所収)。

それよりも注目すべきは、かれが軽皇子にまず接近していったことである。皇子は寵妃の阿倍氏に鎌足を手厚くもてなさせたというのであるから、そのころすでに皇子と阿倍内麻呂の姻戚関係は成立していたわけであり、麻呂はそのころは大夫の首席として、蘇我氏の下で活躍していた。したがって、蘇我氏の打倒が実現すれば、麻呂はそのあとの第一人者となるべき人物であり、もしその際に軽皇子を擁立すれば、外戚として当然大臣の地位を占めるべき人物であることは、当時すでに明らかだったはずである。それにもかかわらず、鎌足が進んで皇子に接近したというのは、かれが蘇我氏を除いた中央豪族群を敵視していなかったことを示すものといわなければならない。かれがまえから親しかったので皇子を訪ねたように『日本書紀』も『大織冠伝』も述べているが、皇子を器量不足とみて、改めて中大兄皇子に目をつけたのであるから、やはり一定の政治的意図をもって接近していったとみるべきであろう。

蘇我石川麻呂の抱き込みについても同様であって、阿倍内麻呂の場合を考え合わせれば、やはり成功の暁には、新政府の首班の一人に据えることを予定したうえでのこととみられる。石川麻呂も、名まえの部分は麻呂だけと思われるので、蘇我氏関係の系図や『公卿補任』では馬子の孫で倉摩呂（一名雄当）の子ということになってはいるが、あるいは倉摩呂と同一人物かもしれない。(13) そうなると、かれは舒明天皇の擁立について、すでに蘇我蝦夷と意見がちがっていたわけであるが、そうでなくとも、『大織冠伝』によると、かれは入鹿と反目していたというから、早くから皇権再強化に傾いていたのであろう。したがって、その点では阿倍内麻呂とはやや相違があるが、いずれにせよ、新政府の左右大臣の任命は、はじめから鎌足の構想の中にあったのであって、そのことは、かれがいわゆる旧勢力の排除を全然意図していなかったことを物語るものである。

（13）　青木和夫「藤原鎌足」（『日本人物史大系』第一巻所収）参照。

次に、鎌足が中大兄皇子と結びついたことは、かれが蘇我氏の打倒を目ざす以上、皇室の中で最も母の身分が高く、しかも英気と実行力に富み、古人大兄皇子に十分対抗しうる人物に目をつけるのは当然であって、これについてとくに問題はない。ただ、山背大兄王が滅ぼされたのちに古人大兄皇子が皇太子に立てられたということを想定して、この立太子が鎌足と中大兄皇子の結合を成立させたのであろうとする見解が最近出されているが[14]、これは簡単には従いがたい。なぜならば、第一に、そうすると大化のクーデタはまったく皇室内部の地位争いから生じたことになって、それに続く大改革との必然的な関連がなくなってしまうからである。また第二に、当時すでに中国的な皇太子制度が確立していたかどうか疑わしいからである。大化以前に皇位継承候補者を示す語は大兄であって、それは同時に一人だけとは限らず、また一定の地位ではなくて敬称に近いものであるということは、すでに伴信友が述べたところであるが[15]、当時は古人大兄も中大兄もともに大兄であって、とくに古人大兄が皇太子になったとは考えにくい。「舒明紀」十三年十月条に東宮開別《ひらかすわけ》皇子（中大兄）、「孝徳紀」元年九月条に吉野太子（古人大兄）とあるのは、中国風あるいは後世風に飾って書いたものと考えられる。それから第三に、『大織冠伝』には上宮王家滅亡事件のまえに、鎌足と中大兄皇子の結合の話が記されているからである。これは『日本書紀』と『大織冠伝』とに共通の原史料があって、それには年月を追って記事が書かれていたが、くわしい日付がなかったために、『日本書紀』は鎌足関係の記事だけを一カ所にまとめて掲げたのに対して、『大織冠伝』のほうは、ほぼもとの形に従ったとみられるのである。したがって、両人の結合は上宮王家滅亡以前と考えられるが、そのころはすでに唐制の知識はくわしく伝えられていたのであるから、両人は人々にさきんじて律令制コースを目ざす思い切った改革を考え、その点において意気投合したとみて差し支えない。もっともその場合に、皇子のほうは、君主権の強化ということを大きく考え、鎌足も、皇子に説くには蘇我氏の専権と皇室無視とをもってしたであろうが、しかしかれの腹の中は、さきにも触れたように、中央勢力全体の立場を重く考えていたとみるべきであろう。

(14) 北山茂夫『大化の改新』(岩波新書) 四六―四七ページ。
(15) 伴信友「天智天皇立太子及大兄名称考」(『長等の山風』附録四)。

また、鎌足がきわめて小人数の秘密計画の中に宮門警衛職の佐伯子麻呂らを引き入れたのは、そのころから入鹿を宮中で暗殺する予定を立てていたことを示している。これは、入鹿ひとりを殺しただけでは、大臣の蝦夷も健在であるし、蘇我氏権力の実体もまだそのまま残るはずであるから、蘇我氏の実力が案外小さいものだったとしないかぎり、やや不思議なことのようにみえる。しかし蘇我氏権力の実質的な基礎は、部曲《かきべ》・田荘《たどころ》にしても三蔵の管理による財力にしても、また東漢《やまとのあや》氏を主力とする私兵にしても、他の個々の氏にくらべれば格段の大きさを誇っていたかもしれないが、朝廷全体を圧倒するほどではなかったであろうし、同族結合は、境部摩理勢・高向国押・蘇我石川麻呂などの例にうかがわれるように、そう固いものではなかった。その権力は結局は官司制組織の最高命令権を握る大臣の地位を基本として、それを外戚関係で補強したものであり、その大臣の地位は、六世紀以来、大夫クラスを主とする中央有力豪族層の一般的支持の上に立っていた。したがって、その支持が失われている状態を一挙に表面化させさえすれば、強大にみえる蘇我氏権力の打倒も決して困難ではない、というのが鎌足の判断だったのであろう。事実かれの見通しのとおり、六四五(皇極天皇四)年六月十二日に宮中で入鹿を斬り、ただちに飛鳥寺を城として蝦夷の反撃に備えると、「諸皇子・諸王・諸卿大夫・臣・連・伴造・国造」らは、ことごとく中大兄皇子に従った。その結果、蘇我氏のために戦おうとして集まった東漢氏らも、抵抗の無益なことを知って四散し、蝦夷は翌十三日に自邸に火を放って亡びたのである。したがって、中大兄皇子が権力を握ったのは、飛鳥寺で諸皇子以下朝廷全体が従った時点であって、『日本書紀』もまた、それまでは蝦夷を大臣と書き、その翌日には蘇我臣と書いて、はっきりと区別している。

二　改新政治の進行

1　新政府の発足

六四五（皇極天皇四）年六月十三日に蘇我蝦夷が滅ぼされると、翌十四日、ただちに新政府が組織されて、首脳陣の決定をみた。それは、軽皇子（孝徳天皇）を天皇に立てて、中大兄皇子が皇太子となり、阿倍内麻呂と蘇我石川麻呂が左右大臣《だいじん》、中臣鎌足が内臣、僧旻と高向玄理が国博士という顔ぶれである。決定がきわめて敏速だったのは、ほぼ鎌足の予定どおりで、たいした障害がなかったことを物語っている。

このとき中大兄皇子が皇位を軽皇子に譲った理由は、個人的な権勢慾からクーデタを行なったと見られることを避ける意味もあったであろうが、改新政治に自由に専念するためという、従来からの通説が最も妥当であろう。ただ、軽皇子が再三固辞して古人大兄皇子に譲ろうとしたというのは、やや解しがたい。古人大兄皇子は、中大兄皇子が皇位から排除しようとした当の人物であるから、少しでも事前の連絡があれば、そういうことはとうていありうることではない。そこで、これは古人大兄皇子に引退を余儀なくさせるために、中大兄皇子らと腹を合わせて打った芝居にすぎないという見かたもできるであろう。しかし、蘇我氏権力が倒れた現在、そうまでする必要があったかどうか疑問であり、事前に打ち合わせる時間的余裕があったかどうかもわからないが、やはり軽皇子は、ジェスチャーにしろ、自分からいちおう辞退したとみるほうが穏当であろう。そうすると、もしかりに中央有力豪族層が一般に反改新的旧勢力だったならば、その総帥たる阿倍内麻呂と外戚関係をもつ軽皇子を、なんの連絡もなしに鎌足らが推挙するはずがないから、このこともまた、中央有力豪族層が本質的に改新に対立する存在ではなかったことの一例証とすることができる。

次に左右大臣であるが、阿倍内麻呂と蘇我石川麻呂がこれに任命された事情については、前章に触れたとおりである。大臣《だいじん》という官名が大臣《おおおみ》の文字をうけ継いだものであり、左右に分けたのが、隋・唐の左右僕射《ぼくや》にならったものとされることにも問題はない。ただ、これが最初から世襲職でなかったとは、簡単には断言できないであろう。なぜならば、このとき新しく置かれたのは、左右大臣・内臣・国博士だけであって、その他の政府機構は従来のままであり、伴造・品部制を基礎とする大夫合議体が存続していて、左右大臣はその上に位置するものだったからである。私民制の廃止の中で品部のそれだけがかなりおくれて決定されたこと、六四八（大化四）年になって新冠位が実施されても、左右大臣だけはなお古冠をつけていたこと、諸改革の中で中央官制の改革が最もおそく、六四九年になってはじめて行なわれたこと、などを考え合わせると、改新発足当初には、まだ全面的な徹底した官僚制は一般には考えられておらず、内麻呂と石川麻呂も、左右大臣の地位は世襲と理解していたのであるかもしれない。

これに対して、内臣と国博士は政府の責任ある地位ではなく、皇太子の背後にあって改新政策の立案推進にあたるために設けられた官と考えられる。したがって、内臣は帷幄の臣というほどの普通名詞であるとか、(1)中臣氏が連姓《むらじ》で大臣にするわけにいかなかったとか、(2)あるいは鎌足と左右大臣との均衡がむつかしかったからとかいうことではなく(3)て、このとき置かれるべくして置かれた、大臣とは系列を異にする官だったというべきである。また国博士もふつうは国政一般の諮問機関と説かれているが、(4)やはり内臣の下で主として政策立案に当たるために置かれたものであろう。博士という肩書きが、改新の一段落した六四九（大化五）年以後には用いられていないのは、そのことを物語っている。

(1) 坂本太郎『大化改新の研究』二六九ページ。
(2) 細井貞雄『姓序考』。
(3) 坂本太郎、前掲書、二六九ページ。
(4) 同右。

以上の構成をみると、新政府は政務執行機関と政策立案機関の二系列から成り、その両者を皇太子が統轄するという形になっている。この場合に注目されるのは、一つは、はじめから内臣・国博士の系列が置かれていて、権力奪取の目的がすでに国制の大改革にあったことを示していることであり、もう一つは、蘇我大臣家の権力を排除したにもかかわらず、なお左右大臣を立てていて、大夫・伴造制の組織が依然として政府の主体であったことを示していることであろう。

なお、『日本書紀』によると同月十九日に、天皇・皇太子らが群臣を飛鳥寺の西の槻樹の下に集めて誓盟をおこない、また年号を大化と定めたとあるが、朝廷全体の盟約という形式がとられていること、元号制定に指導者の意気込みがうかがわれることは興味が深い。ただこの盟約をもって、領地領民制の廃止、天皇直接統治体制の樹立、中央集権的官僚組織の樹立の三点の宣言を含むと解し、以後のすべての施策の基礎として重要視する見解があるが、(5) この盟文はおそらくもとは和風の素朴な文言で、君主権を確認し、君臣ともに誠実に政治に携わるべきことを誓ったものにすぎず、「君に二政なく」の一句にそのような宣言の意味が含まれていると解するのは、なんといっても無理であろう。

(5)　石井良助「大化改新の研究」(『大化改新と鎌倉幕府の成立』所収)。

さて、このようにして成立した新政府は、『日本書紀』の記述によれば、翌月からすでに改新政治を推進しはじめている。すなわち、七月には大夫・伴造らに人民支配を円滑におこなう方策を諮問し、八月には東国国司を発遣するとともに、朝廷に鍾《かね》と匱《ひつ》を設けてひろく人々の訴えを聞くこととし、男女の法を定め、さらに仏教界に対する方針と僧尼監督官の任命を述べた詔を出しており、九月には使者を諸国に遣わして武器を収公し、また、古人大兄皇子の謀反事件ののち、民の元数を記録するために使者を諸国に遣わし、その際に私地私民の拡張行為を停止すべき詔を出している。こうして十二月には都を難波に移し、翌年正月にいよいよ改新の詔を宣布するという段どりになるのである。

六四五(大化元)年のうちに行なわれたこれらの諸施策を通観して、まずいえることは、すべてきたるべき大改革の準備作業と見なしうるものであって、新制を立てたといえるものは、ほとんどないことである。ただしこのうち東国国司の発遣は、国司制の創始ともみられているが、これについては後述する。また男女の法は、これを賤民制の制定とする見解がひろく行なわれているが、内容はけっしてそういうものではない。これは生まれた男女の所属にかんする規定であって、子の所属が問題になりうる場合についてはすべて触れ、それ以外のよけいなことは何も述べていない。『日本書紀』の記述をみると、じつはこの法は鍾匱を置く詔の文中の一部分をなしているのであって、民の訴えを聞くにあたって、族姓・地位の争いと並んで最も訴訟の原因となりやすい人間の所属を判定する基準を示したものにほかならない。したがって、賤民制とか婚姻制とか父系制とかを新しく制定したというようなものではないのである。

また次にいえることは、これらの施策には、改新の障害になるような反対勢力に対する警戒あるいは配慮というものが、あまりうかがわれず、そういうものをそれほど問題にすることなく、これらの準備作業を着々と進めていったと思われることである。もっとも、東国国司の発遣と古人大兄皇子の討滅を、そのような反対勢力に対する措置とみる見解がかなり有力のようであるが、しかしそれは、それほど根拠のあることではない。

すなわち、東国国司については、その派遣範囲が遠江・信濃の線以東であって、その地域はちょうど名代・子代の民が多く置かれていた皇室と関係の深い地方であるから、これを強固な支配体制に編入して、改新政府の権力的基礎を固めるために、まず国司をこの地方に派遣したのだという見かたがある。(6)しかしながら、この地方は後進地であるために、五世紀以来朝廷の支配が直接に強く及んだ地域であるから、皇室だけでなく、中央有力豪族の勢力も当然植えつけられていたはずで、皇室独自の基盤といってしまうわけにはゆかない。また派遣範囲は、三河や越前の三国地方も含まれていたと考えられるから、美濃・尾張以東の全域という可能性のほうが大きい。しかも任命された国司の長官は、穂積臣・巨勢臣・紀臣・阿曇連・大市連・羽田臣・田口臣・平群臣の八人というのであるが、他に所見のない大市連を除くと、あとの七人はすべて中央の大族であって、そのうちの巨勢・紀・羽田・田口・平群の五氏は、蘇我氏の同族と称していた氏である。もし反対勢力を警戒しての措置だとするならば、こういうことはありうることではない。この東国国司は、その官制も任地の範囲も、のちの国司より大きく、その任務も民政全般を直接に担当するのではなく、詔文の述べるところは、造籍・校田と民間の武器収公だけで、あとはすべて禁止事項であるから、のちの国司制にそのまままつながるものとする見解も疑問がある。(7)要するにこれは、政府の権力的基礎を固めるための政略的施策というよりは、公地公民制への準備的措置とみるべきであろう。

(6) 井上光貞「古代の東国」(『万葉集大成』5所収)。

（7）　黛弘道「国司制の成立」（大阪歴史学会編『律令国家の基礎構造』所収）。

また、古人大兄皇子の事件は、『日本書紀』の本文では九月条にかけているが、注記してある異伝を参照すると、実際の経過は、謀反の謀議を九月三日に行なった旨を吉備笠垂《きびのかさのしだる》が十二日に自首し、それによって十一月三十日に中大兄皇子が兵を吉野に遣わして、古人大兄皇子とその子を斬らせたということであろう。この事件をもって、新政に不満な人々を糾合した一大運動だったとする説(8)があるわけであるが、しかしながら、謀議にあずかったという田口川掘・朴井椎子《えのいのしい》・笠垂・文《ふみ》麻呂・秦田来津《はたのたくつ》の顔ぶれは、それほどの運動とは見うけられないし、川掘以外はみなその後も朝廷で活躍していたことが知られるのも不審である。のちの六四九（大化五）年の蘇我石川麻呂謀反事件のときは、讒言だということを中大兄皇子が知らなかったために、党与として十四人が斬られ、九人が絞殺され、十五人が流されたことを考え合わせると、椎子以下が無事に活躍していた事実は、政府の広量というようなことでは説明できないであろう。それほどの反改新運動だったならば、二カ月以上も放置しておくわけがないし、わずか三十人の兵で片づくとも思われない。この事件はやはり、のちの有間皇子や大津皇子の事件と同様に、まったく無実とはいえないまでも、古人大兄皇子が中大兄皇子の謀略によって、たくみに除かれたものとみるほうが当たっていると思われるのである。

（8）　坂本太郎『大化改新の研究』三〇一―三〇四ページ。

2　改新の詔

政府は六四六（大化二）年に入るとともに、いよいよ諸制度の改革に着手し、正月元日の賀正の礼のあとで、四カ条から成るいわゆる改新の詔を宣示した。それは『日本書紀』に次のように書かれている。

その一に曰く、昔在《むかし》の天皇の立つる所の子代《こしろ》の民、処々の屯倉《みやけ》、および別に臣・連・伴造・国造・村首の有する所の部曲《かき》の民、処々の田荘《たどころ》を罷めよ。仍《よ》りて食封を大夫以上に賜うこと各差あり。降りて布帛を以て官人・百姓に賜うこと差あり。……

その二に曰く、初めて京師を修め、畿内・国司・郡司・関塞・斥候・防人・駅馬・伝馬を置き、および鈴契を造り、山河を定めよ。……

その三に曰く、初めて戸籍・計帳・班田収授の法を造れ。……

その四に曰く、旧の賦役を罷めて、田の調を行なえ。……

右は各条の主文だけをあげたが、実際には、第一条の省略した部分には『漢書』恵帝紀から引用した説明文があり、第二条以下には、たとえば第二条に「凡そ京は……。凡そ畿内は……。凡そ郡は……。凡そ駅馬・伝馬を給うには……。凡そ諸国および関には鈴契を給え……」とあるように、それぞれ細目規定の副文が付してある。この改新の詔は、これから開始される広範な改革の最大の眼目を示したものと考えられるだけに、改新研究上のきわめて重要な史料となるわけであるが、しかし、この詔文の信憑性については、周知のように重大な疑問が投げかけられている。すなわち、右の詔文をみると、(イ)文章が漢文風に整いすぎていること、(ロ)内容が改新発足当初としてはあまりに整備されていて、これが当時すぐに実施されえたとは考えがたいこと、(ハ)副文の「凡そ……」の諸項は、のちの令《りょう》の条文にきわめて類似していること、などが指摘でき、『日本書紀』の編者の造作ではないかという濃い疑いがもたれるのである。そこで津田左右吉は、第二条に規定する畿内の範囲が難波京の時代としては不適当であること、同条にみえる郡司の制は近江令以後に成立したと考えられること、第三条にみえる田積と租法が近江令の制と考えられること、の三点をとくにくわしく論じて、「凡そ……」の諸項は近江令の条文を転載したものとされた。(9) それに対して坂本太郎は、この三点を論駁し、さらにのちの令制とは異なる点をいくつか指摘して、詔文が字句や表現の上でかなり修飾の手が加えられているとしても、内容的には当時のものとして解釈しうることを、詔文全体にわたって詳論されたが、(10) その後、井上光貞は、津田説の郡司にかんする見解を発展させて、郡・大領・少領などの文字が使われるようになったのは浄御原令あるいは大宝令からで、それまでは評《こおり》の制が行なわれていたのであるから、第二条の副文はもちろん、郡字が使われている主文も疑わしいとし、(11) また、田積・租法についても、第三条の副文だけを事実にあらずとしてとり除くと、旧制から令制への複雑な変遷過程がきわめて簡明なものになることを主張した。(12) このほか、この問題に関説した論考(13)は少なくないが、主要な論点はいまのところ、以上につきるといってよいであろう。

(9) 津田左右吉「大化改新の研究」(『日本上代史の研究』所収) 第四章。
(10) 坂本太郎『大化改新の研究』第三編第二章。
(11) 井上光貞「郡司制の成立年代について」(『古代学』一巻二号)、同「再び大化改新詔の信憑性について」(『歴史地理』八三巻二号)。
(12) 井上光貞『大化改新』一四八―一四九ページ。
(13) たとえば最近のもので、八木充「大化改新詔の述作について」(『山口大学文学会誌』一一巻一号)、田名網宏「田制及び租法から見た大化改新詔の信憑性について」(『東京都立大学人文学報』二五号) などがあり、前者は詔の副文をすべて浄御原令文の転載としている。

ところで、以上の議論を見わたすと、詔の文章にかなり修飾の手が加わっているとみる点については、諸家の見解が一致しているから、（イ）の点はあまり問題にならない。各条の主文の内容が当時のものであろうという点も、ほとんど一致している。ただ井上説では、郡字使用の点から第二条主文を疑っているが、これも次に述べるように、当時のものとみることができる。また、この詔が基本方針を示したものであって、すべてがすぐに実施されたとは限らないということは、一般に認められているところであるから、（ロ）の点もとくに問題にする必要はない。残るところは（ハ）の点、とくに津田説のあげた三点であるが、そのうち、畿内の範囲は、古くからの中央勢力の居住地域を特別区域としたもので、もともと京の位置を基準にして定められたり、変更されたりする性質のものではなかったのであるから、これをもって、その当時の京の位置を判断する材料にすることは適当ではない。(14) むしろ詔文で四至の地点によってその範囲を示していることに注目すべきであって、それは、国の区画がまだ定まっていなかった大化当時のものとして最もふさわしいということができる。

(14) 関晃「畿内制の成立」（『山梨大学学芸学部研究報告』五号――著作集第二巻第四部第六章）。なお坂本太郎『日本全史（2）』（八七ページ）には、この拙稿に対して「畿内が皇居の位置に無関係だというのはいい過ぎではないとか思う」という批判が述べてあるが、これは明らかに誤解であって、両者が歴史的に関係の深いものであることは拙稿にも述べている。ただその関係は、皇居の位置によって畿内の範囲がきまるというような関係ではなく、むしろ逆に皇居の位置が畿内の範囲によって規定されて、ほとんど畿外に出ることがなかったのである。近江京がもう少しながく続けば畿内の範囲が東北に移動して、尾張・美濃あたりが畿内になるというようなことはとうてい考えられないであろう。本論文の二の5「近江遷都」参照。

また、郡司制にかんする井上説は有力のようにみえるが、しかし、詔文の郡司にかんする規定は、旧来の国造たることを郡領任用の必須条件としている点で、やはり大化当時のものとするのが最も穏当である。郡と評の関係については、評制が旧国造領に実施された例証が、浄御原令施行以前には一つも見あたらないこと、評制は郡制にではなくてむしろ国造制に対応するものとみるのが自然であることから考えると、改新の詔の郡司の官制はすぐには実施されず、しばらくは国造制が存続するとともに、新置のコオリに評制が布かれて両者併存し、浄御原令施行のころになって大化の郡司官制が実施に移されたとみることができるであろう。(15)

(15)　関晃「大化の郡司制について」(『坂本博士還暦記念古代史論集』所収——著作集第二巻第四部第七章)。

最後に、最も解決困難なのは、田積・租法の問題である。大化・大宝間の田積・租法の変遷については、いくとおりかの複雑な過程が推論されていて、ここで簡単に解決案を提示することは不可能であるが、そのような複雑な変遷が考えられる問題であるにもかかわらず、詔文が田積においても租法においても、大宝令の田令《でんりょう》の条文とまったく同一であるということは、やはり令文転載の疑いをきわめて濃くしている。たしかに井上説がいうように、改新の詔の規定だけを一つはずせば、変遷過程はきわめて簡明に説明できるようになるのであって、その論をおし進めれば、浄御原令あるいは大宝令においてただ一度だけ、一段二五〇歩、段租一・五束という令前の制から、一段三六〇歩、段租二・二束という令制に改められたにすぎないとする虎尾俊哉の説(16)が、最も自然で無理がない。しかし、だからといってすぐに詔文の規定が造作であり、いずれかの令文の転載であるということにはならない。改新の詔は、すべてがすぐに実施されるものだったわけではなく、その田積・租法も、実際に全面的に適用されるに至ったのは、かなりのちになってからであったと考えて差し支えないからである。改新の詔がすぐに実施されたとは限らないということは、改新政治の進行状況を考える場合には一般に認められているにもかかわらず、詔文の信憑性の問題になると、不思議にその点を無視して、すぐに実施されたことを前提にした議論が行なわれるのであるが、詔の諸規定のうちの多くのものは、かなりのちになってから実施され、また実施に至るまでに、いくたびか修正あるいは変更されたものも少なくないと考えるならば、造作説あるいは令文転載説の可能性は依然として残るにしても、少なくとも今までに提出されているその積極的根拠は、以上のごとく、ほとんど解消するのではないかと思われる。

(16) 虎尾俊哉『班田収授法の研究』第一編第三章。

さて、改新の詔文の信憑性が右のように考えられるとすると、改新の最大の眼目は、これによってほぼその輪廓をうかがうことができるわけである。そこでその内容について注目されるおもな点をあげると、その第一は、全体がきわめて体系的に構成されていることである。すなわち、第一条は天皇をはじめ諸豪族の有する私地私民の廃止、第二条はその結果として必然的に要求される中央集権的な地方行政組織の設定、第三条は公有化された土地・人民に対する民政方式としての戸籍・計帳の作成と、班田収授法の採用、第四条は公地公民制の究極目的である統一的税制の制定であって、各条たがいに緊密に関連し、全体として一つの完結した律令制的人民支配体系を形づくっている。

これに対してその第二は、中央官制についての規定がまったく見られないことである(17)。これは、旧来の伴造制の基礎をなす品部の廃止が第一条に含まれていないこととも対応しているのであって、前節でも触れたように、この当時はまだ中央政治機構の根本的改革がはっきり予定されていなかったことを示すものであろう。軍事制度・裁判制度などについても同様である。したがって改新においては、全国人民に対する関係が根本であって、支配階級内部の関係はやや二次的に見られていたということになる。

(17) 津田左右吉、前掲論文、一五四ページ参照。

またその第三は、体系・内容はまったく律令制的であるけれども、部分的にはのちの令制に見られない規定が少なからず存することである。すでに指摘されているように、第四条の税制の規定にそれがことに多く、田の調、戸別の調、官馬・兵器の貢進、仕丁・采女の庸布・庸米の規定などは唐制にもみられない。戸調や官馬のことは、さかのぼって魏・晉や北魏の制にみられるが、いずれにしても、大化以前に早くから朝鮮などを経て伝えられ、わが国で一部に行なわれていたものをとり入れたのであろうとされている。(18)

(18)　坂本太郎『大化改新の研究』第三編第二章。

以上を総括すれば、改新の詔は、当時の指導者が公地公民制への切り換えによる国力の中央集中をまず第一に考え、そのために中国の律令制度を全面的に採用する方針であったが、その際にわが国の実情を少なからず考慮するところがあったことを示しているということができるであろう。

3　大化の諸改革

政府は改新の詔を宣示してからのち、大化年間の約四年間にわたって、つぎつぎに新しい施策を決定していったが、そのおもなものは、『日本書紀』にやはり詔文の形で載っているものが多い。それらの詔文も、信憑性の点では多かれ少なかれ改新の詔と共通であって、『日本書紀』の編者の筆がかなり加えられていることは明らかであるが、原史料の主旨をひどくそこなうほどの造作はないとみてよいであろうから、これを中心に、他の記事とあわせて、改革の進行状況を考えることができる。ただし、一般には改新の詔は大綱を示したものであり、その後の諸詔はその具体化であるように説かれているが、じつは、内容からいえば改新の詔と並列のものが多く、また、すぐに実施されるとは限らないものであったことも、改新の詔と同様である。したがって、以下に見てゆくところは、新制実施の過程であるとともに、方針決定の過程という面もまた大きい。

そこでまず私地私民の廃止であるが、改新の詔の第一条で皇室・諸豪族所有のふつうの私地私民が否定されたのち、「孝徳紀」大化二年三月壬午条にみえる皇太子の奏請によって、諸豪族所有の子代入部、および皇族所有の御名入部とその屯倉が否定された。これは従来改新の詔第一条と内容的に重複するとみられていたが、豪族所有の子代も皇室所有の名代も改新の詔にはみえないし、また入部の語義が明らかでないために、子代入部・御名入部なるものがふつうの子代・名代とまったく同義かどうかわからないから、重複とするのは疑問で、改新の詔では不明確であった特殊な私地私民を、ここではっきり否定したものとみるほうがよいであろう。なおこの詔を皇太子が率先して範を垂れたと解すべき理由はどこにもない。この後、あとで触れるように、同年八月に品部の廃止が定められるが、品部はなかば公的なもので純粋の私民ではないから、一般の私地私民の否定は、この皇太子の奏請で完了したとみることができる。なお、このすぐあとに、いわゆる薄葬の詔が出されているが、その根本の趣旨は、薄葬というよりは、私民否定の結果、現実に不可能になった墳墓私営に代わる公葬制を規定したものである。[19] この公葬の規定に続けておなじ詔文の中で、迷信的な民間習俗についていろいろと言及し、また市司・渡子《わたしもり》の調賦の停止や一般の農作の勧励のことを述べているのも、やはり公民化の結果、一般民衆があらたに政府の直接の対象となったためである。

(19) 関晃「大化のいわゆる薄葬制について」(古代史談話会編『古墳とその時代㈠』所収——著作集第二巻第四部第八章)。

次に地方行政組織については、前述のように、すでに政府発足の翌月(大化元年七月)に早くも東国国司が発遣された。国司はすでに大化以前から西国方面にはかなり存在していたとする見解があるが、[20] そのおもな根拠は、推古朝の十七条の憲法と「皇極紀」二年十月条にみえる「国司」の文字だけであって、それらはかならずしも常置の律令的地方官とみないでもよいものである。すでにかなり地方官化している国造の上に、そういう国司が存在したとするのは、種々の点で不自然であるし、もしそういう国司がかなり存在したならば、中国社会との類似点に注意深かった隋からの使節が、その存在を見のがして、国造のことを「なお中国の牧宰のごとし」[21]などと本国に報告するはずがない。したがって、東国国司の発遣は改新政府の新施策といってよいが、前述のように、まだ十分な意味の律令的地方官ではなかった。[22]しかし、はじめ造籍と校田をおもな任務とした東国国司は、そののち改新の詔によって班田収授法が制定されると、その八月（大化二年）にふたたび任地に赴くにあたって、班田の実施に着手することを命ぜられ、また地方行政区画を定めるための資料の作成・提出を命ぜられた。この第一次の国司は、やがて東国以外にも派遣され、また数年で第二次の国司と交代し、その第二次の国司は、第一次の国司が作成した資料にもとづき、国郡の区画を定めていったと推測される。なぜならば、『常陸国風土記』にみえる総領の高向大夫らは、第一次東国国司の長官の中にその名がみえないから、第二次の国司だったと考えられ、同風土記によると、かれらは関東を八カ国に分割し、また六四九（大化五）年から六五三（白雉四）年にかけて、旧来の国造領の地を割いて新しい郡（評）をしきりに設置していることが知られるからである。こうして国郡制は全国的に整えられてゆき、おそらく白雉の末年ころには国郡の区画もほぼ定まり、またそのころになって、令制につながる国司制が実施されるに至ったと考えられる。

(20)　坂本太郎『大化改新の研究』二八一―二八五ページ。黛弘道「国司制の成立」（大阪歴史学会編『律令国家の基礎構造』所収）。
(21)　『隋書』東夷伝倭国条。
(22)　本論文の二の1「新政府の発足」参照。

また、戸籍・計帳の作成と班田収授法の実施は、右に述べたように、すでに東国国司によって着手されたが、改新の詔ののち、白雉年間に至って「孝徳紀」白雉三年正月条に班田、同四月条に造籍の記事がみえる。しかし、これらの制がすぐに全国的に一律に実施できたと考えるのはとうてい無理であって、編戸をとおして里制が逐次全国的に整備されてゆくのをまたなければならない。その編戸についても、三十戸一里制から五十戸一里制への変遷過程をめぐって諸説が分かれているが、(23)里制が全国的に確立するのは、おそらく持統朝のころになってのことと思われるから、造籍や班田の制も、やはり確立期はそのころとみるべきであろう。しかし、それ以前から改新の詔に示された制が部分的に実施されたと考えることは差し支えないのであって、白雉三年条の班田・造籍は、問題のある記事ではあるが、そういう部分的実施を示すものと解することもできるのである。

(23) 宮本救「里制の成立について」(『日本歴史』五八号)参照。

それから税制は、田租が大化前代の制がそのまま承け継がれ、それが大化以後かなりのちまで行なわれたのではないかということはまえに述べたが、その他の税目も、改新の詔の第四条に規定するところは、のちの令制と一致するものはあまりなく、多くは大化前代に源を有するものであった。これはおそらく、やはり編戸・造籍をまたなければ、人頭賦課を原則とする律令的税制は実施できないけれども、改新の性格上、それまで待っているわけにはいかなかったため、暫定的に旧制をとってただちに実施しうるようにしたものであろう。したがって、律令的税制の整備はやはり持統朝ころとしなければならないが、この場合にも、里制の整うにしたがって、部分的に新制が実施されていったということは考えうることであって、「孝徳紀」大化二年八月条にみえる男身の調などは、そのようなものとみることもできるであろう。力役については、改新の詔には「旧の賦役を罷めて田の調を行なえ」とあり、唐制の歳役・雑徭のごとき一般的力役はなんら規定していないが、実際には、改新当初からひろく人民を徴発して、中央・地方の力役に駆使していたことが、「孝徳紀」の諸所の記事から推測できる。令制のごとき歳役（庸）・雑徭の制への移行過程は明らかでないが、このような旧来の方式による事実上の力役徴発は、大化以後かなりのちまで行なわれていたのではないかと思われる。

最後に中央官制であるが、これは前述のように最もおくれて政府の方針がきまったのであって、そのことを示すのが、「孝徳紀」大化二年八月条にみえる品部廃止の詔である。品部は部の一種ではあるが、本来朝廷所属の専門技能をもついわゆる職業部と考えられるものであるから、この詔は、私民廃止政策の一環をなすものではなく、品部を基礎として成立している伴造制、すなわち大化前代からの中央の政治組織を根本的に改革しようとしたものと解すべきであろう。詔文で「いま汝等を仕えしむる状は、旧《もと》の職を改め去りて、新たに百官を設け、および位階を著わして、官位をもって叙せむ」と述べていることからみても、これが新しい中央官制を制定するための措置であることは明白である。ところが、世襲職の否定によって、従来からの伝統的地位がまったく失われてしまうのではないかという一般豪族層の危惧は意外に強かったらしく、翌（大化三）年四月に政府はかさねて詔を出し、そのような心配のいらないことを説いて、新制を制定するまでのあいだ、皇子・群臣以下に調・庸を支給することとしたが、その年の暮には皇太子の宮に不審な出火があったりして、一般の不安と動揺はなお去らなかった。しかし中大兄皇子らは、官僚制への全面的な切り換えを強行し、同年中に七色十三階（織・繍・紫・錦・青・黒各大小と建武）の冠位を定め、翌々（大化五）年二月にこれを十九階（織・繍・紫各大小、華・山・乙各大小・上中下と立身）に改めるとともに、国博士の高向玄理と僧旻に八省百官の設置を命じた。

（24）井上光貞『大化改新』第二章。

六四九（大化五）年三月に起こった右大臣蘇我石川麻呂の謀反事件は、その事情に不明な点が少なくないが、あるいはこのような世襲職否定に対する反対の空気とつながりがあったのでないかとも思われる。『日本書紀』によると、事件は阿倍左大臣が死去した一週間後に起こっており、右大臣の異母弟の蘇我日向《ひむか》の讒言を信じた中大兄皇子が、兵を遣わして右大臣を討たせたが、あとで無実ということがわかって後悔したというのである。この前年四月に古冠を廃止したとき、左右大臣だけはなお古冠をつけたということが『日本書紀』にみえるが、この古冠は推古朝の十二階の冠位のそれではなく、別系統のおそらくそれより古くから存した冠であろうという説[25]が当たっているとすると、これは大臣の地位が官僚制的序列の中に組み込まれることに対する消極的抵抗を示すものとすることもできる。そうだとすれば、この時期は中央官制制定の障害が最も当面の問題になっていたのであるから、中大兄皇子が、左大臣死後の好機とばかりに、讒言を容易に信じて、さっそく右大臣を滅ぼしたということも、考えられないことではない。事件の翌月に小紫巨勢徳陀古《とくだこ》（徳太）と小紫大伴長徳（馬飼）が、大紫の冠位に進められて左右大臣に任命されたが、ここに至って明らかに大臣の地位が官僚制の中に組み込まれたということができる。ところで「孝徳紀」大化五年二月条の八省百官設置の記事は、このときに立案を命じたのか、あるいは完成したのか不明で、説が分かれているが、品部制を否定した以上、いつまでも放置すべきことでもないし、孝徳朝の官名として指摘されている将作大匠《たくみのつかさ》（「孝徳紀」白雉元年十月条）、刑部尚書（『続日本紀』和銅元年八月条）、衛部（『続日本紀』養老元年三月条）の三つ[26]のうち、あとの二者の存在は簡単には否定できないであろうから、中央官制がこのときに着手されて、近江朝にようやく完成したとする見解[27]には従いがたい。しかし記事をすなおに読めば、このときに完成したとはとりがたいから、このときに正式に立案を命じて、新左右大臣任命ののち、おそらく年内に新官制が制定されたとみるのが穏当ではないかと思われる。

(25)　黛弘道「冠位十二階考」(『東京大学教養学部人文科学科紀要』一七輯)。
(26)　坂本太郎『大化改新の研究』四二五—四二七ページ。
(27)　津田左右吉「大化改新の研究」(『日本上代史の研究』所収) 一五五ページ。

このようにみてくると、改革の主要な項目は、中央官制の問題が解決された六四九(大化五)年に至って、ほぼすべて決定をみたといってよいであろう。もちろん、そのうちのあるものはすでに実施に移され、あるものは実施にはほど遠いという状態ではあったが、改新政治が、ここではじめて全面的に軌道にのったことは否定できない。翌年二月に、穴戸(長門)国から白い雉が献上されたというので、中国の祥瑞思想によって、わざとらしいほど盛大な祝賀の式典が朝廷で催され、白雉と改元されたが、一般には、これをもって改新当事者たちの安堵の気持の表われとし、その後、ほとんど改革らしい改革がみられなくなるところから、狭義の改新を大化年間に限定する見解[28]がひろくうけ入れられている。もっとも、「孝徳紀」白雉三年条の、断片的な班田と造籍の記事をもって時期を画する見解[29]もあるが、それらの記事を全国的な班田・造籍の実施とみるのは、前述のようにおそらく無理であろうから、やはり狭義の改新は六四九(大化五)年までとみるのが妥当であろう。

(28)　坂本太郎『大化改新の研究』四三〇—四三一ページ。
(29)　北山茂夫『大化の改新』一四六ページ。

4　有間皇子事件と白村江の敗戦

大化末年でほぼ軌道に乗った改新政治は、その後、既定の方針に従って、着実にその実施面を拡充していったと思われる。孝徳朝の後半、白雉年間には、国郡の区画決定もはかどり、編戸・造籍や班田の仕事もしだいに進んでいた。ところが、難波の長柄の豊碕宮がようやく完成した翌六五三（白雉四）年に、中大兄皇子は、孝徳天皇の反対にもかかわらず、急に大和にもどることにきめ、皇極女帝・間人皇后（皇子の妹）をはじめ群臣をひきつれて飛鳥の地に移ってしまった。置き去りにされた天皇は、これを恨んで皇位を去ろうとしたが、翌年さびしく難波の宮で病死した。その結果、翌六五五年に女帝がふたたび即位して斉明天皇となったが、このときすでに僧旻は前々年に病死し、高向玄理も前年に遣唐使となって唐で死去していたから、改新発足時の政府首脳陣で残るところは、中大兄皇子と中臣鎌足だけになっていた。皇子が大和帰還を強行した政治的事情はかならずしも明らかでないが、ただ、さきの難波遷都の理由の中に、改新政府の海外に対する強い関心ということが大きな位置を占めていたとすれば、このたびの帰還は、そういう面がかなり薄らいできていたことを物語るということになるのであろう。

斉明朝に入ってまず目だつのは、六五五（斉明天皇元）年十月に飛鳥の小墾田に新しく瓦ぶきの宮殿を建てようとして、深山広谷におびただしい用材を求めたが、その多くは朽ちてしまったとか、翌年に飛鳥の岡本宮を建てて移り、田身《たむ》（多武）嶺の頂上に高殿を建てて垣をめぐらしたとか、香山《かぐやま》の西から石上《いそのかみ》山まで渠《みぞ》を掘らせ、舟二百隻で石上山の石を宮の東の山まで運ばせて石の垣を築かせたが、渠に三万余、垣に七万余の人夫の力を浪費して、世人の非難をうけたとかいうように、皇室の私的な目的のために、つぎつぎに大工事を行なったことである。これは、中大兄皇子の政治が専制的な傾向をあらわにしはじめたことを示すものであり、おそらくそれに対する一般の反感も強まりはじめたと思われるが、やがて有間皇子の事件が起こった。

有間皇子は孝徳天皇の長子で、まさに成年に達しようとしていたから、中大兄皇子に最も警戒される立場にあり、そのためか狂人を装っていたともいうが、六五八（斉明天皇四）年十一月、天皇・皇太子らが紀伊の牟婁《むろ》の温泉に行っている間に、謀反を企てたというかどで捕えられ、紀伊に送られて藤白《ふじしろ》の坂で殺された。飛鳥の京の留守官であった蘇我赤兄が、皇子に謀反をすすめておいて、その夜に、人を遣わして皇子を捕えさせたというのであって、明らかに皇子は謀略によって陥れられたのであるが、赤兄が皇子に説くときに、「天皇の治むる所の政事に三失あり。大いに倉庫を起てて民の財を積聚するは一なり。長く渠水を穿ちて、公糧を損費するは二なり。舟に石を載せ、運び積みて丘をつくるは三なり」といったと『日本書紀』が述べているところからみると、この事件は、天皇・皇太子らの専横に対する反感という、一般的情勢を背景として起こったものであることがわかる。

なお、ちょうどこの時期に、有名な阿倍比羅夫の蝦夷討伐が行なわれているが、これと中央の政情とのつながりは明らかでない。これまで日本海側では、渟足柵（六四七年）と磐舟柵（六四八年）が置かれており、比羅夫は越国守《こしのくにのかみ》として舟軍約二百隻を率い、沿岸づたいにさらに北上して、六五八（斉明天皇四）年ころに秋田・能代地方まで進み、また翌々年ころにその地方の蝦夷を手引きにして、粛慎《みしはせ》を討っている。これを、中央の人々の関心をそとに向けさせるために行なわれたとする見かたもあるが[30]、そういう様子はあまりうかがわれない。また、有間皇子を簡単に除くために阿倍氏の武力を遠ざけたという見かたもあるが[31]、これもやや穿ちすぎというべきであろう。改新政治の発展とみるのも時期的にやや早すぎるから、やはりこれは、『日本書紀』に粛慎と書かれたおそらく沿海州あたりの住民が蝦夷の地に侵攻してきたのに対する、一時的な軍事行動とする見解[32]が当たっているのではないかと思われる。

(30)　北山茂夫『大化の改新』一五七ページ。
(31)　川崎庸之『天武天皇』（岩波新書）五四―五五ページ。

(32) 坂本太郎「日本書紀と蝦夷」(古代史談話会編『蝦夷』所収)。

それはともかく、改新当事者たちが、いちおうの成果を収めたのち、大化年間のごとき緊張した気分を著しく弛めてきていたことは確かであろう。対外関心の希薄化、大造営工事の連続などは、その表われであるが、しかし、斉明朝の末年に至って、かれらはふたたび緊迫した海外情勢に対処しなければならないことになった。すなわち百済の滅亡がそれである。

朝鮮では、六四二(皇極天皇元)年に百済が任那の旧地の大半を新羅の手から奪っていたが、改新政府は、はじめは新羅・百済の任那侵略の事実を黙認し、その代わりに「任那の調」という名目の貢物を進上させるという前代からの方針を継承し、百済に「任那の調」を課した。しかし、六四六(大化二)年九月に高向玄理を新羅に遣わして交渉の結果、新羅から人質を送らせる代わりに、「任那の調」を廃止して百済の任那領有権をも否認することにした(33)。これは、新羅をその苦境につけ込んで日本に強く引きつけ、任那の旧地をめぐる百済と新羅の争いを巧みに利用して任那の回復をはかろうとする積極的な外交政策への転換とみることができるが、しかし、そののち朝廷が国内改革の進捗を待つあいだに、朝鮮の情勢は意外に進展した。すなわち、翌年人質として来朝した新羅の宰相の金春秋(のちの太宗武烈王)は、百済・高句麗に対抗するための軍事援助を朝廷に求めて交渉が不調に終わると、その翌六四八(大化四)年には唐に赴いて、これと親交を結び、唐と同盟して百済・高句麗を攻撃するという方向をとりはじめたのである。朝廷は、唐との直接交渉によってこの動きを牽制しようとし、六五三(白雉四)・五四・五九(斉明天皇五)年の三回にわたって遣唐使を派遣したが、成果があがらず、最後の遣使のときには、唐はすでに東征の準備に入っていて、日本の使節は、そのまま東征が終わるまで長安に抑留されてしまった。こうして六六〇(斉明天皇六)年七月に、唐将蘇定方の率いる水軍と新羅の武烈王（金春秋）の軍は、ついに百済を挟撃して王城を陥れ、義慈王をはじめ王族・高官を捕えて、百済の領土を占領したのである。

（33）　末松保和『任那興亡史』第八章。

朝廷は、百済旧領で残兵を集めて抵抗をつづける鬼室福信・余自信らが救援を求めてくると、これに応じて出兵することとし、大規模な動員の準備にとりかかり、翌六六一（斉明天皇七）年には、天皇・皇太子以下が筑紫に赴いた。同年に天皇が筑紫の朝倉宮で死んだのちも、中大兄皇子は博多湾岸の長津宮を大本営として作戦指揮を続け、翌年大軍を朝鮮に送り、また人質として日本に来ていた義慈王の弟の豊璋を本国に送って百済王とした。このような百済救援策は、改新運動がもともと、海外情勢に対処して急速に国力を集中発揮する必要から行なわれたという面が大きい以上、朝廷としては当然の処置であって、中大兄皇子が外征によって反対勢力の鋒先をそらそうとしたというようなことは、あまり考える必要がないであろう。少なくとも百済を救援するということにかんするかぎりは、朝廷内部にたいして異論があったとは思われない。ところが六六三（天智天皇二）年に入り、百済側に内訌が起こって、鬼室福信は豊璋に殺され、その年の八月に、日本の水軍は劉仁軌らの率いる唐の水軍と白村江（錦江河口）上に決戦して、潰滅的な打撃をうけた。『旧唐書』劉仁軌伝には、「仁軌、倭兵に白江の口に遇い、四たび戦いて捷《か》ち、その舟四百艘を焚く。煙焔天に漲《みなぎ》り、海水みな赤し」とある。この敗戦の結果、豊璋は高句麗にのがれ、日本軍は余自信をはじめ多くの百済人を伴なって本国に引き上げ、ここに朝廷は、朝鮮における権益を完全に失うことになったのである。(34)

（34）　百済滅亡をめぐる朝鮮の諸事情については、池内宏「百済滅亡後の動乱及び唐・羅・日三国の関係」（『満鮮地理歴史研究報告』第一四所収）にくわしい考証がある。

この敗戦の国内的影響については、これによって反改新勢力の不満が高まり、改新政治はそれに対して妥協的態度をとらざるをえなくなったという推測が、かなりひろくおこなわれている。(35) たしかに中大兄皇子の専制的傾向に対する不満が、この機に強まったということは、十分ありうることであるが、しかし、そのような動きを、すぐに反改新的なものとするのは問題であろう。なぜならば、中央における反改新勢力なるものの実体は、今まで見てきたように、実際に史料の上にほとんどうかがわれないし、敗戦によって重大な対外危機に直面した際に、急速な権力集中のコースを捨てて、私地私民制にもどろうとする動きが強まるということは、常識的にも考えにくいことだからである。

(35) その代表的なものは、井上光貞『大化改新』一五九ページ。

5 近江遷都

中大兄皇子は斉明天皇の死後、称制という形でそのあとを継いだが、百済救援に失敗して大和にもどってからも、約四年のあいだ正式に即位しなかった。これについては、改新に対する不満がこの機に表面化するのを避けるためとする見かたがあるが、前節に述べたように、それはあまり賛成できない。一般の反感を顧慮したということはあったかもしれないが、しかし最大の理由は、やはり戦後の対策に忙しかったためとみるべきであろう。

その戦後対策のおもなものは、いうまでもなく、一つは海外防備であって、いまにも唐・新羅の侵攻があるのではないかと恐れられた当時としては、最も緊急を要する仕事であった。敗戦の翌六六四(天智天皇三)年には、対馬・壱岐・筑紫などに防人《さきもり》と烽《とぶひ》が置かれ、筑紫には水城《みずき》も築かれた。また翌年には、百済亡命者の知識・技能によって、長門の城と筑紫の大野・椽《き》の二城が築かれた。六六七(天智天皇六)年にも、大和の高安城、讃岐の屋島城、対馬の金田城が築かれた。大宰府の組織も、この時期に強化されたと思われる。しかし、この切迫した脅威はまもなく除かれた。百済の旧領を占領した唐は、熊津《ゆうしん》都督府をおいてこれを治めたが、新羅は百済滅亡直後から唐人を追い出す画策をつづけ、唐はそれに対抗する必要上、日本との急速な国交回復を望み、六六五年には唐の使節が来朝して、復交が実現したからである。新羅もまた同様に復交を望み、六六八（天智天皇七）年に進調使を日本に送っており、六七一年には百済旧領をあわせて、その目的を達した。(36)

（36）池内宏「百済滅亡後の動乱及び唐・羅・日三国の関係」（『満鮮地理歴史研究報告』第一四所収）参照。

これに対して、もう一つのおもな対策は、内政の強化であって、これは当然、国力の集中発揮をねらう改新政治の促進ということになる。改新の運動が中央勢力全体の力によって、中央への権力集中をめざして進められてきたとみられる以上、ここで逆に改新政治が後退するということは、考えられることではない。六六四年には十九階の冠位の下級をさらに細分して二十六階（織・縫・紫各大小、錦・山・乙各大小・上中下および大建・小建）とし、諸氏の氏上を定め、民部・家部を支給しており、六七〇年に至って、後世の戸籍作成の基準とされた庚午年籍が造られ、その翌年には太政大臣・左右大臣・御史大夫（納言）の官がおかれた。このうち下級冠位の細分は、中央機構の拡大・分化に対応するものであり、氏上の決定は、諸氏の伝統的地位と政治的特権とを官僚制の基礎的前提とするわが律令制のたてまえからすれば、当然の政策であって、とくにこれを抑圧的な氏族統制策とするのは当たらないし、逆に氏族優遇策とする理由もない。また、最も問題視される民部・家部の設置は、一般には部民制の復活であって、天智朝の反動化を示すものとされているが、(37)この時期の反動化ということは、上述のようにあまり可能性がないし、民部・家部なるものが大化前代のごとき完全な私民かどうかは疑問である。これを未掌握の私民をあらたに政府が掌握したものとみる解釈[38]もあるが、やはりこれは使役という点で特定の氏に隷属させられる一種の公民とみる見解[39]が穏当なところであって、官僚制の整備に伴なう待遇策の一つとみるべきであろう。[40]なお、近江令二十二巻なるものがこの朝で制定されたということが通説となっているが、否定説も出されている。[41]否定の根拠も十分ではないが、存在説の基礎もじつは意外に薄弱で、近江令の名ははるか後世の『弘仁格式序』にはじめてみえるにすぎないから、どちらとも決しがたいというほかはないが、『大織冠伝』に鎌足が律令の刊定を命じられて、ほぼ条例をつくったとあるところからみると、この時期にはなんらかの形の法制がまとめられたことは推測できる。

(37) この点を最初に指摘したのは、和辻哲郎「人倫的国家の理想とその伝統」(岩波講座『倫理学』第六巻所収)。
(38) 北村文治「改新後の部民対策に関する試論」(『北大文学部紀要』六所収)。
(39) 津田左右吉「上代の部の研究」(『日本上代史の研究』所収)第四章。
(40) 関晃「天智朝の民部・家部について」(『山梨大学学芸学部研究報告』八号所収——著作集第二巻第四部第十一章)。
(41) 青木和夫「浄御原令と古代官僚制」(『古代学』三巻二号所収)。

とにかく天智朝の政治を通観するならば、改新政治がふたたび活発化したことは否定できないであろう。それは当時の国際情勢のもとでは、当然のことだったといえる。ことに称制のあいだは、中央勢力全体の意向もその点で一致していたであろうし、中大兄皇子も、一般の反感を招いて不要な摩擦をおこさないように配慮するところもあったであろう。右の氏上の決定や民部・家部設定の政策には、そういう配慮をうかがうこともできる。しかしその際にも、皇子の専制的性格から考えれば、諸氏の意向をまとめたうえでというよりは、みずから先登に立って、かなり強引にひっぱってゆくというやり方で諸施策を進めていったのではないかと思われる。そして六六五(天智天皇四)年ころから海外の脅威が薄らいでくると、皇子の専制的な面がふたたびあらわになり、一般の不満と反感を呼び起こすようになったと考えられるのであって、そのことを示す最初の事実が近江遷都である。

中大兄皇子すなわち天智天皇は、六年間の称制ののち、六六七年に都を近江の大津に移し、翌年、ここで即位した。この遷都については、海外からの侵攻に備えるためという見かたもあるようであるが、情勢が緩和してからのことであるから、それはうなずけない。したがって、人心の一新というような一般的理由以外に、とくにこのとき近江が選ばれた理由を指摘することはむつかしいが、近江は畿外である。畿内の地域は改新の詔の第二条にその範囲が規定されているが、中央勢力の居住地としてのその由来は、大和朝廷の形成とともに古いのであって、歴代の皇居は、伝説的時代を除けば、ほとんど畿外に出ることはなかった。中国の制はそのときの京師の位置を中心にして、その周囲の一定地域を畿内としたものであるが、わが国の畿内は、都の位置が移動しても、たとい畿外に出ても、その範囲が変化する性質のものではなかった。[42]したがって、この畿内を離れて近江遷都を強行したことは、天皇の中央勢力全体の立場を軽視する専制君主的な態度を示すものであって、諸豪族がこのためにますます反感を強めたことは、種々の点から明らかにうかがわれる。

(42)　関晃「畿内制の成立」(『山梨大学学芸学部研究報告』五号――著作集第二巻第四部第六章)。本章第二節参照。

天皇と皇太弟の大海人皇子との間が疎隔しはじめたのも、おそらくこのころからであろう。皇子は天皇の同母弟でもあり、人物が豪邁で抱擁力があって、一般の人望が厚かったらしい。百済救援にあたっては天皇とともに筑紫に赴いており、称制時代の諸施策にも明らかに協力しているが、『大織冠伝』によると、近江遷都後まもなくのころ、浜楼における酒宴の席で、皇子がとつぜん長槍をもって板敷きを刺し貫いたので、天皇がおおいに怒って、とらえて殺そうとしたという。これはその時期からいっても、単なる個人的な感情の衝突とみるよりは、中央勢力全体の立場をより尊重する皇子が、専制的色彩をいよいよ濃くする天皇と、このころからはっきり反目するようになったことを示すとみるべきであろう。このような近江朝政治の傾向は、その後ますます強まり、天皇の晩年に至って、大友皇子を中心とするごく少数の有力豪族の専制的権力グループが形成されるわけであるが、六六九（天智天皇八）年十月に中臣鎌足が世を去るまでは、それでもまだ政府の信望はわずかに保たれていた。

鎌足は死に臨んで、天皇から特別に大臣の身分と大織冠の位と藤原の新姓を与えられており、ふつうその政治的立場において、天皇と終始一身同体だったとみられているようであるが、簡単にそうはいいきれないであろう。そもそも改新の根本的性格を政治変革と規定することは、現在一般に認められているところであって、その変革の眼目は、さきにもみたとおり、急速な権力集中のために一挙に公地公民制を実現する点にあった。そしてそのような急激な変革を可能にしたのは、五世紀以来蓄えられてきた中央勢力全体の力であり、変革の結果、全国の土地・人民を直接に支配する中央政府を構成し、国政の運営にあたることになったのも、中央勢力全体であった。鎌足がこのような根本のねらいをはじめから持っていたことは、すでに指摘したとおりである。これに対して天皇独自の権力的基礎は、大化直前まで実質的にほとんど伸張の傾向を示しておらず、クーデタのような方法で権力を握っても、独自の力で中央勢力を抑圧しながら大改革を遂行する条件はなかった。(43) ただ、畿内という一部の勢力が全国に対する直接支配を早急に確立し、それを維持してゆくためには、天皇の権威を高め、これを中心に結束することが必要でもあり、また最も効果的な手段でもあった。当時の人々およびのちの律令貴族階級の主観的な意識はべつとして、改新によって天皇制が確立されたことの客観的な意味はそういうところにあったと考えるべきであって、天皇権力の絶対化を改新の根本目的に据えるのは、単純な天皇中心史観にすぎない。しかし、現実に指導権を握った中大兄皇子、すなわち天智天皇は、いままでみてきたように、しだいに専制君主化していった。ここに鎌足と天皇との無視すべからざる相違点があったとみてよいであろう。

(43)　関晃「大化改新と天皇権力」(『歴史学研究』二二八号――著作集第二巻第四部第二章) 参照。

鎌足の政治上の動きは、大化のクーデタ以後は、ほとんど史料の表面には現われていない。しかしおそらくかれは、陽には天皇と密接に提携し、その権威と実行力とを利用しながら、陰には中央勢力全体の立場を確立する方向にたくみに改新政治の舵をとっていたと考えられるのであって、それだけに、最後まで豪族層の信望を政府につなぎとめる存在となっていたと思われる。したがってかれの死は、近江朝廷の崩壊を阻止する最後の要因がとり除かれたことを意味するのであり、やがて翌々六七一 (天智天皇十) 年十二月、天皇が病死するとともに、壬申の大乱の前夜に入ることになるのである。

(『岩波講座日本歴史』二、昭和三十七年)

付編

一　大化改新

大化年間（六四五—四九）に朝廷で行われた一大政治改革。

〔概念と範囲〕　従来大化改新を蘇我氏権力の打倒とそれに続く律令国家建設の事業と規定し、その改革の速度が白雉元年（六五〇）以後急に弱まったとみられるところから、狭義の改新を大化元年（皇極天皇四）六月の権力奪取のクーデターから同五年の終りころまでとし、広義の改新を大宝元年（七〇一）の『大宝律令』の完成までとする坂本太郎説が有力であった。しかし大化改新という語は、年号を冠していることからも知られるようにもともと事件名で、比較的短期間に起った諸事実を総括する名称として成立した歴史用語であり、また大化当時目指したところと大宝年間に到達したところとは、必ずしも同一とは限らず、その間に紆余曲折があったことも明らかであるから、明治維新の語に近代国家建設の過程全体を含ませないと同様に、改新もその範囲を大化年間の五年間に限定して広狭の別を立てず、その内容も蘇我氏権力の打倒とそれに続く律令国家建設のための新しい態勢の確立というように規定するのが妥当であろう。

〔原因と目的〕　律令国家の建設とは、私地私民制と世襲職制に基づく旧来の氏姓制度を否定し、隋・唐の律令制度を採用して、公地公民制と官僚制に基づく高度の中央集権体制を実現することであるが、なぜそのようなことを目指す大改革が行われたかについて、第二次世界大戦前にはこれを中国文物制度の摂取とする文化史的理解、皇権回復運動とする権力争奪史的理解、氏姓制度の矛盾・弊害の克服とする社会経済史的理解、およびそれらの複合的見解などが提示されていたが、前二者では私地私民制の否定という根本的な大改革までを必要とした理由が説明できず、後者の社会的矛盾・弊害というのも、結果論的な推測でほとんど具体性がない。これに対して戦後は主として歴史的必然性という点からこの問題が考察され、わが国でも六世紀に入ったころからすでに律令制の萌芽が現われてきていて、それらの成長が必然的に律令国家を生み出したとする見解、日本の古代社会は中国と全く同質のいわゆるアジア的専制君主制が成立すべき社会で、律令支配体制はその必然的な到達点にほかならないとする見解、またこれと反対に大和国家の政治体制はむしろ貴族制的性格が強かったが、隋・唐大帝国の出現とその武力的脅威によって生じた朝鮮半島を中心とする国際的緊迫状況の中で、これに対応して急速に国力を集中発揮できる態勢を整える必要から律令制度を採用することになったとする見解、大和国家の貴族制的性格というのは、具体的には中央（畿内）貴族勢力全体の力による地方勢力の制圧ということであり、そのような全国支配体制をより決定的なものにするために律令制度の採用が行われたとする見解、およびそれらのいくつかを複合した見解が提出されている。そのうち六世紀以来の律令制の萌芽として指摘された事実は、実はむしろ氏姓制度の発展の姿として捉えるのが妥当なものばかりであり、また日本の古代社会が本質的に専制君主制が成立すべき社会だったということは、自明のことでも事実に基づく論証を経たことでもない。天皇権力は五世紀後半以降常に下降線を辿ってきており、律令国家になっても実質的にはそれほど強化されたわけではなく、それ以前にくらべて天皇と中央貴族の間よりは、中央貴族と地方豪族の間の距離のほうが遥かに開いたといってよい。社会発展の進度が中国より遥かに後れていた日本が、この時期に隋・唐と同様の律令体制を成立させるべき段階におのずから到達したと考えることは、もともと大きな無理がある。したがってもし律令制度採用の理由を国内事情にのみ求めるならば、それはやはり大和国家の成立以来着々と経済的、文化的実力を蓄えてきた中央勢力が、これによってその全国支配の体制を最終的に確立しようとしたものということになる。ただしこれは問題を国内事情に限った場合のことで、これで律令制度採用の理由がすべて説明されるわけではない。氏姓制度の支配体制はそれが発展すれば、やがてはその基礎である私地私民制と世襲職制が必然的に否定される性質のものだったということは、何も根拠のあることではなく、大化直前のころにも氏姓制度がさらに発展する余地は十分に存在していたといってよい。大和国家の中央勢力がその全国支配を最終的に確立しようとした場合に、律令制度の採用は確かに一つの有効な方途だったかもしれないが、それがはたして与えられた唯一の途だったかどうかは疑問で、律令制度の採用はむしろそれまでとは根本的に異質な新しい方向にむかって、急激にその体制を切り換えたことを意味するとみたほうがよい。そしてそのような急激な体制の転換を必要とした理由としては、当時の東アジアにおける国際情勢の緊迫ということが当然考えられてくるが、その場合にこの国際情勢への対応と全国支配権の最終的確立と、そのどちらがより根本的な理由だったかということになれば、異質な方向への急激な転換という点からして、やはり前者の国際事情のほうがより根本的だったとみるべきであろう。なおその場合に、それでは朝廷の人々の一般的空気が律令制度採用の方向に転換するに至った時期はいつごろだったかが問題になるが、大まかにはまず蘇我氏権力の最盛期だった推古朝よりは後と考えるのが自然である。一般には推古朝の政治を聖徳太子のそれとして捉え、これを改新の先駆とする見方が戦前から広く行われているが、推古朝政治の中に明らかに律令体制を目指したとみられる要素を指摘することは実はかなり困難である。したがってその時期は、律令制度の全体系についての知識がかなり詳しい形で伝えられるようになってからのちで、僧旻以下の遣隋留学生や学問僧がつぎつぎに帰国するようになった舒明朝以後ということになる。しかもこれほど思い切った急激な改革であるから、よほど海外情勢が切迫してからだったとすると、それは唐の太宗がいよいよ高句麗大遠征を決意し、その軍事的脅威が直接に感じられるに至った皇極天皇二年（六四三）の冬のころに、蘇我入鹿による山背大兄王討滅事件などが一つのきっかけとなって、朝廷全体の空気が急速に転回したという可能性が大きいが、いずれにしてもその時期は上述の理由からいくら早くみても推古朝末年まではさかのぼらないであろう。

〔前史〕　大化のクーデター以前に改新への動きとして史料上に現われる事実は、そのほとんどが中臣（藤原）鎌足の行動を中心としたもので、かれが宗業を継いで朝廷の祭官の地位に就くことを辞退し、病と称して摂津の三島に引退したこと、その後皇極女帝の弟の軽皇子（孝徳天皇）の宮を訪れて厚遇されたこと、さらに皇族中の人材を求めて舒明天皇の皇子で皇極女帝を母とする中大兄皇子（天智天皇）に接近し、南淵請安のもとに学ぶ往還の途上で蘇我氏打倒の謀議をしたこと、蘇我石川麻呂の娘を中大兄皇子の妃に納れるように取り計らい、その結果麻呂が謀議に参加したこと、門部《かどべ》の佐伯子麻呂らを仲間に引き入れたこと、そのあと皇極天皇四年の六月に入って、蘇我入鹿を宮廷で斬る相談をしたことなどが知られる。『日本書紀』ではこのうち麻呂の参加までを全部まとめて同三年正月元日条に係けているが、実際には『大織冠伝』に従って三島引退は舒明朝の初年、軽皇子訪問と中大兄皇子への接近は皇極朝で、同二年冬の山背大兄王滅亡事件以前とすべきであろう。皇極紀の記事からすると、これらはすべて鎌足と中大兄皇子を中心とするごく少数の人々の間で秘密裡に進められたことで、朝廷全体の空気が大きく転回していった事実は、まだほとんど表面化してはいなかったとみられる。

〔第一段階〕『日本書紀』その他によると、まず権力奪取のクーデターは、大化元年六月十二日に飛鳥の板蓋宮における三韓進調の儀式の場で行われ、中大兄皇子・中臣鎌足らが蘇我入鹿の不意を襲ってこれを斬った。これはまさに唐の高句麗大遠征軍が遼東の安市城を包囲攻撃中という緊迫した情勢のときであった。そのあと皇子らが飛鳥寺に軍陣を構えると、皇族以下、中央・地方の諸氏族の人々が悉くこれに従ったため、入鹿の父の大臣蘇我蝦夷は翌十三日に孤立無援の中に滅んだ。これは改新の推進主体が朝廷を構成する中央勢力全体であったことを物語るものである。したがってこれに続く新政府の発足が順調に行われたのは当然であって、翌十四日に早くも孝徳天皇（軽皇子）が即位し、中大兄皇子がその皇太子となり、阿倍内麻呂と蘇我石川麻呂が左右の大臣に、中臣鎌足が内臣に、僧旻と高向玄理が国博士に任命されて、政府の新陣容が決定した。おそらくこのとき朝廷の政治組織を大きく改めることは行われず、全体の構造としては旧来の世襲職に基づく伴造・品部制がそのまま存続し、その最高責任者であった大臣・大連にあたるものとして、左右大臣が公式の政府首班とされたものとみられるが、以前から中央氏族層の中心的存在だった阿倍内麻呂と蘇我石川麻呂がこれに就任したことは、これまた中央氏族層が全体として決して反改新的存在ではなかったことを明瞭に物語るものである。また内臣の性格は明確ではないが、おそらく新制度の立案にあたる国博士を指揮して、改新政策を推進することを任務とするもので、したがってここで成立した新政府は、左右大臣を頂点とする政務執行機関と内臣の指導する政策立案機関の二系列が並立し、皇太子がその両者を統轄するという体制だったとみられる。そして同十九日には天皇・皇祖母尊（皇極）・皇太子が飛鳥寺の西の大槻樹の下に群臣らを集めてともに誓盟を行い、年号を建てて大化としたことが知られる。このうち前者は孝徳紀に掲げてある誓盟文によれば、その主旨は朝廷の全員が君主の権威を改めて確認するとともに、君臣ともに心を合わせて誠実に政務に携わるべきことを天神地祇に誓ったものであって、改新の基本的性格を考える上できわめて興味深いものであり、後者の大化建元はふつうこれがわが国の公式年号のはじめとされているが、新政府がはじめから大改革を意図して大きな意気込みをもって出発したことを物語るものである。以上が蘇我氏権力の打倒と新政権の成立で、これを改新の第一段階とすることができる。

〔第二段階〕　新政府は翌七月に入ると、まず六月に行う予定だった三韓進調の儀式を行い、高句麗・百済・新羅三国の使者に対して外交方針を宣明したのち、蘇我右大臣の「先ず神祇を祭鎮して、然る後に政事を議すべし」との意見に基づき、尾張と美濃に使者に遣わして供神の幣を課し、八月には東国国司を任命・派遣するとともに、朝廷に鍾《かね》と匱《ひつ》を置いて、広く一般の人々の訴えを聞くこととし、同時に男女の法を定め、さらに仏教界に対する政府の方針と僧尼監督官の任命のことを述べた詔を出している。また九月には諸国に使者を遣わして武器を集めさせ、ついで吉野に引退していた古人皇子を謀反のかどで討滅したのち、民の元数《おおかず》を録する使者を諸国に遣し、その際に私地私民の獲得行為の停止を命じた詔を出しており、やがて十二月になって都を大和の飛鳥から難波の長柄豊碕宮に遷した。これらのうち外交方針を示した詔には、唐・新羅に対抗して高句麗を支持する路線を堅持することと、百済に対してこの路線への協力を要求する旨とが述べられており、東国国司は東国（三関以東）の全域を八地域に分けて派遣されたもので、のちの令制の国の数ヵ国に跨る広域支配の地方官であり、長官・次官・主典（あるいは判官）の三等官で構成された律令的な官制のものであるが、この第一次の東国国司は造籍・校田と武器の収公を主たる任務としているから、その任命は改革の準備作業のための措置とみることができる。なおこの東国国司はやがて西国方面にも派遣されたと推測されるが、その主要なポストがみな旧来の中央有力氏族の人々によって占められていることは、これまたかれらが一般に反改新勢力ではなかったことを物語っている。また鍾匱の制と男女の法のうち、前者は大改革にあたって当然予想される各種の摩擦と混乱を避けるためにとられた一種の投書による訴訟制度であり、その訴訟を処理する手続が従来の大夫合議体やのちの太政官会議による最高政務決定の方式とほとんど同じであることが注目され、後者はよく説かれるような婚姻法あるいは賤民制の規定ではなく、生まれた男女の所属関係を決定するための基準を示したものので、これまた争訟問題を処理するための措置とみることができる。古人皇子の事件は反改新勢力を糾合した一大運動とする説もあったが、事件の規模はきわめて小さく、謀反の事実がどれだけあったかも疑わしく、当時改新の進行を阻害するそれほど大きな政治的条件が存在したとは考えられない。このようにみると大化元年の後半は大改革の準備的作業が順調に進められた時期で、これを改新の第二段階とすることができる。

〔第三段階〕 翌大化二年に入ると、いよいよ新政府は実際に大改革を進める段階に入り、正月元日に難波の新都で有名な「改新の詔」を宣布した。『日本書紀』の孝徳紀によると、その詔は全文が四ヵ条で各条はみな主文と数項の副文から成り、副文は主文に対する補足説明あるいは細目規定ともいうべきもので、すべて十四項を数える。この詔文は文章が漢文として整いすぎ、内容も大化当初の制度としては整いすぎた感があり、さらに副文の多くがのちの大宝・養老などの令の条文ときわめて類似していることなどから、昭和初年に津田左右吉はこれに徹底的な史料批判を加え、第二条以下の副文はすべて『日本書紀』の撰者が『近江令』の条文を転載したものとし、これに対して坂本太郎が全面的に反論を加えたが、昭和二十七年(一九五二)ころから井上光貞が津田の論点の一つであったいわゆる郡評問題をとり上げ、これによって詔文の信憑性否定論を再び展開した。しかし今日ではこの問題も否定論の決め手と

はなしがたいとみられるに至っている。したがってこの詔文は文章の修飾はかなり加わっているとしても、その大筋はほぼ当時の内容を伝えているものとみてよいとすると、その第一条では子代《こしろ》の民と諸処の屯倉《みやけ》、部曲《かき》の民と諸処の田荘《たどころ》などの私地・私民を廃止して、その代りに大夫以上には食封を、以下の官人・百姓には布帛を与えること、第二条では京師を修め、畿内・国司・郡司以下の地方行政制度、海外・辺境防備施設、全国的交通連絡機関などを設けること、第三条では籍帳制度と班田制度を採用すること、第四条では田の調、戸別の調以下の詳細な統一的税制を実施することを述べており、全体としてきわめて体系的な律令的国家制度を示している。そのためにこの詔をもって改革全体の大綱をあらかじめ示したものとする見方も行われてきたが、実際には全文が具体的な事項の廃止と制定を述べており、のちに具体化の事実が別に指摘できるというものはほとんどない。またその内容はきわめて体系的であるが、しかしそこには律令制度の不可欠の要素である中央官制や官人制度などのような官僚制関係の諸制度が完全に欠落しており、そのことがのちに大化二年八月のいわゆる品部廃止の詔に至ってはじめて世襲職制廃止の方針が打ち出されたこととまさに照応している。この事実は詔文が単なる後世の造作ではないことを示す一つの有力な証左であるが、それとともに改新の当初から全国的地方行政制度を含む公地公民制関係の諸政策のほうが先行し、官僚制関係の諸政策が後れて決定されるという跛行的な形で出発したことを示している。孝徳紀にみえるこの詔以後の諸詔は、みなこの詔に対して従属的地位にあるものではないが、その中の大化二年三月までのものは、すべてこの詔と同じく公地公民制関係のものである。すなわち同月十九日の東国国司に対する長文の詔末尾にみえる官司処々の屯田なるものの廃止は、従来の世襲職制のもとで諸氏族がそれぞれの職務を遂行するに必要な財源として、朝廷が公的に設定していた土地の廃止とみられ、またその翌日の皇太子の奏請による子代入部《いるべ》・御名入部とその屯倉なるものの廃止は、もとはある特定の皇族のために公的に設定されたもので、その一部は現在では諸氏族の手に相続されているものもあるような特殊な土地・人民の廃止とみられるもので、決して改新の詔第一条の一般的な私地・私民の廃止が困難だったために、皇太子が率先して自己所有の私地・私民を返還したというようなことではない。また翌々二十二日の長文の詔は、そのはじめに俗に薄葬令と呼ばれ、実は従来の私葬制に代わる公葬制を規定したものとみられる新しい葬制を掲げ、そのあとに当時の種々の迷信的習俗の禁止を述べ、終りに市司と要路津済の渡子《わたしもり》の調賦なるものを廃して、その代りに田地を与えることと、畿内と四方国に勧農の使者を派遣することを述べているが、これらは無関係の事項をただ雑然と並べているわけではなく、みな私民制が原則として否定され、全国民がすべて政府の直接の支配の対象となることになった結果、政府にとって新たに何らかの措置が必要となった事項ばかりである。この時点で政府は公地公民化に必要な当面の措置はほぼとり終えたと考えていたとみられるので、ここまでを改新の第三段階とすることができる。

〔第四段階〕　政府はその後、大化二年八月と翌三年四月に品部廃止の詔と呼ばれてきた前後二つの詔を出しているが、前詔は世襲職制の基礎構造である品部（職業部と御名代の部）の設置が生んだ弊害というものをあげて、これを廃止すべきことを説いたのちに、旧職を廃して百官を設け、位階を著わして廷臣たちに官位を授ける方針であることを述べているから、明らかにこれは世襲職制の廃止と官僚制の採用を宣言したものとみられる。また後詔は前詔と同様に品部設置の弊害を説いたのちに、新しい制度を定めるまでの間、人々に庸・調の物を支給すべきことを述べているから、これは官人制度が整うまでの間の暫定的な待遇制度を定めたものとみられる。したがってこの両詔は、政府がここに至ってはじめて官僚制関係の諸改革に着手したことを示すものといってよいが、両詔の内容からすると、世襲職制の根本的否定を必要とする理由の説明ははなはだ説得性に欠けており、しかも再度にわたってその説得に努めているところからすると、当時の朝廷には世襲職制の根本的否定についてはかなり強い抵抗があり、これを強行すれば広汎な反撥が起る可能性が大きかったことが推測される。政府が大化三年に十三階の冠位を定めて、翌四年四月にこれを実施に移したとき、左右大臣が依然として古冠を著けたというのは、当時左右大臣が世襲職制の根本的否定に反対する空気の中心にあり、急進的な官僚制採用の路線に対する抵抗の意志を示したものとみることができる。これに対して政府が翌五年二月に冠位を改定して十九階とし、さらに同月国博士の高向玄理と僧旻に命じて八省百官を置かせているのは、中大兄皇子らが急進的路線を強行しようとしたことを物語るものとみうるから、その結果として大化五年の初めころには政情がかなり緊迫していたと推測されるが、同年三月に阿倍左大臣が難波で病死すると、皇子はその好機を逃がさず、讒言を利用してその一週間後に蘇我右大臣を攻め滅ぼし、翌四月に巨勢徳陀古と大伴長徳を左右大臣に任命して難局を乗り切った。翌六年（白雉元）に入ると、政府は穴戸（長門）の国から献上した白雉を祥瑞としてとり上げ、その二月に改新政治を謳歌する盛大な祝典を行い、天下に大赦して年号を白雉と改めており、それ以後急に改革の記事が孝徳紀に現われなくなるので、おそらく右のような過程を経て、大化五年の末ころまでには八省百官すなわち最初の素朴な律令的中央官制が定められ、その時点で官僚制への切り換えに必要な措置も一おうとり終えたと当時の人々によって考えられたのではないかと推測される。したがって以上を改新の第四段階（最終段階）とすることができる。

〔後史〕　白雉改元以後、孝徳朝では難波の長柄豊碕宮の造営が進み、白雉三年九月に宮殿が完成したこと、同四年五月と五年二月に重ねて遣唐使を派遣したことが知られるほかは、改革に関することとして、同三年正月の班田が終ったという記事と同年四月の戸籍を造ったという記事が孝徳紀にみえるだけであるが、この両者は記事自体に問題があるわけでなく、その内容がかりに事実だったとしても、ともに改新の詔の部分的実施ともいうべきものにすぎず、新しい政策を打ち出したものではない。そして同四年に至って中大兄皇子が天皇一人を難波に置き去りにしたまま、皇極上皇・間人皇后・左右大臣以下群臣を率いて飛鳥に戻ると、これを恨んだ天皇は皇位を去ることを考えたが、翌五年十月に難波の宮殿で病死した。そのとき阿倍左大臣と蘇我右大臣はすでにこの世になく、僧旻も白雉四年六月(あるいは五年七月)ころに難波の阿曇寺で病死し、高向玄理も同五年二月に遣唐押使となって出発し、在唐中に世を去ったから、改新政府発足当初の首脳陣で残るところは、中大兄皇子と中臣鎌足の二人だけとなった。孝徳天皇の死後は皇極上皇が重祚したが、その斉明朝には孝徳天皇の子の有間皇子の謀反事件、阿倍比羅夫のいわゆる蝦夷征討、朝鮮半島における唐・新羅連合軍の百済討滅などがあり、朝廷は百済復興運動を支援するために救援軍を百済の旧地に派遣することとし、天皇以下が筑紫に赴いたが、天皇は斉明天皇七年(六六一)七月に筑紫の朝倉宮で世を去った。また次の天智朝では、天皇(中大兄皇子)が天智天皇六年(六六七)三月に都を飛鳥から近江の大津京に移して、翌年正月に正式に即位したが、同二年八月に日本の救援軍が白村江の戦で唐の水軍に大敗し、救援軍が朝鮮半島から全面的に撤退した後も、唐が日本に来攻する可能性はしばらくは存続していた。したがって斉明・天智両朝の時期は国の内外ともに多事で、改新政治の進展はかなり困難な状況だったが、しかしその間にも地方行政制度を含む公地公民制関係の諸制度の整備は着実に進められていたとみられる。すなわち『日本書紀』やそれ以外の『風土記』・金石文・木簡その他の史料から知られるところを総合すると、国郡制(郡制ははじめは評制)は白雉年間にはすでに全国的にほぼ整備が終っていたようであり、編戸の作業を進めながら行われる里制の整備も、この時期を通じて着々と進められていたことが知られる。天智天皇九年に造られた有名な庚午年籍は最初の全国的戸籍で、のちに永世保存されることになったが、そのような戸籍の完成は、公地公民制関係の諸制度の整備が天智朝においてすでに一おうの段階に達していたことの確かな証左である。これに対して官僚制関係の諸制度は、天智天皇三年二月に二十六階の冠位を制定し、同十年正月に太政大臣・左右大臣・御史大夫を任命しているところからすると、中央官制などがある程度整備されたであろうことは否定できないが、それほどの進展があった様子はない。ことに官人制度、すなわち官人の任用・考選・待遇制度、およびその基礎となる氏族制度などの整備は、そのほとんどが天武朝以後の主たる課題として残された。すなわち中臣鎌足が天智天皇八年十月に病死し、天智天皇が続いて同十年十二月に世を去ると、翌天武天皇元年（六七二）に壬申の乱が起り、天武天皇（大海人皇子）が近江朝廷の後継者の大友皇子を攻め滅ぼして、飛鳥の浄御原宮で即位したわけであるが、この天武朝と次の持統朝の時期に、中央官人任用の一般原則から始めて、地方氏族・庶民出身者の任用法、下級官人の考選法、氏族の範囲と氏上の決定、族姓確定者の考選法、八色の姓、一般的官人考選法など、官人制度の主要な内容をなす諸制度がつぎつぎに定められてゆき、持統天皇四年（六九〇）ころに至って官人制度の整備がほぼ完了し、その上でやがて持統女帝は律令制度の総仕上げとして、『大宝律令』の撰修に着手した。以上のような経過をみると、改新の詔にすでにみられた公地公民制と官僚制の間の跛行関係は、『大宝律令』完成の直前の時期まで続いていたことが知られるのである。

〔参考文献〕　津田左右吉「大化改新の研究」（『日本上代史の研究』所収）、坂本太郎『大化改新の研究』、井上光貞「大化改新研究史論」（『日本古代史の諸問題』所収）、同『大化改新』（『アテネ新書』）、同「大化改新の詔の研究」（『日本古代国家の研究』所収）、同「大化改新と東アジア」（新『（岩波講座）日本歴史』二所収）、関晃「大化改新」（旧『（岩波講座）日本歴史』二所収――本書第二部）、同「改新の詔の研究」（『東北大学文学部研究年報』一五・一六――本書第三部）、石母田正『日本の古代国家』（岩波書店『日本歴史叢書』)、野村忠夫『研究史大化改新　増補版』

(『国史大辞典』八、昭和六十二年)

二　大化改新の研究

大化改新に関する研究書。坂本太郎著。一巻。昭和十三年（一九三八）五月、東京、至文堂刊。著者が東京帝国大学大学院に在籍ののち、学位請求論文として提出したもの。第一編「緒論」において研究の沿革・範囲・資料について詳論したのち、第二編「改新の原因」、第三編「改新の経過」、第四編「改新の結果」において改新の史実を全面的に考察し、改新をもって貴族擅権の弊害を除き、中国の律令制度を採用するために、皇室が中心となって推進した一大政治改革で、聖徳太子の新政がその先駆、大化年間（六四五―五〇）が狭義の改新、大化・大宝間が広義の改新の時期であり、これによって皇権を中心とする高度の中央集権的な国家体制が確立したとしている。主要な文献の史料的性質を厳密に考定した上で、これを使用している点、津田左右吉の方法を批判し、『日本書紀』の記述をできる限り尊重する立場で改新の全貌を統一的に理解しようとしている点などが、そのおもな特色で、戦前の改新研究の一つの到達点を示している。

〔参考文献〕　坂本太郎『古代史の道』

（『国史大辞典』八、昭和六十二年）

三　大化改新

——改新の詔の信憑性について——

1

わが古代における一大政治改革としての大化改新の歴史的意義は、今日では十分に認められているといってよい。改新の成果である律令体制が、奈良朝という古代貴族支配の一つの画期を生み出し、さらに中央集権的な全国支配の基盤が失われていった平安朝以降も、かなり長いあいだ種々の面で後世に強い影響を及ぼしたことは、いまさら言うまでもないことである。

ところがこの注目すべき政治改革が、当時どのように進められ、その政策内容がどのようなものであったかということになると、われわれに与えられている史料は、必ずしも満足すべきものではない。直接の史料としては、日本書紀の記事がそのほとんど全部といってもよい状態であって、しかもそれらは量も少なく、またそのまますぐに信用できるほど確かなものでもない。

もっとも、改新の時期をいつからいつまでとすべきかについては、周知のように、狭く解する場合には大化元（六四五）年から、当初の改革が一段落したとみられる大化五年までの約五年間、広く解する場合には、改新の目標である律令制度が完成されたとみられる大宝律令の制定（七〇一年）までの約五十年間、という坂本太郎博士の見解（同著

『大化改新の研究』第一篇第二章）が現在一般に行われているから、もしそれに従って広義にとるならば、壬申の乱をこえて天武・持統朝まで、改新の時期に含まれることになる。そして日本書紀も、天武紀と持統紀の部分は、政府の記録にもとづいたと思われるかなり詳しい実録風の記事が主体をなしていて、改新の進行に関する確かな史料が、かなり豊富に見出される。しかしこの天武・持統朝は、要するに既定の方向に沿って律令体制を最後的に整備していった時期であって、改新の本来の目的とか根本の性格などを考えるためには、やはり狭義の改新の時期の実情を知ることが、どうしても必要なことである。そして、その時期に関するおもな史料としては、孝徳紀の大化年間の記事にみえるいくつかの詔文があるだけであって、その中で最も重要な地位を占めるのが、いうまでもなく大化二年正月朔の条に掲げてあるいわゆる改新の詔である。

この改新の詔は、その内容が四ケ条から成っているが、ごく簡単にいうと、公地公民制の採用と、それに伴う、中央集権的な地方行政制度、民政制度および租税制度について述べたものである。ふつうは、この詔は改革の大綱を示したものであり、孝徳紀にみえる他の諸詔は、その一々の具体化であるかの如く説かれることが多いようであるが、しかし実際には、この詔は、中央官制や位階制の如き律令制度に不可欠の要素を欠いていて、必ずしも重要事項を網羅しているわけではないし、他の諸詔もまた、この詔と内容的に重複するものは殆んどないといってよいのであって、むしろ互いに並列の関係にあるものというべきである。したがってこの詔は、けっして将来の目標を示す全面的な青写真というものではないが、しかし公地公民制の採用という点で、改革の最大の眼目を述べたものであることに変りはないのであって、もしこの詔を一つ取り去るならば、改新の全体像をまとめることは、全く不可能になるといってもよいのである。

ところが、この最も重要な史料となるべき改新の詔の記事に対して、その信憑性を強く疑う意見が、昭和の初年に津田左右吉博士によって提出され、以来今日に至るまで、この問題をめぐって種々の議論が行われてきたことは、よく知られているとおりである。そして、最近になって井上光貞博士が発表された論文「大化改新の詔の研究」(史学雑誌七三ノ一・二)によって、この論争は新たな局面に入るとともに、従来にはなかった重要な意味を帯びることになったと考えられる。そこで、以下においてこの論争の経過をごく簡単に概観し、その上で、現在の段階における主要な問題点を整理してみることにしたいと思う。

2

さて、信憑性とはいうまでもなく、史料として信用できるかどうかということであるが、改新の詔の場合には、それは結局、孝徳紀に書かれている詔の文章が、大化当時の姿あるいは内容を正しく伝えているものかどうかということに帰着する。そして、その点に強い疑いがかけられるに至ったおもな事情としては、次の三つの点をあげることができる。

その第一は、孝徳紀の記事のありかたに、不審の念を抱かせるものがあることである。すなわち、書紀の大化以後の記事をみると、壬申の乱を境にして、そのあとの天武紀と持統紀は、前述のように極めて実録風であるのに対して、そのまえの天智紀までは、大宰府にでも保存されていた記録によったのではないかと思われる対外関係の記事を除くと、実録風の記事はほとんどなく、国内関係の記事は、壬申の乱で記録が失われたためかどうか、非常に空疎で整わない形になっている。にもかかわらず、孝徳紀前半の大化年間にだけ、いかにも実録風の詔文がいくつか並んでいて、中でも改新の詔がその代表をなしているのであって、その点、どうしても不自然の感を免れないのである。

その第二は、改新の詔の示す内容が、大化当初のものとしては、あまりに整っていることである。すなわち、改新政治の進行状況からいって、大宝・養老令にみられるような完成された律令制度に近い段階に達したのは、天武朝の後半から持統朝の初年のころであって、それ以前はまだそれほど整わない状態だったと思われるにもかかわらず、詔の内容は、きわめて令制に近いものになっているのであって、果して四、五十年もさきになって到達した段階を当初から予見できたかどうか、甚だ問題だということが当然考えられるのである。

またその第三は、詔の文章が、のちの大宝・養老令の条文と酷似した部分を少なからず含んでいることである。詔文の構成は、周知のことであるが、便宜上ここで少し詳しく説明しておくと、四ケ条ともに、それぞれまず主文ともいうべき部分があり、そのあとに主文の内容を説明あるいは補足するための副文ともいうべき部分が付け加えてある。そのうち第一条は、主文で天皇名義の子代之民と屯倉、および諸豪族所有の部曲之民と田荘などの私地・私民を廃止し、その代りに大夫以上に食封、それ以下の諸豪族に布帛などの物を賜うことを述べ、副文で大夫以上をとくに優遇する理由を説明しているが、この副文は、漢書恵帝紀元年五月条の文章の一部をほとんどそのまま借用したものであって、明らかに書紀の編者の加えた修飾にすぎないものである。また第二条は、初めて京師を修め、畿内国司郡司その他を置くという主文のあとに、「凡そ京は……」「凡そ畿内は……」「凡そ郡は……」などの五つの副文があり、第三条は、初めて戸籍・計帳および班田収授の法を造るという主文のあとに、「凡そ五十戸を里と為せ。……」「凡そ田は……」という二つの副文があり、第四条は、旧の賦役をやめて田の調を行なうという主文のあとに、「凡そ絹・絁・糸・綿は……」「凡そ調の副物は……」などの六つの副文がある。したがって、第二条以下の「凡そ……」という形の副文は、合せて十三項目を数えるのであるが、その中でとくに第二条と第三条の副文には、のちの大宝・養老令の条文とほとんど同文、あるいは同文に近いものが少なくない。すでに第一条の副文が漢籍による修飾であることが明らかである以上、これらもまた、令文による修飾である可能性を否定することはできないのである。

以上の三点が、詔文の信憑性を強く疑わせる一般的な理由のおもなものである。そこで津田博士は、昭和五、六年に発表された論文「大化改新の研究」(同著『日本上代史の研究』所収)の中で、これらの点を詳しく論じて、詔文に対する徹底的な史料批判を行われた。しかしこれだけでは、いかに嫌疑が濃厚であっても、結局は状況証拠にすぎないことになるので、博士はさらに積極的な論拠として、

(イ) 第二条の副文にみえる畿内の範囲の規定は、東は名墾の横河、南は紀伊の兄山、西は赤石の櫛淵、北は近江の狭々波の合坂山を四堺としていて、難波はそのちょうど中心に位置しないから、難波に京のあった大化当時のものとしては不適当であること。

(ロ) 同じく第二条の副文にみえる郡司の制は、近江令以後に成立したものであって、それ以前は評(コホリ)の制が行われていたと考えられること。

(ハ) 第三条の副文にみえる三六〇歩を一段とし、一段の租稲を二束二把とする規定は近江令の制であって、それ以前は田積には代(シロ)の単位が用いられ、一段の面積は五〇代、その租稲は成斤の一束五把であったと考えられること。

の三点をあげ、凡そ云々という形の副文は、すべて近江令の条文を転載したものであろうと結論されたのである。この場合に津田博士は、もし詔文の規定が当時のものであるならば、大化当時からすぐに実施されたはずであるという

前提の下に考察を進められ、また、当時の詔文のままでないとすれば全くの転載であり、転載であるとすれば、十三項目のすべてが同一の令の条文からの転載であるという立場に立って議論を立てられたといってよいかと思われる。

この津田博士の近江令文転載説に対して、やがて坂本太郎博士がその著『大化改新の研究』(昭和十三年)の中で、全面的な反論を試みられた。博士はまず、(イ)の畿内の範囲の規定については、これを近江の大津に京があったときのものとするのは、大化当時のものとするよりも一そう不適当であることを指摘され、(ロ)の郡司制については、以前から郡・評両字併用説が存在することを念頭に置かれたためか、郡と評の関係についてはとくに触れられなかったが、大領・少領・主政・主帳という郡司の官名が、令制諸官の官名一般からみて特異性を有することは、むしろそれが他の官制と全く離れて早く制定されたことを思わせるとされ、また、(ハ)の田積と租法については、詔文のそれを大化当時の制としても、その後の変遷を大した無理がなく説明しうるとして、令制に至るまでの変遷過程を詳しく論じられ、津田博士のあげられた積極的論拠は結局みな効力がないとされた。そしてさらに、詔文の中でのちの令制と相違する点を一々指摘して、字句や表現の上でかなり修飾の手が加えられているにしても、内容的には当時のものとして解釈しうることを、詔文全体にわたって詳論されたのである。この場合に坂本博士も、津田博士とほぼ同様の基調の上に立ち、詔文の規定が当時のものであれば、すぐにあるいは間もなく実施されたはずであるとして議論を立てられたといってよいと思われるが、ただ、文章上の修飾が詔文全体にわたって、かなり強く加えられていることは認められ、問題を内容的にもとのままかどうかという点に絞られたことは注目される。

3

その後しばらくは、この問題についてとくに新しい見解が出されることがなく、その間は、どちらかといえば坂本博士の信憑性肯定説のほうが優勢とみられる状態で戦後に及んだ。しかし坂本博士の説にしても、詔文が大宝・養老令の規定と相違する諸点は指摘されたけれども、今日内容のほとんどわからない近江令や浄御原令による令文転載説が成立しがたいことを積極的に論証されたわけではなく、また、信憑性を疑わせる事情としてさきにあげた三点が、状況証拠としてきわめて強力であることも、依然として変らなかった。したがって、有力な論拠が新しく一つでも提出されれば、肯定説と否定説の間のバランスは、再び大きく変化する運命にあったといってよいのであって、そのバランスを逆転させる働きをしたのが、昭和二十七年に発表された井上光貞博士の論文「郡司制度の成立年代について」(古代学一ノ二)であった。

井上博士の説は、津田博士の三つの積極的論拠のうちの一つであった郡と評の問題を、評関係史料の周到な整理と、綿密な論証とによって復活させたものである。すなわち博士によると、大化・大宝間に書かれた金石文や古文書、およびそれに準ずる同時代史料では、コホリについてはすべて評・評造・評督・助督などのいわゆる評系統の文字が使われていて、郡・大領・少領などの郡系統の文字は一つも見当らないから、両系統の文字が併用されていたとするのは適当ではなく、郡の制は大宝令によってはじめて成立したものと考えざるをえない。したがって、改新の詔にみえる郡関係の規定は、すべて書紀の編者が大宝令の条文によって書き変えたものであり、したがってまた、令の条文に類似した他の副文も、みな同様の修飾である疑いを否定することはできない、というのである。これに対して坂本博士は「大化改新詔の信憑性問題について」（歴史地理八三ノ一）で一おうの反論を試みられたけれども、同時代的史料が例外なく評系統の文字を用いているという事実はいかにも強力であって、井上博士の説にあまりひびくところがなかった。そこで井上博士は直ちに「再び大化改新詔の信憑性について」（歴史地理八三ノ二）において反批判を行ない、自説を強く再主張されたが、ただそのとき、大宝令条文による書き変えという点だけは、坂本博士の反論の一部をとり入れて、浄御原令条文による書き変えとしてもよいというように、部分的に修正されたのである。

その結果この井上博士の説は、信憑性否定のためのいわば決め手として極めて有効なものと一般に受けとられることになった。しかもその後、大化から大宝に至る律令制成立過程の研究が進展するに伴い、個別的な人身把握と人頭賦課の原則に基づく、完成された律令支配体制は、浄御原令が施行された持統朝初年のころに至って、はじめて実現の段階に到達したという見方が一般化してきたために、改新の詔についても、浄御原令転載説を認める空気がしだいに強まることになったのである。

なお、このような空気の中で、新しく浄御原令転載説の有力な論拠になりうるのではないかと一部に考えられたものに、五十戸一里制の成立と田積・租法の変遷の問題がある。すなわち、五十戸一里制は改新の詔第三条の副文に、戸令の条文とほとんど同文の規定がみえるが、実際には浄御原令施行のころになって、はじめて全面的実施の段階に達したものであって、それ以前には三十戸一里制が行われており、また田積・租法も、詔文第三条の副文に田令条文と全く同文の規定がみえるが、実際には旧来の五十代・一束五把の制が大化以後も存続し、三六〇歩・二束二把の制は浄御原令以後にはじめて成立したというのである。この二つの問題は、ともに従来から多くの説が対立し、複雑な議論を展開してきているので、それらを一々紹介する余裕はないが、従来の諸説は、いずれも制度の制定と実施とを同一視し、詔文に規定されていたことは、大化当時すぐに実施されたはずであり、実施されたとすれば、全国にわたって全面的に実施されたはずであるという前提の上に立っている。しかし、改新の詔がすぐにそのまま実施されたと考えがたい内容を他にも多く含んでいることはいうまでもないし、また、必ずしもすぐに実施されたと考えないでよいことは、すでに一般論としては認められているといってよいであろう。したがって、これらの制が後になってはじめて完全に実施されたからといって、その制定が大化当初に行われなかったとする必要はないのである。

すなわち、五十戸一里制についていうと、三十戸一里制が大化以後のある時期に全国的に布かれていたという根拠は全くないのであるから、かりにそれが大化以後もしばらくは部分的に存在したとしても、改新政府としては、はじめから五十戸一里制を採用して、これを大化元年任命の東国国司の造籍以来しだいに拡充していったのであり、それに対して三十戸一里制の存在した地域は、大たいそのままで庚午年籍(六七〇年)に記載されたかもしれないが、持統天皇四(六九〇)年の庚寅編籍に至って、それらも最後的に五十戸一里制に切り換えられた、というふうに考えることが可能である。

また田積・租法についても、三六〇歩・二束二把の制は改新の詔で示されたけれども、実際にはすぐに全面実施に移されたわけではなく、二五〇歩(五十代)・一束五把制も広く存続したのであって、政府としては、三六〇歩・二束二把の制をしだいに実施してゆくことに努めたが、田積のほうはともかくとして、とくに租法(束の実量)を改めることには大きな抵抗があったために、白雉三年には一まず田積だけ新制に従い、租法は旧来の成斤の束によることとし、その後そのような折衷的な制度の実施地域をしだいに拡充していったけれども(その場合に浄御原令の条文では三六〇歩・二束二把の制が規定されていたとしても差支えない)、二五〇歩・一束五把の制(すなわち令前の租法)も部分的にはかなり広く大宝直前まで存続した、というふうに考えることも可能である。

私はどちらの問題も、右のように考えるほうが、転載説よりも自然で無理がないと思うのであるが、そのことを説明するには、やや立ち入った論証を必要とするので、詳論は他の機会に譲ることとする。しかしともかくこの二つの問題は、結局のところ転載説の決定的な論拠とはなりえないのであって、やはり信憑性否定のための決め手は、井上博士の郡字浄御原令始用説だけだったといってよいであろう。

4

しかしながらこの井上博士の説にも、けっして問題がなかったわけではない。というのは、井上博士によると、改新の詔の原文では国造を評の役人に任用するという規定になっていたことになり、したがって従来の国造のクニがまず評になったと考えざるをえないのであるが、実際に評関係の史料をみると、天武朝初年以前に国造のクニが評になったという確かな例は一つもなく、評になっているのは、国造のクニを割いて大化以後に新しく建てたコホリだけとみるほかはない。そこで私は「大化の郡司制について」(坂本博士還暦記念『日本古代史論集』上巻所収、昭和三十七年――著作集第二巻第四部第七章)の中でこの点を指摘し、郡司制は改新の詔ですでに制定されていたけれども、里制が全国的に整備されるまでは、その完全な実施が現実に不可能だったために、浄御原令施行のころまでは、国造系のコホリには国造をそのまま存続させ、新設のコホリには暫定的な制度として、国造制に準じた評制を布いたというように考えることができる、ということを論じたわけである。この議論は、詔文の規定がみなすぐに実施されたと考える必要はないという点を最大限に利用したものであるが、国造のクニで天武朝初年以前に評になった実例が現れて来ない限り、私の説はほぼ安全であり、井上博士の説は成立が困難といってよいのである。

ところが井上博士は、最近さらに新しい論文「大化改新の詔の研究」（史学雑誌七三ノ一・二）を発表され、その中で、国造のクニが評になった実例が一つもないというのは言い過ぎで、その例をいくつかあげることができるとして、博士の前説を再び強く主張されるとともに、さらに進んで、郡に関する記述が令文の転載である以上、他の類似の部分にも、転載あるいは修飾が当然行われていると考えるべきであるとして、詔文全体にわたって次のように論じられた。すなわち、詔文にみえる十三の副文には、（イ）詔の原文には項目しかあげてなかったが、書紀の編者がその内容を説明するために、令の条文をそのまま転載したもの、（ロ）原文には項目とともに内容規定も記してあったが、それを令の条文によって修飾したもの、（ハ）同じく項目と内容規定が記してあったが、令に対応する条文がなかったために、それを令文に似せて形を整えたにすぎないもの、の三つの型があり、この三つの型によって、すべての副文を説明することができるが、その場合に、使用された令文はみな同一の令のものと考えるべきであって、それは、浄御原令と大宝令のうちのどちらかといえば、浄御原令と考えるほうがより合理的である。そして、そのように考えた場合に、転載とみられる部分を除き去るならば、詔の原文に示されていた制度というものは、大化前代と大差のない極めて素朴なものとなり、大化当初の政府は、中央集権化という政治理念は持っていたかもしれないが、律令制度という具体的な政策プランは、まだほとんど持っていなかったとみるべきである、というのである。

これは、大化の改革に対するこれまでの理解を大幅に変更しようとする野心的な構想であるが、その中で、私見に対する反論の部分にはほとんど効力がなく、私が郡司制の成立過程について立てた想定の大筋に変更の必要がほとんど認められないことは、さきに拙稿「再び大化の郡司制について」（日本歴史一九七号――著作集第二巻第四部第七章付論）

の中で詳しく述べた通りである。すなわち、国造のクニが評になった実例として博士のあげられた四例は、いずれも確かなものではないし、また、コホリの主要な細分化は孝徳朝の後半にほぼ終了したとみるべきであるから、それ以後に撰修された書紀の編者が、国造を郡司任用の必須条件とするような形に令文を変改して転載するというようなことは、甚だ考えにくいことといわなければならない。したがって、博士の近説にもかかわらず、郡と評の問題はやはり信憑性否定の決め手とはなりえないのであり、したがってまた、博士の新しい構想は、かりに浄御原令文転載説の立場をとればこういう結果になるというにすぎないことになるわけである。

まだその構想自体にも、たとえば、井上博士に従った場合には、詔の原文の第二条と第三条はほとんど主文だけしか残らないのに対して、第四条は副文がほとんど全部残ることになって、分量の上で極端な不均衡が生じること、第二条はきわめて素朴な制度を示すのに対して、第三条は戸籍・計帳および班田収授法という全く律令的な制度を述べていることになって、内容的にも著しい不調和が生じること、隋唐の律令制度を直接に学んで帰国した高向玄理や僧旻などが参画していたにもかかわらず、改新当事者がそのように素朴な政策プランを立てるに止まったというのは、かなり不自然であることなど、いくつかの疑問がすぐに浮んでくる。博士が想定された大化の地方行政制度についても、私が先稿で簡単にふれておいたように、やはり種々の問題点を含んでいる。

しかしこの井上博士の構想は、もし浄御原令文転載説をつきつめてゆけば、結局はそういうところに落ちつくのではないかと思われる到達点に近いものだといってよいであろう。そして、郡司制が私見のように詔の原文にすでに規定されていたとしても、そのことは必ずしも詔文全体の信憑性を肯定する理由になるわけではないから、将来もし一つでも否定説の有力な論拠が現われれば、この構想は、ある程度の条件は付くとしても、全体としてほぼそのまま生きてくる可能性を十分に持っているといってよいものである。ただ、郡字浄御原令始用説が成立しないとすれば、転載に用いられた令文が浄御原令のそれでなければならない理由は消滅するから、大宝令文転載説も今のところ成立不可能ではないが、いずれの令文の転載であっても、構想自体にはほとんど変りはない。したがって現在の段階では、この井上博士の新しい構想が果して成立しうるかどうかというところまで、問題の焦点が絞られてきたということができるのではないかと思われる。

5

改新の詔の信憑性をめぐる議論の経過と現状は、以上の通りである。そこで最後に、現在においてとくに留意すべき点を二、三指摘しておくこととする。

まず信憑性肯定説と否定説とは、現在どの地点において対峙しているかということであるが、両者の相違は津田・坂本両博士の対立のころにくらべて非常に小さくなり、その距離はきわめて接近してきている。すなわち今日においては、肯定説といえども書紀の編者による強度の修飾、ないしは部分的な令文の転載を認めないわけにはいかないのであって、詔文を原文そのままとすることは勿論できないし、否定説もまた、転載でない項目がかなり存在するだけでなく、転載の部分でも、それに相当する内容の原文がなかったとは限らないことを認めなければならない。けっきょく両者の対立は、そのような文章上の変形がかなりあるにもかかわらず、内容的に問題になるほどの改変が行われていないかどうかという一点にかかってきているといってよいであろう。したがって、たとえば詔文第二条の「凡そ京は……」という副文は、戸令の条文と酷似していて、しかも第二条には関係がなくて第三条に関係のある里長についての規定をも含むという不自然さを示しているけれども、それらのことは、もし詔の原文のどこかに条坊制や坊長・里長の制が規定されていたとすれば、それらがすべて第二条に書かれてはいなかったとしても、必ずしも否定説の十分な根拠とはなりえないわけである。思うに、令文をほとんどそのまま転載したとみられるような部分においてすら、明らかに内容の変改が行われた証跡が容易に発見されないところに、この問題の微妙さがあるといってよいであろう。

次に、肯定説と否定説とは、今後いかなる点にその積極的論拠を求めるべきかということであるが、右のような対立点から考えれば、否定説としては当然、内容的に重要な変改が行われていると思われる個所をとり出して、それを論証するほかはないわけである。そしてそのためには、その政策が大化の当事者にとって立案不可能であったことを立証するか、あるいは令制以前にそれに相当する別の制度が全国的に行われていて、それが決して令制に到達する途中の暫定的な制度ではなかったことを立証することが必要であろう。

その場合に、くどいようであるけれども、詔の規定が必ずしもすぐに全面的に実施されたとは限らないという点は、十分に考慮されるべきであって、この点を無視して早急な論断に走ることは避けなければならない。たとえば、さきにも触れたように、里制や田積・租法において、令制以前に三十戸一里制や二五〇歩・一束五把制の存在したことが考えられるとしても、それが部分的あるいは暫定的な制度ではなかったことが証明されない限り、やはり否定説の根拠にはなりえない。里制の整備や田積・租法の改訂は、そう容易にできることではないから、浄御原令や大宝令ではじめて制定されて、すぐに全国的に実施されたと考えるよりは、もっと早いある時期に制定され、それに基づいて長い年月のあいだにしだいに実施に移されていったとみるほうが、むしろより合理的であり、また現実的でもあるからである。

これに対して肯定説としては、郡司制の制定、畿内の範囲における地名表記法、第四条の税制の諸項などのような、大化当時のものとみるのが最も適当と考えられる点を、個別的に指摘することは可能であるが、それにもかかわらず、否定説の成立しがたいことを一般的に論証することは不可能に近い。しかし少なくとも、詔文全体を肯定説の立場から統一的に無理なく解釈してみせることは必要であろう。その試みはすでに坂本博士が一度行われたわけであるが、しかしその後種々の面における個別研究が進展しているから、現在の研究水準の上に立って、もう一度それを行ってみることは、ぜひ必要なことと考えられる。

それからもう一つ、この信憑性の問題が、今日どのような意味を持つに至っているかということであるが、否定説をとる場合には、改新当初の主要な政策の大半が不明なものとなるから、肯定説と否定説とで、改革の具体的内容に対する理解が大きく異ってくることはいうまでもない。それにもかかわらず、従来はこの問題に対する態度をいずれとも決定しないままに、改新の性格や意義を論ずることが、むしろ普通に行われてきた。それは奇妙なことではあるが、しかしそれは、どちらの立場をとったところで、改新政府が当初からきわめて律令的な政策目標をかかげていたことには違いがないという見かたが一般的だったためであって、その点、怨すべきところがなかったわけではない。しかしながら、現在井上博士の見解に従うならば、改新政府ははじめはほとんど明確な目標を持っておらず、ただ権力集中の意欲と理念とに導かれて、約半世紀の努力と試行錯誤を重ねたのちに到達した結果が、たまたま隋唐の制にきわめて類似した律令体制であったということになる。あるいはそれほど偶然的なことではないにしても、唐制の模倣は、大化以後の現実とのたたかいの過程を通じて、しだいにはっきりと意識されるようになっていったと考えなければならなくなる。そうなれば、律令体制の形成は、日本の古代社会にとって全く必然的であったということにもなりかねないが、いずれにしても、改新政府あるいは改新という政治改革に対する評価が、肯定説をとる場合と大きく相違してこざるをえないのである。

また、右と関連して、井上博士の見解に従う場合には、改新の原因論の中で隋唐制度および大陸事情の影響というものの占める地位が、当然ひじょうに小さいものになり、それだけ国内的要因が重視されなければならなくなるわけである。ところがそれと同時に博士に従えば、六世紀以来蘇我氏の指導の下に進められてきた権力集中のコースと改新政治のコースとの内容的な差は、あまりなかったというのであるから、国内的要因の中でも、氏姓制度の弊害とか社会構成上の矛盾とかに絶対的な比重をおくわけにはいかなくなり、改新という変革には、単なる権勢の争奪という側面がそれだけ強く加わってくることになるのであって、改新のもつ歴史的意義も、また大きく変ってこざるをえない。したがって、肯定説・否定説のいずれをとるにしても、常にこれらの点を念頭におくことが必要であって、改新の詔の信憑性の問題は、今日においては従来よりもはるかに大きな意味をもつことになったということができるであろう。

（『日本歴史』二〇〇、昭和四十年）

四　改新の詔

大化改新の諸改革の中心的位置を占める政令。『日本書紀』によれば、大化元年（六四五）六月に成立した改新政府は、年内に東国国司の派遣その他いくつかの措置を講じたのち、十二月に都を難波の長柄豊碕宮に遷したが、翌年正月一日にそこで「改新之詔」と呼ぶ長文の詔を宣布した。

〔内容〕『日本書紀』の孝徳天皇大化二年正月朔条に掲げてあるその詔文はほぼ正格の漢文で書かれ、全体が四ヵ条から成り、各条はみな主文と数項の副文から成るが、副文は主文に対する細目規定あるいは補足説明という形のもので、合計十四項を数える。詔の内容は、第一条では、主文で天皇名義で設置されてきた子代の民と処々の屯倉、諸豪族所有の部曲《かき》の民と処々の田荘《たどころ》などの私地・私民を廃止し、その代りに大夫以上に食封、それ以下の諸豪族に布帛を賜うことを述べ、副文で『漢書』恵帝紀元年五月条の文章の一部をほぼそのまま借用して、大夫以上を特に優遇する理由を説明している。また第二条では、主文ではじめて京師を修め、畿内・国司・郡司・関塞・斥候・防人・駅馬・伝馬などを置き、鈴契を造り山河を定めることを述べ、そのあとに京、畿内、郡、駅馬・伝馬、鈴契に関する五項目の副文を付している。また第三条では、主文ではじめて戸籍・計帳と班田収授法を造ることを述べ、そのあとに里制と田積・租法に関する二項目の副文を付している。また第四条では、主文で旧来の賦役を廃止して田の調を実施することを述べ、そのあとに調、調の副物、官馬、兵器、仕丁の庸布・庸米、采女の庸布・庸米の負担に関する六項目の副文を付している。

〔性格〕　以上の内容にみられる特色の第一は、それが全体としてきわめて体系的な律令制的国家制度を描き出していることである。すなわち、まず私地・私民を廃止して中央集権的な全国的地方行政組織を設定し、また公有化された土地・人民に対する民政方式としての籍帳制度と班田制度を採用した上で、全国一律の統一的税制を実施するという、一つの完結した律令制的人民支配体制への転換がそこに明白に示されている。また特色の第二は、それにもかかわらず律令制的国家制度の中の重要な一部分が完全に欠落していて、改革の全体像をあらかじめ示したものとするわけにはいかないことである。すなわちここには律令制度に不可欠の中央官制や官人制度などの官僚制関係の諸規定が全くみられず、そのことが孝徳紀において、世襲職制度廃止のことが大化二年八月条のいわゆる品部廃止の詔の記事に至ってはじめてみえることとまさに照応している。また特色の第三は、その全体が具体的な事項の廃止と制定を述べたものであって、これを単に改革の大綱を示したものとするのは必ずしも適当ではないことである。ことに第四条の税制の規定は直ちに実施すべき事項であることが明らかであり、他の部分についても、その具体化の記事が別にまたみえるというものをあげることは困難である。したがってこの詔は、官僚制関係を除く律令制的改革の主要な諸事項をほぼ網羅してはいるけれども、孝徳紀にみえる他の諸詔と並び、その当時の必要に基づいて新しい制度を制定するために出された政令とみることができる。

〔信憑性問題〕　ただし孝徳紀のこの詔文については、戦前からその史料としての信憑性をめぐる論争がある。すなわちこの詔文はもともと、文章が漢文風に整いすぎ、記事としてもあまりに実録的であること、制度の内容が大化当時としてはあまりに整備されていること、第二条以下の十三項の副文はみな「凡そ……」という形の文章であるが、その多くがのちの令の条文ときわめて類似していること、などの点からこれを疑う余地があるため、昭和初年に津田左右吉はこれに徹底的な史料批判を加え、㈠第二条副文の畿内の範囲の規定は、難波に都があった大化当時のものとしては不適当であること、㈡同じく第二条副文の郡の制は『近江令』以後に成立したもので、それ以前は評《こおり》の制が行われていたとみられること、㈢第三条副文の三百六十歩を一段とし、一段の租稲を二束二把とする制は『近江令』以後で、それ以前は代《しろ》の単位が用いられ、五十代が一段にあたり、その租稲は成斤の一束五把であったとみられることの三点を具体的な論拠として、「凡そ……」という形の副文はすべて書紀の撰者が『近江令』の条文を転載したものとされた。これに対してやがて坂本太郎が反論を加え、津田のあげた具体的論拠はみな効力がなく、詔文が当時のものとして解釈し得ることを全面的に論じたが、戦後に至って井上光貞は津田の論拠の一つであった郡と評の問題を再びとり上げ、周到な関係史料の蒐集整理の上に立って信憑性否定論を復活させた。すなわち大化―大宝間に書かれた金石文や古文書、およびそれに準ずる同時代史料では、コオリについてはすべて評・評造・評督・助督などのいわゆる評系統の文字が用いられ、郡・大領・少領などの郡系統の文字は見当たらないから、郡の制は『大宝令』(あるいは『浄御原令』)ではじめて成立したものと考えざるをえず、したがって詔文の郡関係の規定は、すべて書紀の撰者がのちの『大宝令』(あるいは『浄御原令』)の条文によって書き変えたものであり、またしたがって他の多くの副文も同様の書き変えまたは令文の転載であるという疑いを否定することができないというのである。そこでこれ以後この郡評問題は、信憑性否定の唯一の決め手となり得るとみなされ、昭和二十七年(一九五二)ころからこの問題をめぐって活発な議論が展開し、その結果、評制の研究は著しく進んだ。現在では評制は孝徳朝の後半ころに一般的に成立したとみられているが、それを全面的成立とみる説と、評制は国造のクニを分割して設けられた新置のコオリにだけ布かれ、国造のクニはその後もしばらく存続したとみる説に分かれており、またこの両説にそれぞれ対応して、詔の原文には評制が規定されていたとする説と、原文にも郡制が規定されていて、評制はそれが実施に移されるまでの暫定的な制度として行われたとみる説に分かれている。また昭和四十一年に至って藤原宮址から己亥年（六九九）の年紀のある評名記載の木簡が出土したため、評制は『大宝令』制定（大宝元年（七〇一））の直前まで存在していたことが明らかとなり、その結果、令文転載説をとる場合にはその令文は『大宝令』文以外ではありえないということになったが、このことも右の評制を暫定的な制度とみる立場からすれば、必ずしも信憑性否定の根拠とはならない。またかりに詔の原文には評制が規定されていて、書紀の撰者がそれを書き変えたとしても、評字を郡字に書き変えることは、書紀が大化以後の記事において統一的に行なっていることであるから、この詔文の場合に限りそのことによって信憑性を否定しようとするのは妥当ではないという指摘もされている。したがって今日ではこの郡評問題も信憑性否定の決め手とはなしがたくなってきているといってよい。なお大化年間には従来いわれてきているような政治改革は全く存在しなかったとする改新全面否定論が最近一部に行なわれているが、その立場からすれば、この詔文の信憑性も当然全面的に否定されることになるわけである。

〔参考文献〕　津田左右吉『日本上代史の研究』（『津田左右吉全集』三）、坂本太郎『大化改新の研究』、井上光貞「郡司制度の成立年代について」（『古代学』一ノ二）、同「再び大化改新詔の信憑性について」（『歴史地理』八三ノ二）、同「大化改新の詔の研究」（『日本古代国家の研究』所収）、関晃「大化の郡司制について」（坂本太郎博士還暦記念会編『日本古代史論集』上所収――著作集第二巻第四部第七章）、同「再び大化の郡司制について」（『日本歴史』一九七――同上付論）、同「改新の詔の研究」（『東北大学文学部研究年報』一五・一六――本書第三部）、薗田香融「律令国郡政治の成立過程」（『日本古代財政史の研究』所収）、原秀三郎『日本古代国家史研究』

（『国史大辞典』三、昭和五十八年）

五　大化改新は存在したか

この題は編集部から与えられたものであるが、昨年の「中央公論」四月号に載った門脇禎二氏の文の題名「大化改新は存在したのか」とほとんど同じである。これは恐らくこの門脇氏の文や、あとでふれる原秀三郎氏の論文が、ジャーナリズムの関心をかなり惹いていることの一つの現われとみてよいであろう。昨年の朝日新聞十一月十八日付朝刊にのった「日本古代史のナゾ」最終回の記事が、「大化改新とは何か」と題して、改新の存否を主題としているのも、やはり同じ事情からとみられる。

そこで、右の両氏のいわゆる改新否定論であるが、門脇氏の文は要するに、改新を律令国家建設の出発点として高く評価するのは、近代ブルジョア史学の産物にすぎないことと、『日本書紀』の描く歴史像は律令貴族の史観によって構成されたものであるから、律令体制の成立過程を考えるにあたって、孝徳紀以下の記述をそのまま信用するのは誤りであることとを論じて、正しい史観（唯物史観をさす）の下では、政治改革としての大化改新は当然否定されなければならないということを、語気はげしく主張したものである。改新を一大政治改革とすることは、すでにほとんど定説であるから、それを真向から否定するこの主張が、ジャーナリズムの興味をそそったのは、あるいは当然かもしれないが、しかし、そこにはいくつか論理の飛躍があるように見うけられる。

というのは、改新の意義がとくに注目されるようになったのは、確かに近代になってからであるが、それは主として評価の面のことであって、それ以前の封建史学においても、史実の面を否定していたわけではない。ただ、封建に対する郡県の制度を重視せず、古代憧憬の目をもっぱら王朝時代に向けていたがために、律令国家成立の意義をあまり問題にしなかったのにすぎない。したがって、近代史学が改新を持ち上げたことをもって、すぐに改新否定の理由とするわけにはいかないのである。

また、『書紀』の記述がそのまま信用できないものであることも、全くその通りであるが、しかしこの点もやはり同様であって、律令貴族の史観から離れれば、必然的に改新を否定しなければならなくなるというわけのものではない。『書紀』の記述も六・七世紀のころになれば、その構成や評価の面は別として、事実の記載については、まずすべてを否定して、その中から他に確証のあるものだけを拾い上げるという段階ではないから、『書紀』の記述だからというだけでは、改新を否定する理由にはならない。そもそも『書紀』を撰修した天武系の史局が、何のためにわざわざ改新の事実を捏造して大化の時点に係けなければならなかったかの理由が、少しも明らかではないのである。

したがって、門脇氏の主張が成立するためには、別に事実に基づく具体的な論拠が必要なわけであるが、氏の文では、そのような論拠がいくつか考えられることを簡単に示唆しているだけで、明確な論証はおこなっていない。しかし、氏をはじめとする京都の古代史研究グループで、その点について四年余のあいだ検討をつづけたとのことであり、その成果の内容を最もよく示しているのが、原秀三郎氏の論文「大化改新論批判序説」(日本史研究八六・八八号)とみられる。

そこで次にこの原氏の論文であるが、これも紙面の余裕がないので、ごく簡単に要点だけをあげると、次の如くである。すなわち氏によると、改新の詔の信憑性を疑う津田左右吉博士以来の議論は、みな詔の第二条以下にみえる諸制度が大化当時の制定ではありえないことを証明しようと努力してきたが、根本は第一条であって、そこに述べてある公地公民制の採用を否定することが先決である。ところが天智紀三年（六六四）二月一日の条の「天皇、大皇弟に命じて、冠位の階名を増換すること、及び氏上・民部・家部のことを宣らしむ。……その冠は……。その大氏の氏上には……。亦《ま》たその民部・家部を定む」という記事は、このとき初めて全国の人民を、国家が直接に支配する公民（民部）と、諸豪族が個別に支配する私民（家部）に分けたことを示すものであり、また、天武紀四年（六七五）二月十五日の条にみえる「甲子の年（天智天皇三）に諸氏に給わりたる部曲は、今より以後みな除《や》めよ」という詔は、その家部の中の自営的な農民（部曲）をすべて公民化し、残りのものは私民（家人・奴婢などの賤民）として存続させることを述べたものである。したがって、律令的な公民制の実施は天智天皇三年に始まり、天武天皇四年に完了したとみられるから、それ以前に公民制が存在したはずがなく、公民制の採用を述べた改新の詔第一条、およびそれを前提とする第二条以下やその他の大化当時の諸政策は、当然すべて否定すべきことになる、というのである。

この改新の詔第一条の批判が先決だという指摘は、改新の否定を初めから目的とした場合には、正にその通りであるが、そのための論証は果たして成功しているであろうか。実は公民制の実施がかりに天智朝に始まったとしても、そのことは必ずしもすぐに改新の詔第一条を否定することにはならないのであるが、その点をいまはしばらくおくとしても、右の論証自体が、私にはかなり疑問のように思われる。

なぜならば、原氏は天智紀三年の記事の中の「亦定二其民部・家部一」とある部分の「其」の字を、上文の氏上を承けるとみる従来一般の解釈を斥けて、これを「それ」という発語の助辞として読むことから出発しているが、その読みかたは何といってもかなり不自然であるし、民部・家部・部曲などの語の新しい解釈も、どうしてもそう解しなければならないというものではない。のみならず、原氏の解釈に従うと、天智天皇三年から天武天皇四年までの間は、朝廷の品部（職業部や御名代の部）は公民化していたが、豪族私有民は一般に広く存続し、良賤の区別もまだなかったということになるが、そうなると、そのような状態の下で造られた庚午年籍（六七〇）が後世永く保存されて、全国民の身分と所属についての基礎原簿とされたという事実が、甚だ理解しがたいことになってしまうからである。事実、『続日本紀』の天平宝字八年七月十二日の条や、同じく和銅六年五月十二日の条の記事によれば、原氏の所説にもかかわらず、庚午年籍に良賤の区別が記載されていたことは、ほぼ明らかであって、原氏の解釈はほとんど成立しがたいのではないかと思われるのである。

また、原氏によると、天智天皇三年までは、大化前代と同じ全くの私民制だったというのであるが、そうなると、それまでの国家財政はどうなっていたか、大化以降の冠位制の整備状況からみて、律令的官僚制はすでに展開していたとみざるをえないであろうが、それと世襲職制の基礎である品部の存続との関係はどう説明するか、いわゆる大化の薄葬令は、公民を使役することを前提とした公葬制の規定であるが、これを全面的に否定することが果たして可能かどうか、といったような疑問が次々に出てくる。それらの点もここで詳論する余裕がないが、おそらく解決が困難ではないかと思われるのである。

なお、大化の新政府がはじめは全く律令的な改革を考えていなかったとすると、改新自体は全くの権力争いとなり、なぜ権力の奪取が成功したか、帰化人留学生の参画がなぜ必要だったか、というような問題も生じてくるが、それらについてもここでは省略することとする。

以上、題が題であるために、かなりかたい議論になってしまったが、要するに、最近提出された改新否定論は、率直にいってまだまだ根拠が不十分であり、ジャーナリズムなどでとり上げるのはあまりに早すぎるように私には思われるのである。ただ、それにもかかわらずこの説がひどく強い調子で打ち出されてきたのは、その背後に、律令体制の成立を当時の社会の内的要因からのみ説明し尽くそうとする強い欲求が存在するためとみてよいであろう。そしてそれは、現在の学界のかなり大きな潮流でもある。しかしそれは、律令体制をもってわが古代社会の必然的な到達点とする点で、律令貴族の自己を正当化する史観とつながるものであって、私はそれにはあまり賛成できそうにもない。律令国家の功罪については、いろいろ議論の余地もあるであろうが、外国制度の不自然な適用によって、次の封建社会の展開を大幅に遅らせたかどうかということが、やはり最も基本的な視点となるべきであって、その点で、改新および律令国家の成立に対する私の評価は、むしろ否定的である。

いずれにせよ、さきにもいったように、改新の史実性と史観の如何とは、あまり直接に関係のないことであるから、改新の事実を認めれば、正しいはずの史観が崩れてしまうというような心配をする必要は少しもない。それよりもむしろ、律令貴族の史観から離れるという以上、何よりもまず、律令支配の必然性と正当性に対して批判の目を向けることが大切ではないかと思われるのである。

（『国民の歴史』月報、昭和四十三年）

第三部　改新の詔の研究

まえがき

改新政府が発足したのは大化元（六四五）年六月であるが、それから約半年のあいだは、来るべき一大政治改革の準備期ともいうべき時期であった。いよいよ諸制度の改革に着手したのは、翌大化二年に入ってからであって、周知のように政府はその年頭に、四カ条から成る有名な「改新之詔」を宣布した。詔の全文は孝徳紀の大化二年正月朔条にみえているが、その記事を内容的に信頼しうるものとするならば、そこには（1）私地・私民の廃止、（2）画一的な地方行政制度、（3）律令的な民政制度、（4）統一的な租税制度、などが示されていて、公地公民制の採用とそれに基づく中央集権的な全国支配体制の創建という点で、改新の最大の眼目を述べたものということができる。

したがってこの詔文は、改新に関する直接の史料の中でも最も重要な地位を占めるものといっても過言ではなく、少くとも大化当時の改革の具体的な内容を知るためには、不可欠の史料といってよい。そこでかつて坂本太郎氏は、その著『大化改新の研究』において、この詔文の逐条的解釈を試みられ、その厳密な解釈の上に立って、そこに示されている政策内容を全面的に検討されたのであるが、しかしその後三十年近くの年月の間に、改新を中心とする諸研究は長足の進歩をとげた。ことに戦後において、改新政府が改革の対象とした大化前代の諸制度の解明、改新の詔文中にみえる諸制度の個別的研究、大化から大宝に至る律令支配体制の形成過程の究明などの面で、注目すべき新しい見解が数多く発表されてきている。したがって今日においては、それらの成果の上に立ってこの詔の内容を理解することなしには、大化改新という大改革の性格や意義を正しく把握することはできない。本稿はこのような見地から、改新の詔の内容を現在われわれに与えられている諸成果を参照しつつ、改めて全面的に解釈・検討しようとするものである。

なお、この場合にとくに留意すべき点の一つは、この詔を将来実現すべき改革全般についての基本要綱という如きものとみるべきではないということであろう。そのような理解のしかたは坂本氏の所説に出て、現在もかなり広くおこなわれているけれども、詔文の実際の内容は要綱というようなものではなくて、具体的な制度の制定であり、しかも、律令制度に不可欠の要素である中央官制や位階制をはじめ、主要な制度でこの詔に触れられていないものも少なくない。また、この詔ののちに出された諸政令をみても、その内容がこの詔と重複するものはほとんどなく、制定に対する実施という関係にあるものはあるが、要綱に対するその具体化という関係にあるものはない。以前には、孝徳紀大化二年三月条の皇太子奏請文にみえる子代入部・御名入部とその屯倉の廃止、および同八月条の詔にみえる品部の廃止が、この詔の第一条にみえる子代の民と屯倉、および部曲の民の廃止と重複するとみられていたが、前者がこの詔の単なる補足令にすぎないことは、後述の通りであり、後者の品部が子代の民や部曲の民とは別のものであって、その廃止は私民制の否定ではなくて、世襲職制の否定を意味するものであることは、すでに井上光貞氏が明らかにされた通りである（同著『日本古代史の諸問題』所収「部民の研究」）。したがってこの詔は、改新政策の中枢をなすものではあるけれども、その性質からいえば、他の諸政令と並列のものというべきであり、その内容は、大化二年正月という時点を超越したものではなくて、当時の諸条件および諸必要の下に規定されたものとして取扱うべきものである。そしてまた、そのような観点からこの詔を考察すれば、当然大化二年当時の改新政府の意図および改新政治の段階が、そこに浮び出てくるはずのものである。したがって本稿においては、常にその点に着目しつつ、詔文の各条項の解釈を行なっていきたいと思う。

また、とくに留意すべきもう一つの点は、この詔文の信憑性が否定される可能性が、まだ完全になくなってはいないということであろう。詔文の信憑性をめぐる論争のこれまでの経過と、現在到達している状況とについては、別に述べたものがあるので（拙稿「大化の改新——改新の詔の信憑性について——」日本歴史二〇〇号——本書第二部付論三）、詳しいことはそれに譲るが、要するに最近まで信憑性否定説の唯一の決め手とされていた詔文第二条にみえる郡司に関する規定は、さきに私が論じたように（拙稿「大化の郡司制について」坂本太郎博士還暦記念『日本古代史論集』上巻所収、および「再び大化の郡司制について」日本歴史一九七号——著作集第二巻第四部第七章・同付論）、むしろ大化当時のものとみるのが最も適当であって、これをのちの浄御原令あるいは大宝令の条文の転載とし、詔の原文には評制が規定されていたとする井上光貞氏の説（同氏「郡司制度の成立年代について」古代学一ノ二、および「再び大化改新詔の信憑性について」歴史地理八三ノ二）は成立困難である。そして、詔文が全般的に強度の修飾を経ていることと、その規定が必ずしもすぐに実施されたとは限らないことを認めた上で、問題を内容的に重要な変改がおこなわれているかどうかに絞る限り、否定説の積極的根拠となりうるものは、今のところほかにも存在しないといってよい。しかしながら肯定説の側としても、右の郡司に関する規定をはじめとして、大化当時の制と考えるのが妥当と思われる点をいくつか指摘することはできるけれども、それらは個別的に指摘できるだけあって、否定説が一般的に成立しがたいことを論証することは、理屈からいって不可能に近い。そのような現状であるから、かりに内容的に重要な変改のおこなわれている個所が将来一つでも発見されれば、原形を残す部分もかなりあるという条件付きで否定説が復活し、井上氏が最近説かれたように（同氏「大化改新の詔の研究」史学雑誌七三ノ一・二）、詔の原文に示されていた制度の全貌は、律令的というには程遠い、きわめて素朴なものだったということになる可能性も、依然として残されているのである。したがって本稿においても、詔文の各部分の規定が、大化当時の制として果して不都合ではないかどうかを絶えず考慮しつつ、検討を進めていきたいと思う。

一　第一条の検討

1　条文の内容

詔文の第一条は次のように書かれている。（以下各条とも、記述の便宜のためにA・B・C等の記号を挿入するが、本文はもちろん一つづきの文章である。）

其一曰、（A）罷ニ昔在天皇等所レ立子代之民、処々屯倉、及別臣・連・伴造・国造・村首所レ有部曲之民、処々田荘一。（B）仍賜ニ食封大夫以上一、各有レ差。降以ニ布帛一賜ニ官人・百姓一、有レ差。（C）又曰、大夫所レ使レ治レ民也。能尽ニ其治一、則民頼之。故重ニ其禄一、所ニ以為一レ民也。

この条文において、（C）の部分は「又曰、……」とあって、（A）（B）の部分と並列のようにみえるけれども、その内容は、大夫以上に食封を与えてとくに優遇する理由を説明しているに過ぎないから、この部分は副文とみるべきである。またこれは、すでに坂本氏が指摘されているように（同氏前掲書）、漢書恵帝紀元年五月条にみえる詔の「又曰、吏所ニ以治一レ民也。能尽ニ其治一、則民頼之。故重ニ其禄一、所ニ以為一レ民也。」という文章をほとんどそのまま借用し、そのために「又曰、……」というような不自然な書きかたになったものであるから、書紀の撰者の修飾とみるべきである。坂本氏は、この借用文がもとから詔の原文にあったかもしれないともいわれているが、しかし、この種の漢籍による修飾は、書紀の他の個所にも広くみられるところであり、また、大化当時の詔文は一般にかなり和風を帯びた素朴な文章だったと推測されるから、やはり津田左右吉氏もいわれたように（同著『日本上代史の研究』および『津田左右吉全集』第三巻所収「大化改新の研究」第四章）、この部分は詔の原文には存在しなかったとみるべきであろう。

　これに対して、（A）（B）の部分は本条の主文であって、その文章・字句にはかなりの修飾が加えられているとしても、内容的には当時のものとみてよいであろう。従来もこの点をとくに疑ったものはない。津田氏は「賜二食封大夫以上一、各有レ差。」までが詔の原文であろうと述べておられるが、なぜそこまでで区切られたかの説明がなく、またとくにその理由も考えられないから、これは恐らく氏の誤記と思われる。そしてこの主文が、主要な私地・私民の廃止と、それに代る特典について述べたものであることは、ほとんど疑問の余地がないが、しかし、ここにあげてある子代之民・屯倉・部曲之民・田荘などを廃止すれば、それで果して公地公民制がほぼ実現されるものであったかどうか、また、食封・布帛の支給がいかなる意味をもつものであったか、などの点については、まだ必ずしも十分な説明が与えられているとはいえない。そこで以下においては、これらの点に焦点をおいて、第一条の内容を検討することとする。

2　私地の廃止

　まず私地の廃止についてであるが、大化前代に成立していた各種の土地をすべて明らかにして、それを整然と類別することは、現在のところではもちろん不可能に近い。したがって、ここでは当面の必要な範囲でそのおもなものについてだけみてみると、生活と生産に何らかの関係のあるものとして、まず最初に入会地的な共同用益地、すなわちいわゆる山川藪沢がある。これには排他的な占有・用益権は存在しなかったが、やや漠然たる在地豪族の領有権があり、さらにその上に、ほとんど観念上の天皇領有権が、統治権に伴なう上級領有権として存在したと考えてよいであろう。また、これに対して一方で、個々の農民の占有・用益権がかなり強く一般に認められた宅地と園地があったと考えられる。

しかしながら、公地公民制への切り換えの対象としてとくに問題にされたのは、水田を主体とする耕地であって、それには、屯倉や田荘のほかに、まだ屯倉・田荘に化していないものが、当然かなり広汎に存在したとみなければならない。なぜならば、もちろん屯倉と田荘が大化直前のころにどの程度まで発展していたかを確認することはできないけれども、少くとも例えば職業部や御名代の部の民が耕作していた土地のようなものは、一般的にはこれを屯倉とするわけにはいかないし、また、かりに部民以外の農民がまだかなり存在していたとすれば、それらの農民が生活の基礎にしていた土地も、やはり屯倉や田荘とは別のものと考えられるからである。そしてそのような土地においては、個々の農民の占有・用益権がほぼ成立していて、その上にやはり在地豪族の領有権、さらにその上に観念上の天皇領有権が存在していたとみてよいであろう。この天皇領有権は、いうまでもなく朝廷の全国統一の過程で、各地の豪族が朝廷に服属することによって成立したものである。ただしこのような状態は、段階的には部民制の展開する以前のものであって、そのようなところに部が設定されると、そこの農民は貢納・力役の一定部分を在地豪族とは異るところの部の所有者、すなわち朝廷・皇族・諸豪族などに差し出すことになるというのが、部の制度についての現在一般の理解のしかたであるが、しかしその場合にも、土地に対する権利関係は、基本的にはやはり変らなかったのではないかと思われる。

これに対して、在地豪族の勢力範囲内にその地の豪族の領有権を排除して設定された土地があるわけであって、そのうち天皇の名の下に朝廷が設定したものが屯倉であり、臣・連以下の諸豪族が設定したものが田荘であると考えられる。もっとも屯倉は、天皇の名義で置かれ、あるいは天皇に献上するという形をとって成立しても、実際には朝廷全体の経済的基礎であって、個々の天皇の私領、あるいは歴代の天皇の地位に付属する伝領というものではないから、正確には朝廷すなわち中央勢力全体の共有というべきものである。したがって、朝廷が私地の否定に当って、屯倉を廃止の対象とするというのは、われわれのもつ私地の概念からすると、ややそぐわない感じもあるけれども、一般的な豪族領有権を排除して、中央勢力全体という特定のものに所有されているという点で、当時はこれが私地の中の代表的なものの一つとみられていたと解することができるであろう。また田荘は、直接の史料がきわめて乏しいために、その実体も性質も、確かなことはほとんどわからないけれども、ふつうに考えられているように、臣・連以下の諸豪族の私的な農業経営地とするならば、ここで廃止の対象とされていることについて、とくに問題はないであろう。なおこのほかに、ごく特殊なものとして、天皇の屯田と官司の屯田があるが、それらについては後に少し詳しく触れることとする。

さて、このようにふつう私地とみられているものには、本条にあげてある屯倉と田荘のほかに、在地豪族の領有権の下にある土地があって、それはかなり広汎に存在したと推測されるわけである。そこで問題は、なぜその種の土地がここで廃止の対象にあげられていないのかということであるが、その点について納得のいく説明はまだおこなわれていない。もし従来一般に考えられているように、このような豪族領有権が改新によって当然否定されるべきものだったとするならば、本条で廃止の対象とされていない以上、これより以前あるいは以後のある時点で否定されたはずであるが、しかしこれ以後にそのようなことが行なわれた形跡は、史料の上からは全くうかがうことはできない。そこで石井良助氏は、その時点をこれ以前に求め、孝徳紀大化元年六月乙卯条にみえる大槻樹の下における盟約の文をもって、諸豪族の土地人民領有権廃止の宣言を含むものと解釈された（同氏「大化改新の研究」国家学会雑誌六二ノ一二、のち加筆修正して同著『大化改新と鎌倉幕府の成立』に収載）。しかしながら、以前にも述べたことがあるように（拙稿「大化改新」『岩波講座日本歴史古代2』――本書第二部）、この盟約文をそのような具体的内容を含んだ宣言と解するのはかなり無理であって、これは朝廷を構成する人々が集まって君主権を確認し、君臣ともに君主制の下に誠実に政治に当るべきことを誓ったものにすぎないとみるべきである。そうすると、それでは豪族領有権はいつ否定されたかということになるが、私は、そのような否定の宣言はおこなわれなかったし、またとくに行なう必要もなかったのであろうと考える。なぜならば、改新は天皇あるいは皇室が全国大小の豪族の土地人民支配権を奪いとることによって成立したのではなく、全豪族層の有していた個別的な支配権を一本化することによって実現したものとみられるからである。土地についていえば、諸豪族の個別的領有権は一本化されて天皇の上級領有権と合体し、朝廷の全国領有権という形で、大化以後も依然として存続したのであり、そのことがかれらに支配層としての地位と特権を世襲的に維持させる根拠となっていたと考えられるのである。ただ、その一本化がいつ決まったかということになれば、それは事実上は中大兄皇子が権力を握った時点、すなわち皇子が蘇我入鹿を暗殺したあと、飛鳥寺に陣を構えて、諸皇族・豪族がことごとく皇子の側についたときであり、形式的には大槻樹の下の盟約のときだったというべきであろうが、いずれにしてもそれは豪族領有権の没収ではない。したがって、屯倉と田荘の廃止を述べた第一条は、土地については公地制を布くに必要な措置をほとんど完了したものといってよいであろう。

3　私民の廃止

次には私民の廃止についてであるが、大化前代に存在した各種の人民を正確に類別することは、土地の場合と同様に困難であるから、ここでもやはり必要な範囲でそのおもなものを整理してみると、まずヤツコと呼ばれる賤民が広く存在し、豪族層や村落内の有力者の手許に所有されていたことは、一般に認められている通りである。しかし、改新政府がこれらの賤民を解放して一般公民化する意図を全く持っていなかったことは、孝徳紀大化元年八月庚子条にみえる男女の法や、律令制度における賤民制の存在からみて、きわめて明白である。

したがってここで専ら問題となるものは、農民を主体とする一般人民層であるが、それにはまず、土地の場合と同じように、各地の在地豪族の領有民というものが考えられる。すなわち、在地豪族の領有権の下にある土地を耕作して生活し、そのことによって在地豪族に対し一定の貢納・力役などを負担する農民であって、この場合にもやはり豪族領有権の上には、観念上の天皇領有権が全国統一以来存在したとみてよいであろう。ただし、この種の豪族領有民が果して大化直前のころに広汎に存在したかどうかは一つの問題であって、今日においては、むしろ部民制がすでに全国の人民層をほとんど覆いつくしていたとする見かたのほうが、広く行なわれているのではないかと思われる。それは一つには、八世紀の戸籍・計帳などにみえるいわゆる無姓階級の良民のほとんど全部が、その族称として部名を冠しているという事実によるのであろうが、律令国家が籍帳制度を整えるに当って、どういう方法でこれらの族称を決定したのかは、実は必ずしも明らかではない。一般的な豪族領有民がなお広く存在したと考えるほうが自然と思われるふしも、少なからずあるのであって、この点は今後の課題といわなければならない。しかしいずれにせよ、このような豪族領有民が一般的であるというのは、段階的には部民制が展開する以前の状態であって、ここでは、そのようなものがなお広く存在した可能性もあるという意味で、その存在を指摘しておきたいと思う。

これに対して、部民といわれるものは、このような在地豪族の領有権を排除して、その勢力範囲内に設定された人民とみられるが、大化前代に存在したことが知られる各種の部を大別すると、（1）朝廷所属民である品部、（2）皇族私有民であるいわゆる名代・子代の部、（3）豪族私有民である部曲あるいは民部、の三種になるというのが、現在最もふつうに行なわれている見かたといってよいであろう。このうちで（1）の品部は、いわゆる職業部を主体とするものであって、個々の品部はそれぞれ伴造の氏の管掌下に置かれ、全体として朝廷の専門職組織を構成していたものであるから、これを朝廷所属民とすることにはとくに問題はない。また、（3）の部曲あるいは民部といわれるものが諸豪族の私民であることも、ほぼ間違いないであろう。この部曲と民部とを区別して、部曲は豪族私有民のうちですでに朝廷によって間接に掌握されているものをさし、民部は全く未掌握のものをさすとする北村文治氏の説（同氏「改新後の部民対策に関する試論」北大文学部紀要6）があって、それに従えば、本条によって否定されたのは部曲のほうだけで、民部はこれ以後もしばらく存続したということになるが、北村氏の説の根拠が十分でなく、既掌握と未掌握の区別を立てることには無理があって従いがたいことは、かつて述べた通りである（拙稿「天智朝の民部・家部について」山梨大学学芸学部研究報告第八号――著作集第二巻第四部第十一章）。ただ、（2）のいわゆる名代・子代の部を皇室私有民とすることには問題がある。

そのことについては、他に詳論したものがあるので（拙稿「大化前代における皇室私有民」『日本経済史大系』第一巻所収

——著作集第二巻第四部第九章)、ここでは簡単にいうと、これまでいわゆる名代・子代の部の実例とされてきたもの、すなわち歴代の天皇・皇族の宮号あるいは名号を付した部は、すべて御名代の部であって、子代の民というものはその中には含まれていない。そしてこの御名代の部は、伴造制の管理組織の下に置かれていて、基本的には朝廷全体に所属するものであるから、品部の一種とみるべきであり、御名代のトモ、すなわち国造の一族の中から出て宮廷で勤務する靫負・膳夫・舎人などの出仕の資に充てるために設定されたものであるから、これを皇室私有民とすることは適当ではない。また子代の民というのは、これとは全く別のものであって、おそらく皇室の経済的基礎とするために六世紀に入ってから多く設置されるようになった徭役経営による屯倉の農民で、したがって田部の一種ではあるが、屯倉に完全に所属するものではなく、在地豪族の領有下にありながら、徭役の形で屯倉の土地を耕作する義務を負うものだったのではないか、というように考えられるのである。

もし名代・子代の問題をこのように考えるのが正しいとすると、さきの部の分類は、(1)朝廷所属民である品部、すなわち職業部と御名代の部、(2)皇室私有民である子代の民、(3)豪族私有民である部曲、というように改訂されることになり、したがって、本条で子代の民と部曲とを廃止の対象としているということは、(2)の皇室私有民と(3)の豪族私有民のすべてを否定しているということになるわけである。そこでまず問題は、なぜここで品部が廃止の対象から除外されているかということであるが、その点については、品部廃止の政策が発表されたのは、これより半年余りのちのことで、孝徳紀大化二年八月癸酉条の詔、およびその再確認とみられる同三年四月壬午条の詔がそのことを述べたものであり、本詔の段階では、まだその方針が決定していなかったというのが、現在一般の見かたである。そして右の品部廃止についての二つの詔が、諸氏の名に王名を借りていることの弊をしきりに説いているところからいっても、その品部の中に御名代の部が含まれていることは間違いないであろう。これらの品部は、朝廷の専門職組織を形成していた伴造制の基礎構造であって、これを廃止することは、これまでの中央の政治組織を改めて、全く新しい中央官制を布くことを意味するが、すでに指摘されているように、この改新の詔が新しい中央官制について少しも触れていないことは明らかであるから、本条が品部を廃止の対象としていないことは少しも不思議ではなく、むしろこの詔が出された当時の改革の段階をよく示すものといってよい。

ただしそう考えた場合にも、品部が廃止されないのに果して部がすべて公民化されたといえるかどうかという疑問は依然として残るが、しかしその点は、それほど問題にする必要はないのではないかと思われる。なぜならば、右にも述べたように、品部はもともと朝廷所属民であって、その間に伴造という世襲の管掌者は存在するけれども、子代の民や部曲が廃止されて朝廷に直属するようになれば、それらとともに一括して公民支配の対象とすることができるものだからである。のちの律令体制下においても、この品部の遺制である品部・雑戸が公民の一部として存在したが、この場合も、品部・雑戸の数が非常に多い状態と考えればよいわけである。したがって、のちの品部廃止の詔は私民否定の意味をもつものではなくて、単に世襲職制度の否定を意味するものというべきであろう。事実、当時の政府の人々もそう考え、品部廃止の詔以前にすでに公民制への切り換えは一おう完了したとしていたように見うけられる。

というのは、孝徳紀によると政府はこの二カ月後の三月二十日に、皇太子の奏請によって子代入部・御名入部とその屯倉というものの廃止を決定し、さらに二日後の二十二日に、詔によって葬制をはじめとするいくつかの条項についての政令を出しているが、その諸条項は、みな公民制の発足と関連するものだからである。もっともこの詔は、ふつうは旧来の陋習を禁止するために出されたとみられているが、そうみたのでは市司・渡子の調賦の廃止や勧農に関する条項が含まれていることの説明がつかないし、また、最初に掲げてある葬制は、まえに述べたことがあるように、私民制否定の結果、従来一般に行なわれていた私葬が原則上不可能となったために、新しく公葬制を定めたものであり(拙稿「大化のいわゆる薄葬制について」古代史談話会編『古墳とその時代(一)』所収――著作集第二巻第四部第八章)、その他の旧俗に関する条項や最末の勧農についての条項も、公民制の実施によってここにはじめて全国の人民が直接に政府の民政の対象となったために必要となった事項ばかりである。ただ、市司・渡子の調賦の廃止についての条項は、従来あまり的確な解釈がないが、これは市司や渡子がこれまで市や津済の利用者から徴収していた手数料をやめて、その代りに資養のための田地を給与するというものであって、かりにその手数料の収入の一部をこれまで朝廷に納入していたとしても、その納入分を廃止することに主眼があるわけではないから、この条項もまた、公民制の実施に伴い、政府が市や津済の管理の直接の責任者になったために必要となった事項とみることができる。子代入部・御名入部は、次項に述べるように子代の民の中の一部の特殊なものであって、その廃止を決定した皇太子の奏請は、本条の補足にすぎないものであるから、改新の当事者は、本条によって私民制は原則としてすべて否定されたと考え、その中でやや疑義のある一部のものの処置を皇太子の奏請によって決定したのち、直ちに葬制以下の政令をまとめて出したものとみられるのである。

部の廃止については右のように考えることができるが、しかし私地の否定の場合と同様に、ここでも人民に対する豪族領有権の問題がなお残っている。これについては、豪族領有民がまだかなり広く存在していた場合と、部がすでに全国の人民を蔽っていた場合と、両方について考える必要があるが、前者の場合については、土地の場合とほぼ同様に考えることができる。すなわち全国大小の豪族の個別的領有権は一本化されて天皇の上級領有権と合体し、朝廷による全国人民の一括支配という形の中に潜在的に存続することになったのであって、とくに豪族領有権を否定する必要はなかったというふうに考えることができるわけである。これに対して後者、すなわちほとんどすべての人民がすでに部民化していた場合については、問題はきわめて簡単であって、豪族領有権については全く考慮を払う必要がないように一おうは考えられるが、しかし必ずしもそうではない。なぜならば、ふつうに考えられているように部民というものが、果して一般にその主人の完全な私有民であったかどうか、実はかなり疑問があるからである。

たとえば、ある地域の農民が部民にされた場合、それまではふつうはその地方の国造などの在地豪族の領有民だったと考えられるから、その豪族の領有権の下にある土地によって生活していたわけである。そしてその土地は、その農民が部民になることによって、同時にその部の主人の領有に帰するとは考えがたいから、ふつうは依然として豪族領有地だったとみるべきである。そうすると、もし部民が完全に部の所有者に所属したとすれば、かれらは豪族領有地によって生活を立てながら、貢納・力役のすべてを部の所有者に対して負うということになるが、それはほとんど考えられないことであろう。どうしてもそこに在地豪族に対する負担が、かなりの比重をもって存続したと考えざるをえないのである。そのような関係は、皇室私有民とされる子代の民が、屯倉に対して徭役労働の義務を負いながら、自身は屯倉外で生活し、依然として在地豪族の領有民であったという事実に最もよく表されているが、御名代の部の場合でもほぼ同様であろう。御名代の部が設定された地域の土地をすべて屯倉であったとするわけにはいかないからである。部曲については、直接の史料が少く、その実体が必ずしも明らかではないから、あるは本条にいう部曲の民は、一般の豪族領有民をすべて含んでいるのかもしれないが、かりにそうであっても、中央豪族などが地方の国造領内などに設定したものもかなりあったはずで、そういうものはやはり右と同様に考えるべきであろう。したがって、ふつう部民は部の所有者と在地豪族との双方に対して負担の義務を負っており、一般の豪族領有民が部曲と呼ばれる場合には、その双方がたまたま合体したものとみるべきことになる。

これを要するに、部民は二重支配をうけていたということである。そして部の廃止は、部の所有者すなわち皇室や臣・連以下と部民との関係の否定にすぎないから、部を廃止しても、豪族領有権はやはり残るわけである。したがってこの場合にも、豪族領有権は一本化されて、律令体制の中に引き継がれていったということになるのである。このようにみてくれば、子代の民と部曲の民の廃止を述べたこの第一条は、人民についてもやはり公地公民制を布くに必要な措置をほぼ完了したものといってよいのではないかと思われる。

4 官司屯田と子代入部・御名入部およびその屯倉の廃止

以上のごとく、この第一条の私地・私民廃止令によって、当時存在していた主要な私地・私民はほぼ否定されたとみることができるが、孝徳紀にはこれ以後に、官司の屯田というものと、子代入部・御名入部およびその屯倉というものの廃止についての記事がみえているので、それらについてここで簡単にふれておくこととする。

まず官司の屯田の廃止については、同大化二年三月辛巳（十九日）条の東国国司に関する長文の詔の末尾に、次の一文がみえる。

宜㆘罷㆓官司処々屯田、及吉備嶋皇祖母処々貸稲㆒、以㆓其屯田㆒班㆗賜群臣及伴造等㆖。

この官司処々屯田については、従来これがどういうものであったかを明確に論じたものはないといってよいであろう。ふつう書紀などにみえる屯田は、大てい天皇の屯田であって、それは仁徳即位前紀にみえる話に、「凡倭屯田者、毎御宇帝皇之屯田也。其雖二帝皇之子一、非二御宇一者、不レ得レ掌矣。」とあるように、天皇の私領ではなくて、歴代天皇の伝領する土地であった。また、書紀では屯田と屯倉の語を明白に区別して用いているようであって、同一のものを両方の語で呼んでいる例はない。したがって、同じく天皇名義であっても、屯倉が朝廷に属するものであったのに対して、屯田は天皇という地位に所属するものだったと考えられる。この天皇の屯田は、大化以後も廃止されることなく存続し、その後身が大宝田令における屯田となり、養老田令における官田となったと考えられるから、屯田の性質と形態は、ある程度まで令制の官田から逆推できるわけである。そこで田令の規定をみると、官田は大和・摂津に各三〇町、河内・山城に各二〇町、合計一〇〇町で、宮内省の管轄下にあり、毎年宮内省関係の諸官庁の伴部・使部などのような下級官人が田司となって経営に当り、その国の国司が雑徭として徴発する班田農民の労働力と、雑徭免除の代償で中々戸以上の富戸に飼養させている牛を使って耕作することになっていた。もちろん不輸租であって、収穫はすべて宮内省の手に収められて供御食料に充てられた。したがって令前の屯田も、これに准じて推測するならば、これと同程度のものが畿内に設けられ、田地だけあって所属の農民というものはなかったとみてよいであろう。また供御料であるから、それほど広い必要はなく、したがって皇室の経済的基盤というほどのものではなかったとみるべきであろう。ただこの場合に、使用する労働力や牛はどうしたかが問題であるが、おそらくこれは、各国造が自己の領有民の中から、毎年必要量を差出すことになっていたのではないかと思われる。

天皇の屯田がこのようなものだったとすると、官司の屯田もやはりこれに準じた性質と形態をもったもので、したがってその実体は田地だけで、農民は所属せず、その収穫はすべて官司に納められて、その官司の食料および雑費に充てられるものだったとみてよいであろう。そして天皇の屯田と同じく、朝廷所属の屯倉とははっきり区別されていたために、改新の詔の第一条で屯倉の廃止が宣言されても、その中には含まれないと考えられていたのであろう。坂本氏はこれを天皇領の一部とみて、その廃止を改新の詔の実行とされたけれども（同氏前掲書『大化改新の研究』）、その見解には賛成しがたい。

ところで、このような官司の屯田がここに至って廃止され、その田地が群臣および伴造に班賜されることになったわけであるが、これは一見すると、改新政治に逆行する政策の如くみえるために、津田氏はこれを不可解な記事として解釈を放棄され、書紀の編者が詔勅を潤色した際に生じた何らかの混乱があるかもしれぬとされた（同氏前掲「大化改新の研究」第一章）。氏がそういわれた理由の一つは、大化前代に官司の屯田というようなものが存在したはずがないと考えられたからであるが、しかし右のように考えれば、そういうものがあっても少しも不自然ではない。またこの班賜は、私地の復活とまでみる必要はないのであって、次のように考えれば、改新政治の進行途上の一つの暫定的な施策として理解することができる。

すなわち、官司所属とはいっても、これまでは世襲職制度であるから、官司の実体をなすものはそれぞれ特定の氏であり、したがって、官司の屯田もその特定の氏に所属するのと現実にはほとんど変りがなかったと考えられるが、そのような世襲職制度が否定されると、従来の結びつきが断たれて、群臣・伴造らは屯田からの収入を失うことになるので、政府は中央諸豪族のそういう既得権を保障するために、中央官職の改革に先立って、これをかれらに班賜しようとしたものと考えられるのである。のちの令制に至れば、官職・位階に伴なう待遇として、職田・位田あるいはその他の一般的な給与制が整うけれども、そこに至るまでの一つの段階として、さしあたってこのような措置がとられたということは、次項で述べる大化の食封制と同様に、この時期の施策としてきわめて自然だといってよい。今宮新氏がこれを、班田というよりもむしろ食封のごとき性質のものであろうといわれたのは、その意味ではほぼ当っているが（同氏著『班田収授制の研究』）、ただ、屯田は農民を含んでおらず、また食封はすでに改新の詔に規定されているから、むしろ位田・職田と同じ意味のものとみるほうがよいであろう。このようにみてくると、この施策は、改新政府が中央諸豪族の権益に対しては、はじめから十分に尊重する態度をとっていたことを示すものであり、また、少くともこの大化二年三月のころには、すでに中央官制改革の意図をはっきり持っていたことを物語るものということができる。

なおここで、官司の屯田と同時に廃止されることになった吉備島皇祖母処々貸稲というものについてふれておくと、吉備島皇祖母というのは、皇極女帝と孝徳天皇の母で、皇極即位前紀には吉備姫王とあり、皇極天皇二（六四三）年に死んで、檀弓岡の檜隈墓（大和国高市郡檜隈陵域内）に葬られた。本朝皇胤紹運録には、欽明天皇の孫で桜井皇子の娘とある。舒明天皇の母を島皇祖母命といい、天智紀三年六月条に死亡の記事があるが、これは敏達天皇の娘の糠手姫皇女のことであるから、この吉備姫王とは別人である。皇祖母というのは、のちの皇太后にほぼ似た尊称で、スメミオヤの語に漢字を当てたものにすぎないから、これを中大兄皇子からみて祖母に当るのでこう呼んだとみる必要はない。吉備姫王の場合には、もとはただの皇族である茅渟王の妃で、娘の皇極天皇が即位してはじめて、そのような尊称で呼ばれる身分になったわけである。したがって、当然それまでは皇后のために設定される御名代の部、すなわちこの時期では私部と呼ばれるもの、が充てられていなかったので、皇極天皇が即位すると、はじめて貸稲というような特殊な形で、その生活の資となるべき財源が設定されたのではないかと推測される。

この貸稲というのは、いうまでもなく出挙の稲であって、恐らく一定額の本稲を設定して、それを処々に割り当てて出挙し、その利稲を皇祖母の収入にしたものであろうが、その本稲は、どこかに倉庫があってそこに積まれていたのか、どういう農民を対象に出挙したのか、だれが管理に当ったのかというような運営の実態は全く不明である。しかし、官司の屯田と一しょに扱われていること、それにもかかわらず廃止後の処置が述べてないこと、処々の貸稲とあることなどからみると、恐らくこれも各国造が請負うような形で、それぞれ規定の額を自己の領民に出挙し、その利稲を皇祖母のもとに送るものだったのではないかと推測される。そして、皇祖母がすでに三年前に死去しているのに、今になって廃止されたのは、死後もその子である皇極天皇や孝徳天皇、あるいは孫の中大兄皇子あたりに相続されていたためではないかと想像されるのである。したがってこの処置は、私地・私民ではないが、それに準ずるような主要な私的財源を廃止したものとみてよいであろう。そして、恐らくこの廃止後も、国造領内では相変らずその分の出挙は行なわれ、その利稲は官物としてコホリの倉に納められることになったものであろう。もっとも、この皇祖母の収入は、これまで毎年その全部が消費されていたわけではなく、少くともその一部はしだいに蓄積され、それを貯蔵する倉もあったと思われるから、その分はあるいはそのまま島宮に蓄積されていて、のちの島宮の経営のもとになったのであるかもしれない。

このようにみると、官司の屯田と皇祖母の貸稲とは、一見すればあまり関係がないもののようにみえるけれども、実はどちらも、公的に設定されて特定の個人または官司に充てられた個別的な財源であるという点で、互いに共通性をもつものだったことが知られる。ところが、これらが廃止されるに当って、諸氏の財源である屯田のほうは諸氏に班賜されて、従来の権益が保護されたのに対して、皇族の財源である貸稲のほうは、完全に廃止されて国家財政一般の中に解消させられてしまったわけであって、これまた、改新という改革の性格を端的に物語るものとして、極めて興味あることといわなければならない。

それからもう一つ、子代入部・御名入部とその屯倉の廃止については、右の屯田・貸稲の廃止の翌日、孝徳紀大化二年三月壬午（二十日）条の皇太子奏請文に次のように述べている。

（上略）現為明神御八嶋国天皇問二於臣一曰、其群臣・連及伴造・国造所レ有昔在天皇日所レ置子代入部、皇子等私有御名入部、皇祖大兄御名入部（注略）、及其屯倉、猶如二古代一而置以不。臣即恭承レ所レ詔、奉答而曰、天無二双日一、国無二二王一、是故兼二并天下一、可レ使二万民一、唯天皇耳。別以二入部及所封民一簡二充仕丁一、従二前処分一。自余以外、恐二私駈役一。故献二入部五百廿四口、屯倉一百八十一所一。

これは要するに、子代入部・御名入部とその屯倉を存続させるべきかどうかという孝徳天皇の諮問に対して、皇太子中大兄皇子が、それらは廃止すべきであるが、ただ、廃止した入部の民から仕丁を簡点して使役することだけは認めてよい旨を奉答したことを述べた記事であるが、これによって入部とその屯倉なるものの廃止が決定されたとみてよいであろう。ところで従来は、この子代入部・御名入部が、もともと名代・子代すなわち御名代の部として設定されて、現在では臣・連以下の諸豪族や皇子らの所有になっているものと解されていたために、この記事全体に筋の通った解釈を施すことができず、そのため「其群臣・連及伴造・国造所有」の次に「部曲之民及処々田荘」というような語句を補って、これを改新の詔第一条の私地・私民廃止令と全く同内容の反覆とみる説も出されていた。しかし、この入部が明らかに私有民であるのに対して、前項で述べたように、御名代の部はすべて朝廷所属民たる品部の一種であるし、子代というものも御名代の部とは全く別のもので、恐らく徭役経営による屯倉の田部と考えられる皇室私有民であるから、ここで廃止の対象となっている入部は、御名代の部とは全く関係がない。それでは入部というものはどういうものかというと、御名入部はここに「皇子等私有」とあるのであるから、前項で述べた部の分類からみても、皇室私有民たる子代の民の一種と考えるほかはない。また子代入部のほうも、子代とあるのであるから、やはり子代の民の一種で、現在は群臣・連以下の所有に帰しているものとみるほかはない。すなわち、これらは本来はみな子代の民、つまり皇室の経済的基礎として六世紀以降さかんに設置されたと思われる徭役経営の屯倉の田部であって、そのうちで、特定の皇族に充てられたために、私的な相続の結果現在は臣・連以下の所有に帰しているものが子代入部であり、現在なお皇族の所有であるものが御名入部と考えられるのである。そしてここにみえる「其屯倉」が、入部が徭役義務を負っているそれぞれの屯倉をさすことはいうまでもない。したがって、これらの入部・屯倉は、改新の詔にいう子代の民および屯倉と全く同じものではなく、その一部のごく特殊なものだったということになるわけである。

子代入部・御名入部とその屯倉なるものの実体は右のごとくであるから、それらは、特定の個人あるいは官司に充てられた個別的財源ではあるが、しかし天皇の名の下に公的に設定されたものであるという点で、前日に廃止された官司の屯田および皇祖母の貸稲と共通性をもったものとみることができる。これらはみな私地・私民の一種ではあるけれども、当時の観念では、改新の詔の廃止令に含まれるかどうか必ずしも明らかでなく、一般に疑義が持たれていたために、ここに至って一連の廃止令が出されたものであろう。そして、これらの措置が終るとすぐその翌々日に、公民制下で必要となった公葬制以下の一連の政令が出されたことは、前項ですでに述べた通りである。したがってこの皇太子奏請文は、従来よくいわれたような改新の詔の再確認でもないし、また、私地・私民の廃止が一般に実行困難であったことを物語る史料とする必要もないのである。

5　食封・布帛の支給

最後に第一条の主文の（B）、すなわち大夫以上に食封を、官人・百姓に布帛を支給することを述べた部分であるが、これは私地・私民廃止の代償として、これまで私地・私民を有していた者にそれぞれ食封や物を与える旨を述べたものと解されている。この部分について坂本氏は、「大夫以上といひ、官人百姓といふ語のわざとらしさに事実の如何が疑はれるが、私地私民廃止の代償として食封の制度が採られたと見ることはできるであらう。」と述べられて、その信憑性をある程度疑われた（同氏前掲書『大化改新の研究』）。しかし、ここにみえる大夫の語が書紀の撰者の潤色ではなくて、詔の原文にすでに大夫またはそれに相当するマヘツキミの如き和語が存在したと考えられることは、以前に述べた通りであって（拙稿「大化前後の大夫について」山梨大学学芸学部研究報告第十号——著作集第二巻第四部第三章）、大夫あるいはマヘツキミ以上には食封を、それ以下には布帛などの物を与えるという趣旨の文章が原文にあったことは、ほぼ確かだといってよいと思われる。したがって、この部分の信憑性を疑う必要がほとんどないとすると、ここでの最大の問題は、果してこれが通説のように、私地・私民廃止の代償について述べたものかどうかということであるが、その点を考える前に、文中にみえる個々の語句について、一おう吟味しておくこととする。

そこでまず大夫の語であるが、これについてはすでに詳説したことがあるので（前掲拙稿）、ここではその結論だけを簡単にいうと、書紀の大化前後にしばしばみえる大夫の語は、単なる文飾ではなくてその実体が存在し、それは参議と奏宣をその職とし、大臣・大連の下で朝廷の最高合議体を構成する一定の政治的地位であった。そしてその地位は、後世の大夫の語が五位あるいは五位以上のものに対する敬称であったのにくらべて、それよりも実質的にやや高いものであり、十二階冠位の大徳・小徳のものによって占められていたと思われる。要するに大夫あるいはマヘツキミは大化当時、大臣に次ぐ要職として存在したのであって、その性格は、貴族支配層の上部に位置する指導的合議体という意味で、のちの参議制あるいは公卿制ときわめて類似したものだったのである。

これに対して官人・百姓の語、とくに官人の語は、坂本氏がいわれたように、書紀の撰者の修飾かもしれないが、しかし、上述のように大夫の語は存在したのであるから、大夫以上とそれ以下に分けて述べられていたことは強いて疑う必要がないとすれば、大夫以下のものを原文で何と表現していたにしても、それを官人・百姓と書き換えることは、それほど原文の趣旨を害なうものではない。百姓の語も、後世のごとく一般農民層を主として指すわけではないから、部曲・田荘の所有者として主文の前段にあげてある臣・連・伴造・国造・村首のうちの国造・村首あたりをさすものと解することができる。

それからもう一つ、食封の語であるが、この語をとくに疑ったものはほとんどなく、従来はみなこれをもって令の食封制の出発点としている。しかし令制の食封は、指定された封戸から出す租・庸・調の物を、国司の手を経て一たん中央に納め、中央の民部から封主に対して規定の額を支給するいわゆる間接徴収制であり、それは里制と税制が整備されていることを前提とするものであるから、大化二年当時に令制の如き食封制が行なわれたとはもちろん考えられない。そこで最近では、大化の食封はいわゆる直接徴収制であり、それがやがて令制の如き間接徴収制に転換したことを示すのが、おそらく天武紀十一（六八二）年三月辛酉条の「是日、詔曰、親王以下至二于諸臣一被レ給食封、皆止之、更返二於公一。」という記事であろうとみられるようになってきている。そのことを最も詳しく説かれたのは利光三津夫氏であるが、そのおもな論拠は、（イ）大化当初はいわゆる旧勢力の力がまだ強く、すぐに間接徴収制をおこなうことは困難だったこと、（ロ）改新当事者が参考にしえた初唐の食封制は直接徴収制であって、唐で原則として間接徴収制がとられるようになったことが知られるのは開元三（七一五、霊亀元）年以降であること、（ハ）東宮や中宮の湯沐は食封の一種とみるべきであるが、壬申紀にみえる大海人皇子の湯沐は直接徴収制だったとみられるから、天武朝初年には食封はまだ直接徴収制だったことが知られること、などである（同著『律令及び令制の研究』第二部第一章「初期食封制の研究」）。このうち、（イ）は反改新的な旧勢力の存在を想定し、改新をもって天皇権力による有力豪族の抑圧とする見方に立っている点で賛成しがたいが、（ロ）（ハ）の点はほぼ氏の説かれる通りであろうから、大化の食封が間接徴収制でなかったことはほとんど間違いないであろう。

　しかしながら、大化の食封が間接徴収制ではなかったからといって、すぐにそれを直接徴収制だったとするわけにはいかない。なぜならば、第一に、初唐の直接徴収制を採用したとみるのが最も自然だというのが利光氏の見解であるが、実は中国においては、氏も触れられているように、すでに北斉において間接徴収制が行なわれていた。通典職官十三に「北斉有二王公侯伯子男六等之爵一。王位列二大司馬上一、非二親王一則在二三公下一。封内之調、尽以入レ台、三分食レ一。公以下、四分食レ一。」とみえるのがそれである。したがって、唐初においても間接徴収制の先例はあったのであり、また日本でも当然その知識はあったはずである。それにも拘わらず唐ではじめは直接徴収制に止まったのは、建国当初の政治的事情によるというのであるが、日本の場合には、天皇の権威を中心にした中央諸豪族、すなわち畿内勢力が主体となって、集権的な体制を確立しようとしたものであるから、唐と事情が同じとするわけにはいかない。したがって、唐ではじめ直接徴収制だったということは、必ずしも大化の食封を直接徴収制だったと推定する根拠にはならないのである。

また第二に、上述のように食封制を実施するには、たといそれが直接徴収制であっても、里制の整備が不可欠の前提であって、それらがある程度確立していなければ、封主にどれだけの大きさの特典を与えているのか全くわからないし、封主の地位などに応じた等差を設けることも不可能であるが、大化二年当時には、そのような条件がすでに存在したとはとうてい考えられない。もっとも税制は、この詔の第四条に新しい統一的制度が示され、旧の賦役をやめて田の調以下の諸税を出すべきことが規定されていて、それらはすぐに実施するつもりのものだったとみられるから、食封の収入も、これによって種目と数量を一おう政府が把握できたといえるかもしれない。また最近の見解では律令的な人頭賦課の原則は浄御原令以後に実現したのであって、天武朝以前は戸が賦課の単位だったとされるようになってきており、第四条の税制も主として田と戸が賦課の単位になっているから、田積と戸数の調査ができていれば、一おう実施は可能である。事実すでに前年の八月に東国国司らが造籍・校田の命をうけて発遣されているし、同九月には「遣二使者於諸国一、録二民元数一。」ということも行なわれている。しかしそれらの調査が、このころすでに食封制を実施できるほど正確におこなわれていたかどうかは甚だ疑問であろう。まして里制は大化のころには、まだほとんど形をなしていなかったと思われる。大化前代から三十戸一里制があったという説もあるが、かりにあっても特定の地域だけであって、そのような制度が一般的に存在したということは考えにくいことである。もっともこれも、戸数さえ把握していればよいと考えられるかもしれないが、しかし食封制を合理的に実施するためには、それほど大小の格差のない戸の編成が、全国的に行なわれていなければならないから、やはりそれは無理であろう。このようにみてくると、たとい直接徴収制であっても、食封制を実施しうる条件は、大化二年当時はまだ存在していなかったといわざるをえない。

それでは詔文の食封というのはどのようなものだったかというと、私は次のようなものだったのではないかと考える。すなわち、大夫以上の地位のものの氏がこれまで私有していた部曲を、その数はあるいは削減・調整されたかもしれないが、そのまま一種の封民、すなわち公認された領民とし、その封民に対しては封主が直接に収取をおこない、その収取の内容は、公式には詔文第四条に規定された田の調、戸別の調および仕丁などで、そのほかに封主が直接におこなう出挙の利があった、というようなものだったのではないかと推測されるのである。このうち仕丁は、詔文第四条では諸司に充てるものについて述べているだけであるが、前項に掲げた大化二年三月の皇太子奏請文で、所封民から仕丁をとって私に使役することを認めているのは、別に詳説したように（前掲拙稿「大化前代における皇室私有民」）、食封についてのことと解すべきであるから、大化の食封は直ちに実施され、まもなく仕丁の差点も公認されたとみてよいであろう。なお、このような内容のものを考えないでも、将来実現すべき方針を示したものとみればよいのではないかという反論があるかもしれないが、しかしここで食封・布帛を与えるといっているのは、新しい官位制に伴なう給与制が整うまでの暫定的な措置として述べていることであり、しかもそれがすぐに実施されたことが、皇太子奏請文によって明らかであるから、この場合にはそう考えるわけにはいかないのである。

大化の食封の実体が右のようなものだったとすると、それは旧来の私民の性格を濃厚に残しているものだったわけで、これは厳密にいえば、とうてい食封と呼びうるものではない。それにも拘わらず書紀がこれに食封という語を当てているのは、単なる修飾というよりは、これが結局のちの食封の源流になったためとみるほうがよいであろう。すなわちこの封民は、はじめのうちは旧来とあまり変らない形で封主の支配をうけていたかもしれないが、しだいに大化の税制に則った収取がおこなわれるようになり、やがて農民の戸数がほぼ正確に把握されるようになると、それはそのまま食封と呼んでもよいようなものになっていったと思われる。天平十九(七四七)年の法隆寺資財帳にみえる大化三年九月二十一日施入の食封三百烟なども、そのような段階のものであろう。そしてそういう状態は天武朝まで続き、そのころになると初唐の直接徴収制の食封とほぼ同じ内容のものになっていて、実際にもこれを食封とか封戸とか呼ぶようになっていたと推測されるのである。

ただ、この間の時期は関係史料が乏しいために、詳しいことはほとんどわからないから、たとえば収取の内容についても、大化の税制が孝徳朝から天智朝にかけて、より令制的なものになっていったかもしれないけれども、それらの事実を確かめることはほとんど不可能である。しかし私は、この期間の食封には、その収取内容を別とするならば、ほとんど変化はなかったのではないか、ことに封戸と封主の関係、すなわち封民の所属関係は、たとえば壬申の乱の結果による没収などということがあったかどうかわからないが、もしあったとすればそういう特別の場合を除いて、大化当時の状態がほぼそのまま天武朝初年まで続いたのではないかと想像する。すなわち大化の食封は、上述のように部曲の後身であって、個人の地位に応じて与えられたものではなく、大夫の家柄に対して与えられたものであって、その後、大夫の地位に交替・変動があっても、食封はそのまま同じ氏に継承されていたのではないかと思われるのである。天智紀三(六六四)年三月条にみえる民部・家部というものは、その実体が必ずしも明らかでなく、食封との関係も不明であるが、それが大氏・小氏・伴造などの氏上に与えられたとみられることは、この点を側面から裏付けるものであろう。

さて、大夫・官人・百姓・食封などの語を以上のように解した上で、大夫以上と官人・百姓に与えられることになった食封・布帛の性格について考えてみると、これを私地・私民廃止の代償とする通説は、代償というのが広い意味での代りのものということであるならば、必ずしも誤りとはいえないであろう。しかし、大小豪族の旧来の経済的基盤を天皇が奪いとって、その代りにいわば天皇の側からの一方的な意志によって賜与したものという意味合いをもつとすれば、それはやはり問題であろう。たびたび言うように、改新は中央勢力全体が主体となっておこなった改革であるから、食封・布帛の支給を定めた主体も、形式は別として、実質上はやはりかれら全体とみなければならない。もちろん官人・百姓などでは、地位が低くなるに従って、権力の主体としての立場は稀薄になるから、代償としての賜与という性質が濃くなるが、これを全体としてみるならば、その本質は賜与ではなくして、権益すなわち支配層の構成員であるという地位の表現とみるべきであろう。律令制の封禄をもって官僚制的給与とみる傾向が一般に強いようであるけれども、その源流はこの食封・布帛、あるいは官司の屯田などにあり、職務に対する給与というよりは、むしろ地位に応ずる特権という面が先行している。もし天皇の賜与であるならば、改新の基本原則に反する部民支配の部分的存続というような形を、何もわざわざとる必要はないのであって、ここに大夫に食封が与えられたということは、この代償が実は支配層の権益の表現であることを、最もよく物語るものといってよいであろう。

6　総　括

以上は第一条の内容の検討であるが、その結果を要約すると、本条は私地・私民の否定と、それに代る諸豪族の権益の保障について述べたものであって、その私民は、皇室私有民と豪族私有民のすべてを含むが、朝廷所属民たる品部、すなわちいわゆる職業部と御名代の部は含まない。これは、伴造・品部制の上に成立している従来の世襲職制の廃止、すなわち中央官制の改革があとまわしにされたことを意味するものであって、第二条に新しい中央官制に関する規定が全く欠けていることと照応している。もちろん、その意図は二カ月後の官司屯田の廃止などにすでにうかがわれるから、この段階ではまだ世襲職制の廃止が全然考えられていなかったとまでいうのは疑問であるが、しかし、改革の主眼が土地・人民に対する支配方式の変更のほうにあったことは確かであろう。

また、この私地・私民の廃止は、具体的には屯倉・田荘や部民に対する皇室・諸豪族の個別的支配権を否定したものであって、一般的な豪族領有権までを否定しているわけではない。したがって、改新による公地・公民化というのは、これらの個別的支配権を否定することによって、全国の土地・人民をすべて豪族領有の状態に引き戻し、それを朝廷の一括支配の下に置こうとしたものということになる。そして、大夫以上および官人・百姓に対する食封・布帛の支給は単なる一時的な代償ではなく、大化以後も潜在的領有権という形で依然として存続する政治的権利の一つの表現にほかならないとみられるのである。ただ、こう考えると、大化以後の律令的支配は、屯倉・田荘や部民に対する支配をそのまま延長・拡大したものではなく、それらを一たん白紙に返した上で、そこに新しい支配を布いたものということになるが、しかし、それが古い豪族領有制を単に一本化しただけのものでないことは明らかであるから、その新しい支配の具体的な方式が、屯倉・田荘や部民に対する支配方式の継承・発展であったか、あるいはそれとはかなり異質なものであったかということは、また別個の重要な問題となるわけである。しかしいずれにせよ、一括支配実現のためには、屯倉・田荘と部民の廃止は絶対に必要だったのであり、豪族領有権の否定のほうは、必ずしも必要ではなかったのである。

二　第二条の検討

1　条文の内容

次に、詔文の第二条は次のように書かれている。

其二曰、（A）初修二京師一、置二畿内・国司・郡司・関塞・斥候・防人・駅馬・伝馬一、及造二鈴・契一、定二山河一。（B）凡京、毎レ坊置二長一人一、四坊置二令一人一。掌下按二検戸口一、督中察奸非上。其坊令、取下坊内明廉強直堪二時務一者上充。里坊長、並取二里坊百姓清正強幹者一充。若当里坊無レ人、聴下於二比里坊一簡用上。（C）凡畿内、東自二名墾横河一以来、南自二紀伊兄山一以来、兄、此云レ制。西自二赤石櫛淵一以来、北自二近江狭々波合坂山一以来、為二畿内国一。（D）凡郡、以二四十里一為二大郡一。三十里以下四里以上為二中郡一。三里為二小郡一。其郡司、並取下国造性識清廉堪二時務一者上、為二大領・少領一。強幹聡敏工二書算一者、為二主政・主帳一。（E）凡給二駅馬・伝馬一、皆依二鈴・伝符剋数一。（F）凡諸国及関、給二鈴・契一。並長官執。無次官執。

この条文においては、いうまでもなく（A）の部分が主文で、（B）以下の各部分は、それぞれ（A）の部分にみえる諸事項の細目規定あるいは補足的説明として掲げられているから、すべて副文である。そのうちで主文は、新しい中央集権的な地方行政制度、およびその他の地方的諸制度について述べていて、その中にはやや疑いを挟む余地のあるものもあるが、全体としては、原文の内容をほぼ忠実に伝えているとみてよいであろう。ここで中央官制のことが全くふれられていないことは、前述のように第一条に品部廃止のことがみえない事実に対応しているが、これは、すでに津田氏が指摘されたように（同氏前掲「大化改新の研究」第一章）、改新の主たる目的が土地・人民に対する支配方式の変更にあり、中央官制の制定はそれにくらべれば二次的な意義をもつにすぎなかったことを示している。このことは、中央支配層内部の改編、したがって天皇権力の強化ということが、改新の根本目的ではなかったことを物語るものといってよいであろう。ただ、ここに示されている諸制度が、単に律令的地方制度のうちのおもなものをあげただけにすぎないものか、あるいは、大化当時の段階に規定されたかなり特殊な性格をもつものかは問題であって、その点については、個々に検討する必要がある。

これに対して副文は、（C）の畿内国の範囲に関する規定を除いて、そのほかはみなのちの養老令の中にきわめて文章の類似した条文が見出されるため、第三条の二つの副文とともに、今日伝わらない浄御原令あるいは大宝令の条文を、書紀の撰者が適当に転載したものにすぎないのではないかという疑いが、津田氏以来強くかけられてきたことは周知の通りである。そして最近井上氏は、これらの副文を一々令文と比較対照し、第二条以下にみえる副文は、（イ）詔の原文には項目のみあげてあったが、書紀の編者がその内容を説明するために、令の条文をそのまま転載したもの、（ロ）原文には項目とともに内容規定も記してあったが、それを令の条文によって修飾したもの、（ハ）同じく項目と内容規定が記してあったが、令に対応する条文がなかったために、それを令文に似せて形を整えたにすぎないもの、の三つの型によって、すべて説明することができるということを論じられた（同氏前掲「大化改新の詔の研究」）。確かに令文に酷似したこれらの部分については、もし令文が詔文を継承したのでないとすれば、当然令文を転載して修飾したものと認めざるをえないであろうが、しかし、詔文の信憑性如何という観点からみる場合には、それらの部分を井上氏のいわれる（イ）の型とみるか（ロ）の型とみるかによって、きわめて大きな相違が生じる。なぜならば、

（イ）であった場合には、転載によって詔の原文に存在しなかった重要な内容が付加されていることを、とうてい否定できないが、（ロ）であった場合にはそうとは限らないからである。本条においても、明白に令文によって修飾したとみられる（D）の郡制に関する副文が、後述のように、内容的には大化当時のものとみるのが最も自然と考えられるのであるから、他の（B）（E）（F）の部分も、（ロ）の型すなわち詔の原文にも内容規定が存在したものという可能性を頭から否定してかかるわけにはいかないのである。したがって、これらの部分が果して転載の結果、内容的に重要な変改が加えられているかどうかということを、一々についてやはり検討する必要があるわけである。

2　京師と畿内

まず主文にみえる京師と畿内についてであるが、そのうち京師については、それほど問題はない。これまでのミヤコは、いうまでもなくミヤすなわち皇居だけがあって、歴代ごとに移動していたわけであるが、ここで中国風の京師の制を採用するということは、改新政府がはじめから隋唐の制にならって、整然たる中央集権的政治体制をうち建てようと考えていたとすれば、その盛んな意気込みの一つの表われとして理解することができる。もっとも実際には、この前月すなわち大化元年十二月に、難波長柄豊碕宮に移ったことが孝徳紀にみえるが、宮が完成したのは、同紀によれば七年後の白雉三（六五二）年九月のことで、しかもその難波の地に京師の制が布かれた形跡は、ほとんどないといってよい。条坊をそなえた京師の制が確かめられるのは、藤原京になってからであるから、真に制度が整ったのはかなり後のことである。しかし、そのような方針がすでにこのときに示されたとみることには、それほどの差し支えはないであろう。なお、隋・唐の京師が一般的地方行政区画と同一の系列に置かれていたのに対して、わが国では、天武紀十四（六八五）年三月辛酉条に「京職大夫直大参巨勢朝臣辛檀努卒。」とあることから知られるように、京職という格の高い特別な行政機関が、すでに浄御原宮のときから存在した。この京職の制は、わが国の京師の特殊性によるものであるが、しかし、主文の「修二京師一」という句の中に、京職の設置の意味までが含まれていたかどうかは判定しがたい。

なお、この京師に関する（B）の副文には、坊令および坊長に関することが規定されているが、その文章はのちの戸令の次の如き条文と酷似しており、しかも、本条の主文とは関係がなくて、むしろ第三条に関係がある里長のことがそこに含まれている。

凡京、毎レ坊置二長一人一。四坊置二令一人一。掌下検二校戸口一、督二察奸非一、催中駈賦徭上。

凡坊令、取下正八位以下、明廉強直堪二時務一者上充。里長・坊長、並取二白丁清正強幹者一充。若当里当坊無レ人、聴下於二比里比坊一簡用上。若八位以下情願者聴。

そこでかつて坂本氏は、この部分が書紀の撰者の修飾の疑いが濃厚であることを指摘され（同氏前掲書『大化改新の研究』）、さらに最近井上氏は、これをもって浄御原令文転載説の主要な論拠の一つとされた（同氏前掲「大化改新の詔の研究」）。確かにこの副文が、のちの令文によって強度に修飾されているということは、ほとんど否定できないであろうが、しかし、これが井上氏のいわれる（イ）の型に当るものであるかどうかは、にわかに断定することもできない。なぜならば、このときの京師の構想が唐の長安などの制を模範として立てられたものだったとすれば、坊令・坊長などの規定をつくることは、当時の人にとって決して不可能ではないし、また、もし第三条の原文に里長に関する規定があったとすれば、修飾の際の便宜から、これを第二条の副文に併記してしまっても、それほどの造作とはいえないからである。したがってこの部分は、詔文の信憑性を否定する決定的な根拠とは必ずしもなりえないのである。

それから次に畿内についていうと、この「畿内国司郡司」の個所にはいろいろと問題がある。まずその読みかたであるが、以前には「畿内と国司と郡司」というように、三者を並列に読むのがふつうであった。しかしながら、文章の意味からいうと、畿内を国司以下と同列にして、これを置くというのはやや不自然であるし、副文に「凡京……凡畿内……凡郡……」とあって、「凡国……」という副文がないのは、書紀の撰者がそう読ませるつもりではなかったことを示すようにもみえる。そこでそういう難点を避けようとすれば、（1）「畿内の国司・郡司」と読んで、畿外を全く除外するか、あるいは（2）「畿内国の司と郡司」と読んで、畿内国を一つの国とみるか、という二つの読みかたが考えられるが、（1）のように畿外を全く除外するのはかなり無理であるし、（2）の場合も、国司は畿内国だけであるのに、郡司は全国に置くということになって、文章としてもかなり不自然といわなければならない。したがって、結局は従来通り三者並列に読んで、これを「畿内国およびその他の諸国の国司と郡司」の意味に、文章をややゆるく解釈するほかはないということになるのである。そう考えた上で私は、この大化のときの畿内は畿内国という単一の国であったということをまえに論じたが（拙稿「畿内制の成立」山梨大学学芸学部研究報告第五号——著作集第一巻第四部第六章）、これはもう少し正確にいうと、大化当時には畿内国という単一の国が考えられていた、というべきであった。そしてそこには、東国国司などと並ぶ広域支配の国司を置く考えだったのではないかと思われるが、それはおそらく実施されないうちに、大化末年以後、大和・河内・摂津・山背という令制的な国に分けられることになったのではないかと推測されるのである。

また、この大化の畿内制については、前稿では、中国の畿内制の特質として、（1）一般的な地方行政区画の上に立って、その境域が定められていること、（2）京師の位置がその中心になるように設定されていること、（3）畿外との現実上の相違は、主として民政上の取扱いの差別であること、の三点をあげ、それらの点と一々比較して、わが畿内制の本質を考えた。そしてわが畿内制が、形の上では中国のそれを採用したようにみえるけれども、その本質はかなり違うものであって、本来大和朝廷を構成していた中央勢力の居住地域を特殊区域として定めたものにほかならず、国郡の区画を前提としたものでもなければ、天皇の所在地を絶対の基準としたものでもないことをその結論とした。

ところが最近曽我部静雄氏は、中国の畿内制は周礼にその規定がみえ、それをはじめて実施に移した北魏の道武帝は、首都平城を中心とする方千里の区域を畿内としたが、その際に東・西・南・北の四つの地点をもってその境域を示した点で、わが大化の畿内制と共通していること、また、その後は唐に至るまで、首都付近の数郡を以って畿内の区域とする制がとられたが、ただ、大業三（六〇七）年に隋の煬帝が定めた畿内の制は、あるいは北魏の平城型のものだったかもしれず、したがってまた、わが国の畿内制は、直接には隋の大業の制にならったものであるかもしれないことを詳説された（同氏「日中の畿内制度」史林四七ノ三）。これによれば、右の（1）の点に関する私の議論には大きな欠陥があったわけであって、一般的な地方行政区画を前提としない境域決定の前例は、すでに中国に存在したとしなければならない。平城の場合の境域指示のしかたは、資治通鑑晋紀隆安二年八月条の胡三省の注に引く宋白の説明によれば、

東至㆓上谷軍都関㆒、西至㆑河、南至㆓中山隘門塞㆒、北至㆓五原㆒。地方千里、以為㆓甸服㆒。

というのであって、本条の（C）の副文と非常によく似ているから、この点からいっても、大化の畿内制が中国の平

城型のそれを参考にしていることは、ほぼ間違いないであろう。しかしながら、そのことは必ずしも大化の畿内制が周礼の制に従ったものであることを意味しない。なぜならば、周礼の制は王城がその中心に位置することが前提になっており、事実北魏の場合には、のちに孝文帝が洛陽に遷都すると、直ちに平城を中心とする畿内は廃止されたが（曽我部氏前掲論文）、日本では、たとえば畿外の近江に遷都しても、畿内の境域が変更されるような気配は全然うかがわれないからである。したがって、大化の畿内制の本質についての私の見解は、とくに変更の必要はないわけで、そのような畿内の制が国郡の区画以前にここで定められたということは、やはり改新の主体勢力が中央豪族群全体であったことを端的に物語るものといってよいであろう。

なおこの畿内制については、その境域を規定している（C）の副文、さらには主文の畿内の文字が、天武朝以後の事実に基づいて書かれたものであって、畿内制は大化には存在しなかったとする八木充氏（「大化改新詔の述作について」山口大学文学会志一一ノ一）と井上氏（「律令体制の成立」『岩波講座日本歴史古代3』）の見解がある。そのうち井上氏は、その後その見解を撤回されているので（同氏前掲「大化改新の詔の研究」）、ここでは八木氏の所論について簡単にふれておくと、氏はまず、（C）の副文の四地点の記述は必ずしもその畿内国が地域的境界に囲まれた国であることを意味しないから、いくつかの令制の国から成るとみても差し支えがないといわれる。しかし私ももちろん地域的境界があったとは考えていないのであって、問題は後述のように（C）の副文の記述のしかたが、国郡制成立以後のものとしては甚だ不自然だという点にあるのであるから、この議論はあまり意味がない。それから氏は、京師と畿内とは無関係だと私がいったようにとっておられるが、もちろんそうではなくて、両者は歴史的にきわめて緊密な関係をもっており、そのために皇居の位置は畿内の範囲によってほぼ規定され、簡単には畿外に出ることができなかったのである。

つまり、どちらがどちらの位置を規定しているかということが問題の要点なのであって、はじめから中国の制度の模倣ときめてかかっては、日本の畿内制の本質を見失うことになる。氏は、のちに境界をもった国を単位とする畿内制が確定して、畿内の内容自身が固定化したために、その範囲が改訂をこうむらなくなったのではあるまいかといわれるが、中国的な制だったならば、固定化するなどということがそもそもありえないことであって、これはむしろ、日本の畿内制が中国のそれと本質的に異なることを、氏自ら立証されたようなものである。このほか、氏は畿内制の成立を天武朝以後とする積極的根拠もいくらか述べておられるが、それらにはあまり問題になるほどの論点はない。とにかく、(C)の副文が四つの地点によって境域を示していることは、それが周礼の王畿方千里の思想を承けたものでないことが明らかである以上、国郡の区画がまだ定まっていなかった大化年代のものとして最もふさわしいのであって、天武朝以後ならば、なにもわざわざ国の境界とややずれている地点をあげる必要はないのである。地名の表記法において、名墾・紀伊・赤石・近江というように、のちに国名になったものとそうでないものとが混交しているのも、国郡制成立以前のものであることを雄弁に物語るものといってよいであろう。なおかつて津田氏は、この四地点が当時の京師である難波京がちょうどその中心になるようになっていないという理由で、大化の制であることを否定しようとされたが(同氏前掲「大化改新の研究」第四章)、上述のように日本の畿内の境域は、もともと皇居の位置によって変化する性質のものではないから、この議論は意味がないといわなければならない。

3　国郡制

以上は京師と畿内についてであるが、その次の国司の文字を独立させないで、「畿内国の司」と読む場合には、本条には畿内国以外の国司に関する規定は全く存在しなかったことになる。井上氏は近説において、そのように解されたけれども（同氏前掲「大化改新の詔の研究」）、上述のように、それは文章からいってかなり不自然であって、「畿内国およびその他の諸国の国司」の意にとるのが穏当であろう。そうすると、本条は畿外の国司を置くことも規定していたことになるわけであるが、国司については、前年八月にすでに東国国司なるものが任命・派遣されたことが孝徳紀にみえており、西国方面にも、こののち間もなく同様の国司が任命されたと推測される。しかしそれらは、のちの令制の国司にくらべると、官制の規模も大きく、管轄区域もはるかに広く、その任務も、班田・造籍の準備作業に着手し、民間の武器を集積し、国郡を区画することなどに限られていたようであって、令制的な国司制の成立は、早くみても白雉末年をまたなければならない。それらのことについては、すでに詳しく述べたことがあるので（拙稿「大化の東国国司について」文化二六ノ二――著作集第二巻第四部第四章）、ここでは省略するが、本条にいう国司は、それらの令前的国司、すなわち三関以東を八カ国に分ける程度の広域支配の国司とみることが可能であろう。すなわち、本条の規定は、すでに東国に実施している国司制を全国に及ぼすことを述べたものであり、その制度の内容は、すでに一部に実施されていて説明の必要がないために、とくにそのための副文を置かなかったとみることができるのである。

また郡司については、井上氏と坂本氏の間におこなわれたいわゆる郡・評の論争以来、この詔にみえる郡司関係の規定を、浄御原令あるいは大宝令の条文による造作とする井上氏の説が一般に有力視され、詔の信憑性を疑う最大の根拠とされていた。それによると、本条の主文にみえる郡司の文字は、原文では評司となっており、また、(D)の副文はのちの令文の全くの転載で、その郡司任用規定は、原文では国造を評造に任用する旨の規定になっていたということになる。しかし、この井上氏の説が成立しがたいものであり、郡制は大化のときに制定されたけれども、その実施は、種々の困難のために天武朝以後まで延期され、そのあいだは暫定的な制度として、国造のクニと新設の評（コホリ）とが並存していたと考えるべきことは、まえに述べた通りである（前掲拙稿「大化の郡司制について」）。また井上氏は最近この私見に反論を加えつつ自説を再主張され、さらに本条の主文の「畿内・国司・郡司」の部分が詔の原文では「畿内国司と評司」であったとみることによって、原文に示されていた地方制度が律令制とは程遠いきわめて素朴なものであったという推定論を展開されたが（同氏前掲「大化改新の詔の研究」）、氏の反論は成立しがたく、私見の大筋にほとんど変更の必要がないことも、すでに別稿で述べた通りである（前掲拙稿「再び大化の郡司制について」）。したがって、本条は律令的な郡制を将来全国にわたって実施する方針を示したもので、郡制はこのときに制定されたと解してよいであろう。ただ、その郡制の内容は、のちの令制のそれとはやや異るところがあったと考えられるが、その点については副文の規定を参照する必要がある。

すなわち（D）の副文をみると、その前半の郡の等級制に関する部分は、のちの戸令の定郡条の、

凡郡、以二廿里以下十六里以上一為二大郡一。十二里以上為二上郡一。八里以上為二中郡一。四里以上為二下郡一。二里以上為二小郡一。

という条文と、その形がきわめてよく似ているが、令文が四等級制であるのに対して、詔文は三等級制をとっており、郡の規模を令制よりもかなり大きく定めている。令文転載説の立場からは、これを浄御原令の規定と考え、大宝令の施行に際して広く郡の細分化がおこなわれたとみることになるが、しかし、郡（コホリ）の主な分割は孝徳朝の末年ころまでにほぼ終了したとみるべきであるから、この副文の規定は、文章の形はのちの令文によって整えられているとしても、内容的には大化のものとみるのが最も適当である。

また、副文の後半の郡司任用規定を述べた部分は、やはりのちの選叙令郡司条の、

凡郡司、取下性識清廉堪二時務一者上、為二大領・少領一。強幹聡敏工二書計一者、為二主政・主帳一。其大領外従八位上、少領外従八位下叙之。其大領・少領、才用同者、先取二国造一。

という条文と酷似しているが、令文が国造を優先的に任用することを注で述べているにすぎないのに対して、副文では、国造であることを任用の絶対条件としている。令文転載説に立つ場合には、これを浄御原令あるいは大宝令の規定と考え、書紀の撰者が転載する際に叙位規定の部分を削り、また、原文に国造を評造に任用する旨が規定されていたために、注の国造の文字を機械的に文頭に移したとみることになるが、しかしそう考えることには、種々の点で大きな障害があるから、この副文の規定も、たといのちの令文によって強度に修飾されているとしても、内容的にはやはり大化当時のものであって、原文には国造を郡司に任用する旨が述べられていたとみなければならない。これらの点については、やはりすでに別稿に述べてあるので（前掲拙稿「再び大化の郡司制について」）、詳しいことを省略するが、とにかくこれらの規定によれば、改新政府ははじめは従来の国造のクニをほぼそのまま郡とし、国造をそのまま郡司に任用して、その上に広域支配の国司を中央から赴任させる考えだったということになるわけである。そのために郡の規格も、のちの令制の郡の約二倍の大きさに定めたわけであるが、その後、租税の徴収その他の民政上の便宜からその方針を変更し、大化末年から白雉年間にかけて、国造のクニを分割して多数の新しいコホリを立て、郡制実施に至るまでのあいだ、新しいコホリには暫定的に評の制を布いたと考えられるのである。

4　辺防施設

次には関塞・斥候・防人などの軍事制度についてであるが、まずその一々についてみると、関塞は、和名抄に関を世岐（セキ）、塞を曽古（ソコ）と訓んでいて、両者を区別する読みかたもある。しかし、ここはそのような制度的な区別が意識されているわけではないとみて、北野本の古訓の如く、二字を合せてセキと訓んでおいたほうがよいであろう。坂本氏も、関を軍事的・警察的・経済的機能を有するもの、塞をもっぱら軍事的なものとされながらも、ここの二字は合せて広く軍事的・警察的目的のために要衝におかるべき一施設を総称したものであろうとされている（同氏前掲書『大化改新の研究』）。塞の実例としては、年代が降って、続日本紀宝亀十一（七八〇）年十二月庚子条に大室塞、同延暦八（七八九）年六月庚辰条・日本後紀延暦十五年十一月己丑条および三代格弘仁六（八一五）年八月二十五日付太政官符に玉造塞、三代格大同五（八一〇）年五月十一日付太政官符に鎮奥塞などの語がみえるが、これらは柵を塞と言い換え、あるいは賊の要害を塞と呼んだだけで、とくに塞という制度があったわけではない。したがってここの関塞は、一つのものとしてのちの関の制度につながるとみてよいであろう。

関については、令制にはいわゆる三関、すなわち越前の愛発関、美濃の不破関および伊勢の鈴鹿関についての規定がみえるだけであるが、そのほかに天武紀八（六七九）年十一月条に初めて竜田山と大坂山に関を置いたという記事があり、また平安時代に入ってからは、長門国関（三代格承和二年十二月三日付太政官符）、相坂・大石・竜華関（文徳実録天安元年四月庚寅条）、碓氷・足柄関（三代格昌泰二年九月十九日付太政官符）、および白河・菊多剗（上掲承和二年十二月三日格）などの名がみえている。軍防令置関条の規定によれば三関には兵士を配置し、鼓吹軍器を設け、国司が分当して守固することになっており、その他の臨時の関には兵士だけを配置することになっているから、関の性格は本来はもっぱら軍事的なものだったと考えられる。

三関の設置年代については、すでに早く喜田新六氏の研究があり（同氏「上代の関の研究」歴史地理五七ノ四）、最近横田健一氏もそれを敷衍しておられるが、（同氏「大和国家権力の交通的基礎」『近畿古文化論叢』所収）、それによると、三関は近江朝廷の防衛施設として天智朝に設置されたもので、その後壬申の乱の教訓によって、東国に対する警戒の必要が痛感されたために、天武朝において三関国の制度が確立されたのであろうという。また逢坂関も、前掲の文徳実録天安元年四月庚寅条に、「唯相坂、是古昔之旧関也。時属二聖運一、不レ閉二門鍵一。出入無レ禁、年代久矣。」と述べているところからみると、やはり天智朝に近江朝廷防衛のために置かれたが、天武朝以後その必要がなくなったために、永く廃絶同様の状態になっていたのではないかと思われる。したがって、三関の設置は、中央政府あるいは畿内地域の防衛という意味をもつものだったと考えられるわけであるが、天智朝以前にどういう関が存在したかは明らかでない。しかし、長門の関が衛禁律私度関条に「凡私度レ関者、徒一年。謂、三関者。摂津・長門減二一等一。余関又減二二等一。越度者、各加二一等一。不レ由レ門為レ越。」とあり、関市令欲度関条の「若船筏経レ関過者、亦請二過所一。」の義解に「謂、長門及摂津。」とあるなどによって、早くから存在していたらしく思われること、摂津が長門と同じく三関に次ぐ重要な関と考えられていたらしいこと、前掲の天武紀八年十一月条に「是月、初置二関於竜田山・大坂山一。仍難波築二羅城一。」とあって、天武朝で西方に対する防備のために竜田山と大坂山に関を置き、それと関連して難波に羅城を築いたことが知られること、などを併せ考えると、東国に対する警戒というのは壬申の乱以後のことであり、畿内防衛というのも近江朝以後であって、それ以前は、国家制度としての関といえば、主として対外防備のための関だったのではないかと思われる。大化元・二年当時は、唐の太宗が親ら大軍を率いて高句麗大遠征を行ない、その脅威がひしひしと感じられていたときであるから、この詔文の関塞も、主として西海防備のためのものが考えられ、同時に東北の蝦夷に対する施設の意味も含まれていたというようにみるほうがよいであろう。

これに対して、次の斥候と防人とは、辺境防備に配置さるべき要員であって、そのうち斥候にはヤカタ・ウカミの訓があるが、ウカミすなわち敵状を監視・偵察するものとみるのがよいであろう。前掲の昌泰二年の官符に、「仍碓氷坂本権置二遉邏一、令レ加二勘過一。」とある遉邏も、同じくウカミであって、関にウカミが置かれた例を示している。坂本氏は、防人が西海防備のものであるのに対して、この斥候は北辺防備のためのものとされており、職員令の国守の職掌にも、「其陸奥・出羽・越後等国、兼知二饗給・征討・斥候一。」とあるが、しかし、同じく大宰帥の職掌の中にも「烽候」の語があるから、必ずしも北辺だけと限らなくともよいであろう。

また防人は、いうまでもなく西海の防備のためのものである。令制の防人は、軍団の兵士の中から交替で北九州に派遣され、大宰府の指揮下に配置されて三年間勤務することが、軍防令に規定されているが、しかしこの改新の詔には、軍団に関することは何も触れていないし、実際に軍団制が成立したのは、恐らく持統朝になってからと考えられる。米田雄介氏は、天武朝にすでに軍団が存在していたとされるが（同氏「律令的軍団の成立」ヒストリア三二号）、その根拠は十分ではないから、やはり高橋崇氏の説（同氏「天武・持統朝の兵制」芸林六ノ六）に従い、持統紀三（六八九）年閏八月庚申条の「今冬……其兵士者、毎二於国一四分而点二其一一、令レ習二武事一。」という詔をもって、軍団制の採用とみておくのがよいであろう。ところが防人がそれ以前からすでに存在していたことは、天智紀三（六六四）年条に「是歳、於二対馬嶋・壱岐嶋・筑紫国等一置二防与一レ烽。」とあるのによって明らかで、同十年十一月癸卯条の記事にも、北九州に防人がいたことがみえている。また、天武紀十四（六八五）年十二月乙亥条には、筑紫に送られる防人らが途中で海中に飄蕩したことがみえ、その三年余り後の持統紀三（六八九）年二月丙申条に、「詔、筑紫防人、満二年限一者替。」という記事がみえるから、そのころすでに三年交替という原則が一おうあったのではないかとも思われる。したがって、防人の制は軍団制の成立を前提としなければならないということはないのであって、大化のときに制定され、百済救援の失敗した直後、天智天皇三（六六四）年から実際に置かれるようになったと考えて、少しも差し支えないわけである。

なお、この軍団制成立以前の防人については、岸俊男氏の論考がある（同氏「防人考」『万葉集大成』一一）。それによると、軍団制以前の地方兵制は、国造軍を基礎としていたのであって、万葉集などからうかがわれる律令制下の防人の部隊編制には、過去の国造軍の遺制が非常に強く残っているというのである。岸氏はその際に、大化前代の朝鮮遠征軍などが、古くから主として国造の兵力によって構成されていたことを詳説されただけで、大化以後に創設された防人が、なぜ旧来の国造の名称を指揮官の公式の職名としているかについては、とくに論及されなかったが、しかし私がまえに論じたように、天智朝にはまだ旧国造は正式の地方官として存続していたと考えられるから（前掲拙稿「大化の郡司制について」）、発足当時の防人の編制は、けっして過去の遺制ではなかったというべきであろう。防人に主として東国の兵士をあてるということも、けっして人民支配上の術策ではなく、発足当時の現実の必要によっておこなわれたことであって、恐らく唐・新羅の侵攻に備えて、西海方面の諸国に予備の戦闘人員を十分に確保しておくために、最も関係の遠い東国から、わざわざ防人を派遣することにしたのであろう。曽我部氏は、唐の防人が主として山東地方の出身者であったことを指摘して、わが国の防人の制は唐のそれを模倣したものであろうと論じられたが（同氏「東国出身の防人達」史林四四ノ二）、少くともサキモリの語に防人の文字を当てたのは、そのような唐制を参照してのことではないかと思われる。いずれにしても、大化の防人の制はすぐには実施されなかったけれども、主として東国の国造軍の中から交替で派遣されるものとして考えられていたとみてよいのではないかと思われるのである。

5　駅　制

最後に駅馬・伝馬以下についてであるが、駅馬・伝馬はいうまでもなく中央と地方を結ぶ官設の交通連絡機関であって、のちに完成された駅制については、坂本氏の周到な研究がある（同著『上代駅制の研究』）。令の規定によると、駅馬は諸道の駅家ごとに官馬を置いて急使の用にあて、伝馬は郡家ごとに同じく官馬を置いて、官人の旅行の用に供するものであった。鈴・契等については（E）（F）の副文があるにもかかわらず、駅および駅馬・伝馬の設置については一つも副文がないところをみると、令の駅制に似た馬による連絡方法が、素朴な形で大化以前から、すでに畿内と北九州の間などには存在し、大化のときには、それをほぼそのまま利用し、それに新しく駅鈴や関契の制を付加した程度の駅制が立てられたのではないかと推測される。そう考えた場合に興味があるのは、令制において伝馬が駅家に置かれないで、郡家に置かれたという事実であって、これは大化前代からの素朴な連絡機関が、おもに国造のもとにある馬を利用していたことを物語るのではないかと思われる。いずれにせよ大化の駅制は、おそらく駅馬と伝馬がまだ分化しない形のものではなかったかと想像されるのであって、もしそうであれば、この主文に駅馬と並べて伝馬の語をあげ、（E）の副文に伝符の剋数によって伝馬を給する規定を掲げているのは、あるいは書紀撰者の造作であるかもしれない。

これに対して、鈴は駅鈴すなわち駅馬の使用許可証で、伝馬の許可証である伝符とともに、公式令に次の如き規定がみえている。

凡給二駅伝馬一、皆依二鈴伝符剋数一。事速者、一日十駅以上。事緩者八駅。還日、事緩者、六駅以下。親王及一位、駅鈴十剋・伝符卅剋。……初位以下、駅鈴二剋・伝符三剋。……

凡諸国給レ鈴者、大宰府廿口、三関及陸奥国各四口、大上国三口、中下国二口。其三関国、各給二関契二枚一。並長官執。無次官執。

これらの条文は（E）（F）の副文と文章がきわめて類似しているから、副文は明らかにこれらの条文によって修飾されたものといってよいが、駅鈴に関する限り、内容的にとくに造作といえる点は見出されない。

また契は、右の公式令の条文にみえる関契（大宝令では木契）、すなわち固関・発兵の際に使者が携行する一種の割符で、令制では公式令の規定のほかに、職員令大国条に三関国が関契を掌ることがみえ、後宮職員令蔵司条に尚蔵がこれを保管することがみえている。軍防令差兵条の「凡差レ兵、廿人以上者、須二契勅一始合二差発一。」という規定に対して、義解は、三関国の場合には契を必要とし、その他の国の場合には勅符のみによると説明しているが、上述のごとく天智朝以前に三関国の制がなかったとすれば、（F）の副文にいう関は、主として西方防備のための関とみるほかはない。なお、最近滝川政次郎氏は、唐制を参照しつつ、関契も駅鈴も発兵符であって、東国の兵を発するには関契を用い、西国の兵を発するには駅鈴を用いた。西国に関契を用いなかったのは、西国の兵が劣弱で、それほど警戒の必要がなかったからであろう、ということを説かれている（同氏「律令制の問題点」歴史教育一一ノ五）。しかし、関契は三関国のみに与えられていたものであるから、これを東国兵を発するための発兵符とするのは疑問であり、また、発兵使は急使であるから、当然駅鈴を与えられたであろうが、駅鈴そのものが発兵符ではないであろう。駅使は伝達すべき命令については、別に勅符や太政官符などを携行したのであって、そのことは公式令の符式に鈴剋の記載があることによっても明らかである。したがって、発兵使の場合には、発兵命令を記した勅符が発兵符であり、駅鈴や関契はそれとは別のものというべきであろう。壬申の乱のときに発兵使として吉備国と筑紫国に赴いた近江朝の使者は、ともに符を携行したことが天武紀にみえている。

ところで、本条の（E）（F）の副文が、前述のように公式令の条文によって修飾されたものであることは、ほとんど疑いを容れない。しかし、その結果内容に重要な変改が加えられたような点を確認することはできない。伝馬・伝符については、造作の疑いがあるが、これとても確証をあげることは困難である。駅鈴・伝符を用い、駅家が郡家から分れた令制的な駅制が、いつころから整ったかは明らかでないが、天武紀の壬申の乱の発端のところに、大海人皇子が飛鳥の留守司高坂王に対して駅鈴を乞うたことがみえ、また同じ乱の記事で、大和を平定した大伴吹負が難波に出て、以西の諸国の国司に官鑰・駅鈴・伝印を提出させたことがみえているから、少くとも天智朝には、すでにある程度まで整っていたとみてよいのではなかろうか。もしそうであれば、これらの副文とほぼ同趣旨のことが詔の原文にも述べてあった可能性は、かなりあるといってもよいのではないかと思われる。そして駅制は、一般に交通連絡のためのものであることはいうまでもないが、公式令の「凡国有二急速大事一、遣レ使馳駅向二諸処一相報告者、……」、あるいは「凡国有二大瑞及軍機・災異・疫疾・境外消息一者、各遣レ使、馳駅申上。」などの条文にもうかがわれるように、中でも軍事目的が最も重大であったから、坂本氏もいわれているように、本条おける駅制の規定については、国郡司の設置との関連とともに、関塞以下の辺防の規定との関連をも重視する必要があると考えられる。

なお、主文の最後の「定二山河一」の句については、成務紀五年九月条に「則隔二山河一而分二国県一、……」とあるのを引いて、これを国郡の区画を定めることと解する日本書紀通証の説などがあるが、この部分については、詳しく考える材料がない。

6　総括

以上は第二条の内容の検討であるが、その結果を要約すると、本条は、中央集権的な地方制度と主として辺防のための軍事制度、および中央地方間の交通連絡機関について述べたものであって、中央官制に全くふれないことは、中央組織の改革の根本目的ではなかったことを示している。地方制度の中で、国郡制はのちの令制のそれとは内容的にやや異るが、その性格はほとんど律令的なものであったといってよい。また京師の制は、改新が全国の豪族領有権を一本化して朝廷の手に掌握するために、天皇の権威を高く掲げたことと対応するものであり、畿内の制は、改新の主体が中央勢力全体であったことを物語るものということができる。

また軍事制度として、詔文が中央の衛府はもちろん、地方の軍団についても何ら触れることなく、ただ対外防備に関する規定だけを述べていることは、とくに注目に値する。駅制がとくにここでとり上げられている点も、また辺防がきわめて重要視されていたことを思わせるものである。これらの点は、改新のこの段階では、中央・地方の兵制はそれほど重要視されておらず、政府当事者のおもな関心が対外防備に向けられていたことを物語るものであり、それはまた、改新の根本目的がどこにあったかということと関連をもつものと考えられる。

三　第三条の検討

1　条文の内容

次に詔文の第三条は次のように書かれている。

其三曰、(A)初造二戸籍・計帳、班田収授之法一。(B)凡五十戸為レ里。毎レ里置二長一人一。掌下按二検戸口一、課二殖農桑一、禁二察非違一、催中駈賦役上。若山谷阻険、地遠人稀之処、随レ便量置。(C)凡田、長卅歩・広十二歩為レ段。十段為レ町。段租稲二束二把、町租稲廿二束。

この条文においては、明らかに(A)の部分が主文で、(B)と(C)の部分は、それぞれ(A)の部分にみえる戸籍・計帳の制と班田収授の法についての補足的説明文であるから、ともに副文である。このうちで主文は、新しい民政制度の基本をなすものとして、籍帳制度と班田制度とを採用することを述べたものであって、かりに詔の原文が全くこの通りの文章ではなかったとしても、ここにこの二つのことが述べてあったということを否定するのは、かなり困難なことであろう。なぜならば、この二つは律令支配体制にとって不可欠な、最も基礎的な制度であり、しかも、かなり信用しうる孝徳紀大化元年八月庚子条の東国国司に関する記事に、「仍詔二国司等一曰、……方今始将レ修二万国一。凡国家所レ有公民、大小所レ領人衆、汝等之レ任、皆作二戸籍一、及校二田畝一。……」とあって、すでにその部分的着手の事実がみえている以上、この詔にその一般的実施の方針が述べられるということは、少しも不自然ではないだけでなく、もしこれを否定するとなると、第三条の内容は何もないことになってしまうからである。改新の詔の全体を抹殺するというのであれば、それでもよいかもしれないが、他の条文にとうてい抹殺しがたいものがいくつも指摘できることは、すでに見てきたところからも明らかである。したがってこの主文は、文章としてはやや整わないところがあるけれども、その原文に籍帳制度と班田制度のことが述べられていたということだけは、少くとも認めてよいであろう。

ところがこれに対して、（B）と（C）の副文についてはかなり問題がある。すなわち、（B）は籍帳制度そのものの直接の説明ではなく、その前提となるべき編戸と里長に関する規定であるが、周知のようにのちの戸令の為里条に次の如きほとんど同文の規定がある。

凡戸、以二五十戸一為レ里。毎レ里置二長一人一。掌下検二校戸口一、課二殖農桑一、禁二察非違一、催中駈賦役上。若山谷阻険、地遠人稀之処、随レ便量置。

また（C）は、やはり班田制度そのものの内容の説明ではなく、その前提となるべき田積法と、それに関係の深い租法に関する規定であるが、これものちの田令の田長条に、次の如き全く同文の規定がある。

凡田、長卅歩・広十二歩為レ段。十段為レ町。段租稲二束二把、町租稲廿二束。

これらをみると、詔文と令文の間の一致がきわめて著しいから、もし令文が詔文を承けたものでないとすると、詔文が令文によって修飾されたものであることは、ほとんど疑いの余地がない。したがって、津田左右吉氏以来この修飾が詔文造作説の重要な論拠として注目されてきたのは、ある程度まで無理からぬことであって、最近にも井上光貞氏は、この二つの副文をもって、氏のいわゆる（イ）の型、すなわち、詔の原文には項目のみあげてあったが、それを令の条文によって修飾したものとされて、その信憑性を否定された（同氏前掲「大化改新の詔の研究」史学雑誌七三ノ一・二)。

しかしまた一方では、もし書紀の撰者が完全な造作を行なおうとしたならば、この場合には令にはもっと適切な条文、たとえば籍帳制度については戸令の造戸籍条や造計帳条などがあり、班田制度についても田令の六年一班条や口分条があるのに、なぜそれを掲げないで、為里条や田長条の条文だけを掲げたのかという疑問が生じる。もっともそれについては、為里条も田長条もともにそれぞれ戸令と田令の第一条であるから、書紀の撰者はただ詔文の体裁を整えるために、とりあえず機械的に第一条を利用したにすぎないという岸俊男氏のような見方(同氏「造籍と大化改新詔」『日本書紀研究』第一冊所収)もあるが、しかし、後人の付記が混入したものならばともかく、この副文が書紀の本文である以上、それではあまりにも書紀の撰述が手軽なものだったことになるから、そのような見方は簡単には従うことができない。また、もし造作説がいうように、ここに述べられている五十戸一里の里制や一段三六〇歩・二束二把という田積・租法が、のちの浄御原令や大宝令においてはじめて成立したものだとすると、そういう書紀撰述時からみてごく最近に成立した制度を大化のときのものとして掲げるということは、常識的にいってそれほどありうることではないとも考えられる。さらにまた、この里制や田積法などは、制定してから、完全に実施されるまでに、少なからぬ年月を要することであるから、これをもって浄御原令や大宝令施行の段階になってはじめて成立したと考えることには、そもそもかなりの無理がある。たとえば里制は、風土記などにその状況の一端がうかがわれるように、全国的に逐次編戸の作業がおこなわれて、はじめて完全な実施の状態に到達したと推定されるから、五十戸一里の制が浄御原令ではじめて制定されて、施行のすぐ翌年に早くもそれを前提とする庚寅年籍が全国にわたって作成されるというようなことは、現実にはほとんど不可能に近いといってもよい。したがって本条の二つの副文は、たとい令文によって強度の修飾は加えられているとしても、それは井上氏のいわゆる（イ）の型ではなくて、（ロ）の型、すなわち原文には項目だけでなくて内容規定も記してあり、それを令の条文によって修飾したものとみるのが穏当で、もともと詔の原文に里制と田積・租法に関する何らかの記述があったと考えるほうが、より自然だということになる。

しかしながら、以上は要するに一般的な状況判断にすぎず、これだけでは副文が原詔の内容を正しく伝えているということには必ずしもならないから、もしかりに五十戸一里制以下の具体的な諸規定が、大化当時にはとうていあり得なかったということになれば、やはり令文による造作説は認めざるをえないことになる。ただその中で里長に関する規定は、第二条の坊令・坊長の規定と同様に、内容的に大化当時のものと考えることが不可能ではないから、けっきょく問題は、五十戸一里制と一段三六〇歩・二束二把の制の二つが、詔の原文に何らかの形で規定されていたと考えることが、どうしても不可能かどうかという点に絞られるわけである。したがって、以下においてはこの二つの制について、主として右の観点から検討することとする。

2　里制

そこでまず（B）の副文にみえる里制であるが、令制にみえる五十戸一里制の成立過程については、これまで数多くの説が提出されてきており、かつて宮本救氏が整理されたところに従えば、それらは、（イ）大化二年五十戸一里説、（ロ）舒明天皇二年三十戸一里、大化二年五十戸一里説、（ハ）大化二年三十戸一里、後世五十戸一里移行説、（ニ）三十戸一里成立時不明、後世五十戸一里移行説、の四つに大別することができる（同氏「里制の成立について」日本歴史五八号）。

これらのうち、(イ)は坂本太郎氏の説(同氏前掲書『大化改新の研究』第三編第二章)、(ロ)は曽我部静雄氏の説(同氏「わが律令時代の里と郷とについて」史林三三ノ五、および同著『中国及び古代日本における郷村形態の変遷』第四章第二節)で、ともに本条の副文をそのまま信用する立場に立っている。ただし(ロ)は、播磨国風土記にみえる揖保郡越部里の三十戸編戸の時期を舒明天皇二年(六三〇)の庚寅の年とする推定の上に立てられた説であるが、その推定は宮本氏も論じられたように恐らく誤りで、風土記の庚寅の年というのは持統天皇四年(六九〇)とみるべきであろうから、この説は一おう除外してよいであろう。これに対して、(ハ)と(ニ)の説はともに本条の副文の信憑性を否定するもので、(ハ)には三十戸一里制から五十戸一里制に移行した時期を白雉三年(六五二)とする井上光貞氏の説(同著『大化改新』第四章第二節)と、これを近江令施行時とする津田左右吉氏の説(同氏前掲書『日本上代史の研究』および『津田左右吉全集』第三巻所収「大化改新の研究」第四章)があり、(ニ)には、五十戸一里制に移行した時期を浄御原令施行時とする弥永貞三氏の説(同氏「大化大宝間の造籍について」名古屋大学文学部十周年記念論集)および八木充氏の説(同氏前掲「大化改新詔の述作について」山口大学文学会志一一ノ一)と、これを大宝令施行時とする米倉二郎氏の説(同氏「律令初期の村落—三十戸一里に就いて」地理論叢第二輯)がある。最近では、浄御原令で五十戸一里制がはじめて成立し、それまでは三十戸一里制が行われていたという(ニ)の弥永・八木両氏の説が有力化してきていたようであるが、しかし、宮本氏は三十戸一里制の画一的な実施を否定し、(イ)の坂本説を継承して、五十戸一里制が改新の詔によって大化二年に成立したことを再び主張され(同氏前掲「里制の成立について」)、その後に平田耿二氏も、三十戸一里制が浄御原令施行時までかなり一般的に存在したことを認めながらも、それは大化前代の制度が慣行として存続したものにすぎず、改新の詔で五十戸一里制が制定されたことは認めなければならないとされた(同氏「庚寅の編籍について」史学雑誌七一ノ七)。

これらの諸説のうちで、まず、本条の副文を疑う（ハ）と（ニ）の説についていうと、それらが大化二年における五十戸一里制の成立を否定する主な根拠は、

（1）改新の詔の第四条に「凡仕丁者、改下旧毎二卅戸一一人上（註略）、而毎二五十戸一一人（註略）、以充二諸司一。以二五十戸一充二仕丁一人之粮一。一戸庸布一丈二尺、庸米五斗。」という副文があるが、副文が一般に疑わしいとすれば、これものちの令文の転載であって、その令の施行以前に三十戸一里制が行われていたことを示すものにほかならない。（津田説はこれを近江令とする。）

（2）孝徳紀白雉三年四月条に「是月、造二戸籍一。凡五十戸為レ里。毎レ里長一人。……」とあって、本条の副文と全く重複するが、どちらが正しいかといえば白雉三年条のほうが正しく、それ以前は三十戸一里だったとみることができる。（井上説）

（3）播磨国風土記揖保郡越部里の条に「……後至下上野大夫結二卅戸一之時上、改号二越部里一。」とあって、これは同国風土記餝磨郡少川里の条などを参照すると、持統天皇四年の庚寅の年のころのことと考えられるから、少なくともそれまでは三十戸一里制が布かれていたことが知られる。（米倉説はこれを浄御原令の制とし、弥永・八木説はこれを浄御原令以前の制とする。）

（4）日本書紀の賜封記事を見ると、与えられている封戸の数が、朱鳥元年を境として三十戸単位から五十戸単位に変化しているが、これは浄御原令施行の準備として、その数年まえから五十戸一里制に対応するように単位の切り換えがおこなわれたものとみることができる。（弥永・八木説。平田氏もこの点は認める。）

（5）戸令為里条の「凡戸、以二五十戸一為レ里。」の個所に対して、令集解所引の古記は「若有二六十戸一者、為二二

分一、各以二卅戸一為レ里也。」と注釈しているが、これは大宝以前のかなり近い時期に三十戸一里制が存在していたことを暗示するものである。（平田氏もこの点を認める。）

などの諸点である。

これらのうち、（1）の仕丁の規定に関する点は、改新の詔の副文が一般にのちの令文による造作であるという前提に立ってのことであるから、決定的な論拠とはなりえないし、（2）の点も、白雉三年条のほうが正しいという理由が不明確なだけでなく、そもそも記事が重複してはいけないということは必ずしもいえないのであるから、論拠としての力はほとんどない。詔の副文は一般的な規定で、白雉三年条は一部の地域におけるその実施記事とみることが十分に可能だからである。また（3）の播磨国風土記の記事は、具体的な実例として有力のようにみえるが、これに対しては、同風土記にみえるいくつかの例からいうと、里の成立した時期は播磨国の中でも地域によって孝徳朝から持統朝までいろいろであって、ある時期に画一的に里制が布かれたわけではないし、問題の越部里の記事も、庚寅の年に画一的な三十戸一里の制が存在したことを物語るとみる必要はなく、むしろ五十戸一里制の下における特殊例だったために、わざわざ「結二卅戸一。」と書かれたとみるほうがよいという宮本氏の批判もあるから、結局はどうにでも解釈できることである。（5）の古記の注釈の三〇戸というのも、この場合には六〇戸の二分の一というところから出て来てきた数字であるから、これだけでは必ずしも三十戸一里制と結びつける必要はない。

ただ、（4）の点は簡単には無視できないものであって、もし賜封記事の単位の切り換えが、ほんとうに歴然としていることであるならば、きわめて有力な根拠となりうるものである。しかしながら、実際に賜封記事を通覧してみると、実はそれほど変化がはっきりしているわけではなく、朱鳥元年以前にも三〇戸の倍数でない例がいくらでもあり、朱鳥元年以後にも、五〇戸の倍数でない三〇戸・二〇戸・八〇戸・一二〇戸などという例が出てくる（平田氏前掲論文にその詳しいリストがある）。五十戸一里制のすでに確立していた大宝・養老令においても、禄令の位封の規定では、従一位二百六十戸・従二位一百七十戸・正三位一百三十戸などとなっているのであるから、里の戸数と封戸の数とが対応するという前提がそもそもあまり確かなことではない。したがって、この点もそれほど決定的な根拠だとはいえないのである。

これに対して、大化二年五十戸一里説の積極的根拠は、一つは宮本氏のあげられた常陸国風土記の記事である。すなわち、同風土記行方郡の条に、同郡が白雉四年（六五三）の癸丑の年に新設されたことを述べて、「割二茨城地八里、合七百余戸一。別置二郡家一。」と記しているが、これは栗田寛の標注古風土記に従って「茨城地八里」の次に「那珂地七里」の五字を補うならば（平田氏は那珂地六里としている）、一里の戸数はほぼ五〇戸の計算となる。また、同風土記信太郡の条の逸文（釈紀巻十所引）に、同じ白雉四年に筑波と茨城の地の七百戸を割いて同郡を新設したことがみえているが、同郡は和名抄によると一四郷（一三郷・一駅）であるから、これもちょうど一里が五〇戸となる。さらにまた同風土記香島郡の条では、鹿島神宮の神戸について「本八戸。難波天皇（孝徳）之世、加二奉五十戸一。」と述べているが、一般に封戸がばらばらの形で与えられたものではないことを考えると、これも五十戸一里制を示すものとみることができる。これらはみな孝徳朝にすでに五十戸一里制が存在した明証であって、後世の制とする見解はすべて成立しないというのである。宮本氏はこれによって、（ハ）（ニ）の諸説を一挙に否定し去られたのであるが、しかしこれらは果してそれほど強力な論拠といえるであろうか。行方郡と信太郡の戸数は、平田氏も批判されたように、孝徳朝にこれらの郡が新設されたときの数字とみるよりは、風土記撰進当時の数字とみるほうが自然であろうし、鹿島の神戸も、かりに一かたまりだったとしても、それが一里だったと考えなければならないわけでもない。したがって、この宮本氏の論拠は必ずしも絶対的なものではないのである。

それからまた大化二年五十戸一里説のもう一つの根拠は、平田氏の言われたことであって、氏によると、全国的に戸の再編が行われたと考えられる持統天皇四年（六九〇）の庚寅の年、里制から郷里制に切り換えられた養老五年（七二一）、および郷里制から郷制に改められた天平十二年（七四〇）の三つの場合を除くと、天平宝字二年（七五八）までの造籍はすべて大化二年を起点として正確に六年間隔で行なわれているから、改新の詔の戸籍に関する記述は信憑性があるとみるべきだというのである。平田氏はそこで、大化二年における五十戸一里制の制定を認め、それが完全な実施に移されるに至った庚寅の年までは、三十戸一里制と五十戸一里制が地域的に併存したと考えられたのであるが、しかし、戸籍六年一造の原則が大化二年からすでに存在したという氏の主張は、まだ論証が十分とはいえないであろう。ことに、斉明天皇四年（六五八）、天智天皇三年（六六四）などの造籍は、史料的な裏付けが今のところ殆んどない。しかも、改新の詔の主文は信頼できるとしても、副文の信憑性はまたそれとは別に考えなければならないのであるから、この平田氏の論拠も、やはりそれほど有効とはいえないのである。

このようにみてくると、本条の副文を肯定する説も否定する説も、ともに今までのところは決定的な論拠を欠いているといってよい。しかし、以上の諸論点のほかに考慮の余地が全くないかというと、私は次の如き点を一おう問題にすることができるのではないかと考える。

それは、さきにも触れた常陸国風土記香島郡条の鹿島の神戸に関する記事で、その全文は次の如く書かれている。

神戸六十五烟。本八戸。難波天皇之世、加㆓奉五十戸㆒。飛鳥浄御原大朝、加㆓奉九戸㆒。合六十七戸。庚寅年編戸減㆓二戸㆒、今定㆓六十五戸㆒。

この記事から宮本氏が直ちに五十戸一里制の存在を結論されたのは、上述のようにすぐには賛成しかねるけれども、いま少しく観点を変えれば、ここから次のようなことを導き出すことができる。すなわち、この神戸六十五烟というのは、常陸国風土記が撰述された和銅年間ころの数字であるから、もしかりに大化・大宝間のある時期に三十戸一里制への切り換えがあったとするならば、実体に変化がなくとも、額面の上では、切り換え以前にくらべて少くとも二〇戸以上は増加していなければならないはずである。ところが風土記の記述をみると、庚寅の年に二戸減じたというだけで、そのような大幅な変動のあとはみられないのである。もっとも、孝徳朝に加え奉った五十戸というのは、実は三〇戸編成の一里であって、それをのちの五十戸一里制の計算に合わせて五十戸と記したにすぎないというように解釈できないこともない。しかし、他の本の八戸と天武朝の九戸のほうはもとのままの数字で、五十戸の分だけが後の数字だというのも甚だ不自然であるし、また、そのような切り換えの最有力候補である庚寅の年には、単に二戸を減じただけというのであるから、少くともこの鹿島の神戸においては、そのような切り換えは孝徳朝以降に一度もなかったと考えるのが穏当だということになるのである。

しかも、この鹿島の場合に照らして他の封戸の例をみると、法隆寺伽藍縁起并流記資財帳によれば、大化四年（六四八）に法隆寺に施入されたという三〇〇戸の封戸は、天武天皇八年（六七九）に停止されるまで、額面上の戸数に変化はなかったようであるし、また大安寺伽藍縁起并流記資財帳と新抄格勅符抄によれば、天武朝までに大安寺に施入された一〇〇〇戸の封戸は、庚寅の年を経て奈良朝に至るまで、やはり額面上の変化はなかった。そのほか新抄格勅符抄によれば、天武天皇二年（六七三）に飛鳥寺に一七〇〇戸、川原寺に五〇〇戸、薬師寺に五〇〇戸、また持統天皇六年（六九二）に荒陵寺に二五〇戸が施入されて、それがみな奈良朝になっても額面上の戸数が変らなかったことが知られるのであって、一般に封戸に関する史料から、上述の如き制度の切り換えが行なわれた形跡は殆んどうかがうことができないといってよいのである。

これらの事実は、材料が神戸や寺封の如き特殊なもので、その数も少く、またその史料の大部分が寺院の資財帳や年代のやや降る新抄格勅符抄のようなものであるから、これを問題の決め手になるほど絶対的な論拠とするわけにはいかないかもしれないが、しかし、上述のように、他にこれという有力な論拠が今のところはないのであるから、しばらくこの事実にもとづいて考察を進めると、まず言えることは、少くとも大化以後において、三十戸一里制なるものが一般的な制度として、全国にわたって統一的に施行されていたことは、かつて一度もなかったということであろう。なぜならば、さきにみたように三十戸一里制の存在を示す確かな証拠は一つもないだけでなく、右の神戸・寺封の例によって、三十戸から五十戸への切り換えの行なわれなかった地域があったことが、明らかに知られるからである。さきに触れた（1）の点、すなわち改新の詔第四条の仕丁に関する副文に「改下旧毎二卅戸一一人上、而毎二五十戸一一人、以充二諸司一。」とあることから、大化前代に三十戸一里制がかなり広く行なわれていたとする推定を重視する見解もあるかもしれないが、しかし、のちに第四条の検討の際に詳しく述べるように、その副文の三十戸・五十戸の文字は、里制とは直接の関係がないとみるほうが自然であり、またかりに関係があったとしても、それは必ずしも大化以後に三十戸一里制が統一的に施行された時期があったことを意味するものではない。

そこで次に、それでは里制の成立過程をどのように考えたらよいかということになるが、その最も簡明な想定は、大化前代に里制は全く存在せず、大化のときに全く最初の里制として五十戸一里制が改新政府の手で制定され、以後その実施地域がしだいに拡充されていって、庚寅年籍に至って最後的に完成したとすることである。そしてその場合には、もちろん封戸などは早く里制を実施した地域から設定していったとみることになる。しかしながら、この想定には実はかなりの障害がある。たとえば、このように考えると、庚午年籍だけが後世とくに永世保存された理由が説明しがたくなる。というのは、もし庚午のころに未編戸の地域がかなり残っていたとすると、そういう地域の戸籍は作成不能であるから、庚午年籍は全国民に及んでいなかったわけで、したがって、そういう戸籍だけをとくに永世保存しても意味がないということになるからである。もっとも、五十戸一里制が庚午年籍のときにすでに全国的実施の段階に達していたと考えれば、その難点は避けられるようにみえるけれども、しかし前述のように、天武朝から持統朝初年にかけて、なお里制の実施が進行中であったことが播磨国風土記の記事によって知られるから、そう考えることはやはり無理であろう。

それからまた、この想定の大きな障害として、庚午年籍の里数に対して庚寅年籍の里数が、ほとんど増加していないらしいという事実をあげることができる。もし五十戸一里制が庚寅のころに至って完成したとすると、庚寅年籍ではそれまで未編戸だった地域の分だけ里数が増加したはずであるが、実際にはそうはなっていないらしいのである。すなわち、まえに平田氏も指摘されたように（同氏「古代籍帳の遡源的分析」歴史学研究二六三号）、長元三・四年（一〇三〇・三一）ころの作成とみられる上野国交替実録帳には、

戸籍伍佰伍拾巻已無ㇾ実。

庚午年玖拾巻管郷捌拾陸、駅家戸肆。　五比戸籍肆佰陸拾巻。

天暦五年戸籍玖拾弐巻管郷八十四、駅家戸四。　応和元年戸籍玖拾弐巻。□（康）保肆年戸籍玖拾弐巻。天延元年戸籍玖拾弐巻。天元参年戸籍玖拾弐巻。

とあって、上野国の庚午の戸籍は九〇巻で里八六・駅四、また天暦五年（九五一）・応和元年（九六一）・康保四年（九六七）・天延元年（九七三）・天元三年（九八〇）の五比の戸籍はみなそれぞれ九二巻で郷八四・駅四となっている。したがって少くとも上野国では庚午以降の里数にほとんど変化がなかったことが知られる。また、続紀神亀四年（七二七）七月丁酉条には「筑紫諸国庚午籍七百七十巻、以二官印一印之。」とあるから、右の交替実録帳にもみられるように、戸令の規定と同じく一里一巻だったとすると、九州全体の里数は庚午年籍では七七〇里だったことになるが、和名抄の郷数を合計すると、壱岐・対馬の二島を含めて五〇九郷となり、律書残篇では筑前国と二島を除いて四〇二郷となる。したがって、この場合にも庚午以後に里数が著しく増加した様子はみられない。このように里数に変りがなく、しかもその里の内容が同じく五十戸一里だったということになれば、庚寅の編籍がとくに画期的な意義をもつものとみられていた所以が、全く不明になってしまうのである。

そこでわれわれに残された途はといえば、次のような里制成立の過程を想定することだけであろう。すなわち、大化前代すでに朝廷直轄領たる屯倉など一部の特殊地域に、三十戸一里制のごときある種の里制が行なわれていて、それが大化以後もしばらく存続していたが、しかし、改新政府としては、はじめから五十戸一里制を採用して、これを東国国司の造籍以来、逐次拡充していった。そして、旧制が存続していた地域は、そのままで庚午年籍に記載されたところも多かったが、それも庚寅に至って最後的に五十戸一里制に改編されたというのである。そしてこの場合にも、封戸などはやはり主として五十戸一里制を実施した地域から設定していったと考えるわけである。この想定は、けっきょく平田氏の見解とほぼ同じことになるのであるが、このように考えれば、現在のところとくに大きな障害もなく、また、庚午・庚寅両籍の画期的意義も、一おう説明しうるのではないかと思われるのである。

以上を要約すると、五十戸一里制が大化に始まるか、のちの令制に始まるかをめぐる従来の諸説には、今までのところとくに有効な論拠が見当らないが、少くとも、大化以後に三十戸一里制なるものが、統一的な制度として存在したことがあったと考えることは困難であり、また、里制の成立過程について明快な結論を出すことはできないけれども、どちらかといえば、五十戸一里制は大化に始まったと考えるほうが無理がないということになる。これはつまり、本条の里制に関する副文を全くの造作としなければならない理由はとくに存在しないということである。

3　田積・租法

次には（C）の副文にみえる田積・租法であるが、令制の一段三六〇歩・二束二把の制の成立過程については、これまた諸説が対立しており、しかもその背景に困難な史料解釈の問題や度量衡の問題がからまっていることは、周知の通りである。したがって、これに明快な解決を与えることは、やはり容易なことではないが、はじめにほぼ間違いのないところを抑えておくと、（1）大化前代からの慣行として、五〇代・一束五把（一〇〇代・三束）の制があったことと、（2）大宝令では一段三六〇歩・二束二把の制がとられていたこと、の二点は大たい確かといってよいであろう。前述のように、養老田令の田長条は本条の副文と全く同文で、一段三六〇歩・二束二把の制が規定されており、同条集解に引く古記によれば、大宝田令においても殆んど同文の規定になっていたことが知られる。

ところで、この旧制と令制の関係を最もよく説明しているのは、田令田長条集解の古記が引用している慶雲三年（七〇六）九月十日付（三代格では二十日とし、続紀には同月十五日条に「遣二使七道一、始定二田租法一、町十五束、及点二役丁一。」という記事がある。）の格であってそれは次のように書かれている。

准レ令、田租一段租稲二束二把以二方五尺一為レ歩、歩之内得二米一升一。一町租稲廿二束。令前租法、熟田百代租稲三束以二方六尺一為レ歩、歩之内得二米一升一。一町租稲一十五束。右件二種租法、束数雖二多少一、輪実猶不レ異。而令前方六尺升、漸差二地実一、遂其差升、亦差二束実一。是以取二令前束一擬二令内把一、令条段租、其実猶益。今斗升既平。望請、輸租之式、折衷聴レ勅者。朕念、百姓有レ食、万条即成。民之豊饒、猶同二充倉一。宜二段租一束五把、町租一十五束一。主者施行。

これによると、令前租法は百代の租稲が三束で一町の租稲が一十五束とあるから、一段と五〇代が同面積であり、しかも令制一段の租稲二束二把と旧制五〇代の租稲一束五把が「輪実猶不レ異」すなわち同量とあるから、令制の一束は令前の一束に対して、実量において減少していることがわかる。また、令制では方五尺を一歩として、そこからとれる米を一升とするのに対して、令前の制では方六尺の地からとれる米を一升とするのであるから、令制の一升は実量において令前の一升の三六分の二五であることがわかる。これは五〇代（一段）の面積が、方六尺を一歩とすればニ五〇歩であるのに、令制では班田の便宜もあって一段を三六〇歩としたためで、その結果、束の実量も令制では令前の三六分の二五になったが、令前の五〇代・一束五把は令制では一段・二束一把六分の計算になるので、端数を繰り上げて二束二把としたものである。この格文にはかなり難解な部分もあるけれども、以上の点に関する限り、現在ではほとんど異論はないであろう。

このように、大化以前と大宝以後については一おうはっきりしているのであるが、その中間の時期である大化・大宝間の田積・租法に関する直接の史料は、改新の詔の本条の副文と孝徳紀白雉三年（六五二）正月条の記事の二つだけであって、しかも前者はすでに述べたように、令文による造作の疑いがかけられており、後者も次のような文章で、種々の問題を含んでいる。

白雉三年春正月己未朔。元日礼訖、車駕幸二大郡宮一。自二正月一至二是月一、班田既訖。凡田、長卅歩為レ段。十段為レ町。段租稲一束半、町租稲十五束。

これをみると、班田の実施があまりに早すぎるという疑問があるだけでなく、正月朔の記事に「自二正月一至二是月一……」とあるのは不合理であるし、また「長卅歩為レ段。」とあるのは「広十二歩」の文字が誤って脱ちたものとしても、田積法が令制と同じく一段三六〇歩であるのに、分注の租法が令前の制であるのは不自然のようにみえる。そこでこれらの記事に対する不信感から、大化・大宝間の田積・租法の変遷過程をめぐって、次のような諸説が対立することになったのである。

すなわち、まず津田左右吉氏は、近江令文転載説の上に立って、本条の副文を造作とし、また白雉三年の記事も信頼しがたいとして無視し、近江令において三六〇歩・二束二把の制が定められ、浄御原令がそれを二五〇歩・一束五把に改め、大宝令でふたたび三六〇歩・二束二把に戻ったとされた（同氏前掲「大化改新の研究」第四章）。これは、近江令以前を不明とし、上掲の慶雲三年格にみえる令前租法は浄御原令の制をさすとされたものである。これに対して坂本太郎氏は、大化前代は二五〇歩（五〇代）・一束五把、改新の詔において三六〇歩・二束二把、白雉三年に二五〇歩・一束五把、大宝令において再び三六〇歩・二束二把という変遷過程を考えられた（同氏前掲書『大化改新の研究』第三編第二章）。これは書紀の記事をできるだけ肯定する立場から説を立てられたものであるが、白雉三年の記事は部分的に修正し、それをもって令前の制とされたものである。それからまた井上光貞氏は、大化前代の二五〇歩（五〇代）・一束五把の制は大化以後もそのまま存続したが、そのうちの田積法だけは、白雉三年に一たん三六〇歩に改められて、近江令でまた二五〇歩に戻り、大宝令に至ってはじめて三六〇歩・二束二把の制が定められたとされた（同氏前掲書『大化改新』第四章第二節)。これは、本条の副文は否定しながら、白雉三年の記事は全面的に生かそうとし、副文は大宝令文の転載であるとされたものである。なお、このほかに最近出された田名網宏氏の説があるが、それについては後にふれることとする。

以上の三つが最近までの代表的な説であって、これらをみると、みな二転・三転という複雑な変遷過程を想定しているが、それはいうまでもなく、田令田長条集解に引かれている古記に次の如き記述がみえるからにほかならない。

古記云、問、田長卅歩、広十二歩為レ段。即段積三百六十歩。更改二段積一為二二百五十歩一。重復改為二三百六十歩一。又雑令云、度レ地、以二五尺一為レ歩。又和銅六年二月十九日格、其度レ地、以二六尺一為レ歩者。未レ知、令格之赴、并段積歩改易之義、請具分釈、无レ使二疑惑一也。答、幡云、令以二五尺一為レ歩者、是高麗法用、為二度レ地令レ便。而尺作二長大一、以二二百五十歩一為レ段者、亦是高麗術云之。即以二高麗五尺一准二今尺一、大六尺相当。故格云下以二六尺一為上レ歩者、則是令五尺内積歩、改名二六尺積歩一耳。其於レ地无レ所二損益一也。然則時人念、令云二五尺一、格云二六尺一、即依二格文一可レ加二一尺一者、此不レ然。唯令云五尺者、此今大六尺同覚示耳。此云未レ詳。

すなわち、この古記の冒頭の問いの内容が、かつて三六〇歩→二五〇歩→三六〇歩という変遷のあった事実を述べていると解されていたために、これと矛盾しないように、従来の諸説はみな上述のような複雑な想定を立てることになったのである。しかしながら、この古記の文は、最近に虎尾俊哉氏によって、そのようなことを述べているものではないことが論証された(同氏著『班田収授法の研究』第一編第三章第三節)。すなわち虎尾氏によれば、古記が書かれた天平十・十一年ころには、和銅六年(七一三)の格によって一歩の実面積が令の大尺の五尺四方から六尺四方に増大し、その結果、一段を二五〇歩とする令前の制に戻ったと解する人があり(あるいはそう解される惧れがあり)、そう解した場合には、天平十・十一年ころの実情が一段三六〇歩であることは当時の誰にとっても疑問のない事実だったから、和銅から天平までの間に再び二五〇歩から三六〇歩への改訂がおこなわれたにちがいないということが、必然的に推定されることになる。そこで古記は、そのような誤った解釈のしかたを問いの形で提出して、それに答えることによって、令の五尺四方と和銅六年格の六尺四方とは実質において変化がないことを説こうとしたにすぎない。したがって、問いの冒頭の三六〇歩→二五〇歩→三六〇歩という変遷は、単なる架空の設定にすぎず、しかもそれは令制以後のことに属するのであって、けっして大宝以前の変遷過程を述べたものではないというのである。これは明快な断案であって、この虎尾氏の論証のおかげで、われわれはもはや、大化・大宝間の変遷過程を考える場合に、この古記の記述に拘束される必要はなくなったのである。

しかしながら、諸説を拘束して、その想定を複雑ならしめたものとして、もう一つ、上掲の慶雲三年格をあげなければならない。なぜならば、そこには令制と令前の租法が対比してあって、通例の解釈に従えば、「准レ令」とある令は明らかに大宝令をさすとみられるから、「令前租法」の令は、やはり大宝令を意味するように一おうは考えられる。そうすると、大宝令制定の直前には、少くとも令前租法すなわち二五〇歩・一束五把（一〇〇代・三束）の制が行なわれていたということになるわけで、もし上述の三説のように、近江令や改新の詔、または白雉三年のときに三六〇歩・二束二把（あるいは三六〇歩・一束五把）の制がとられたとすると、どうしても二転・三転説をとらざるをえなくなるからである。もっとも虎尾氏は、浄御原令ですでに三六〇歩・二束二把の制が成立していたという氏の持論（同氏前掲書『班田収授法の研究』第一編第二章）の上に立って、この「准レ令」と「令前租法」の令は浄御原令をさすと主張されていたが、その持論はその後多くの批判もあり、かなり疑問だといってよいであろう。ただし、「准レ令」の令が大宝令をさすことは間違いないとしても、だからといって令前租法の令がやはり大宝令だけをさすと断定してよいかどうか、すなわち、三六〇歩・二束二把の制が大宝令以前には全く存在しなかったと言い切れるかどうかは問題であろう。なぜならば、浄御原令やもし近江令が存在したとすれば近江令、さらに将来令制として定着すべき性格をもつ改新の詔などにおいて、もし三六〇歩・二束二把の制が規定されていたとすれば、それが全面的に実施されるに至っていなくても、それに対して二五〇歩・一束五把の制を令前租法と呼ぶことは、十分にありうることだからである。

いずれにせよ、大宝令直前に二五〇歩・一束五把の制が存在したということは認めなければならないとすると、けっきょく上述の三説はみなそのまま存続しうることになるが、しかしその場合に、さきの古記の文による拘束とちがう点は、大宝令直前に二五〇歩・一束五把の制が存在したというだけで、三六〇歩→二五〇歩→三六〇歩という変遷の順序を踏むことは、必ずしも必要ではないということである。そこで、もし改新の詔も白雉三年条の記事も信用できないとして否定するならば、近江令はもともと存在したかどうかも疑わしいのであるから、大化前代の二五〇歩・一束五把（一〇〇代・三束）の制は、そのまま全面的に大宝令直前まで続いて、大宝令ではじめて三六〇歩・二束二把の制が成立したという最近の田名網宏氏のきわめて簡明な想定（同氏「田制及び租法から見た大化改新詔の信憑性について」東京都立大学人文学報第二五号）も成立しうることになるのであって、書紀の信憑性を疑う立場からすれば、これが最も徹底しているだけに、おそらく最も可能性の大きい説だといってもよいのである。

このように現在では、今までにあげた津田・坂本・井上・田名網四氏の説が並立しているが、しかしこれらは、虎尾氏もいわれたように、いずれも推測説であって、たがいに他を否定するに足るだけの積極的な根拠はない。そして、これらに共通する点は、改新の詔や白雉三年条の記事を認めることは、すなわちそこに書かれている制度が、すぐに全面的に実施されたと認めることだというように考えていることである。しかしながら、それはあまりにも固定的・非実際的な考え方であって、必ずしもそう考えないでよいことは、すでにたびたび述べた通りであるから、この田積・租法についても、すぐに全面的に実施されたと考える必要は少しもない。また白雉三年条の記事は、必ずしも、全国的な実施と考えないでもよいから、これを時期が早すぎるという理由で疑う必要はない。したがって、二転・三転を経たという古記の文の拘束がなくなった今日においては、次の如き想定を立てることも、十分に可能なはずである。

すなわち、一段三六〇歩・二束二把の制は改新の詔で示されたが、実際にはすぐに全国的に実施されたわけではなく、一段二五〇歩・一束五把（一〇〇代・三束）の制も広く存続した。改新政府としては新制をしだいに実施して行くことに努めたけれども、田積法はともかくとして、租法、とくに束の実量を改めることには非常に大きな抵抗があったため、白雉三年には一まず田積法だけ新制に従い、租法は旧制の束（成斤の束）によることにした。そしてその後、そのような折衷的な制の実施地域をしだいに拡充していったが、旧制も部分的には大宝令直前まで存続した（この場合に、浄御原令が三六〇歩・二束二把の制を条文に規定していても、少しも差し支えはない）、というのである。田積法に対して租法がとくに実施困難であったことは、前掲の慶雲三年格の後半の部分にもうかがわれるのであって、それによると、大宝令施行の僅か四年後である慶雲三年（七〇六）に至って、早くも租法だけ令制を改めて、旧制の成斤の一束五把に復しているのである。したがって、白雉三年条の記事はいかにもありそうなことであり、またその記事を認めるならば、そこに示されているのは本来系統の異る二つの制の折衷法であるから、当然それ以前に一方の系統の制、すなわち新制が示されていなければならない理屈であるが、それは改新の詔を除いてほかには考えられないであろう。

この私の想定は、従来の諸説と同じく、けっきょくはやはり推定説であって、他の説を決定的に否定する力はないけれども、しかしこれによれば、改新の詔と白雉三年条の記事をそのまま生かすことができるわけである。それにくらべると、津田・坂本・井上三氏の説は、古記の拘束が消滅する以前に立てられたものであるだけでなく、たとえば、系統の異る制の間を二転・三転する点、白雉三年条の記事を恣意的に修正または無視し、あるいはこれを認めながら改新の詔を否定する点、存在の確かでない近江令による改訂という仮定を必要とする点など、種々の無理を含んでいるから、この新しい想定のほうが、明らかにより自然だといってよいであろう。そこで、残るところは田名網氏の説との優劣であるが、実はそれについて決定的な論拠をあげることは困難のようである。しかし田名網説では、大宝令直前まで二五〇歩の制が普遍的だったとすると、それまでの班田において、男女や良賤の間の口分田の比率がどうなっていたかという点が説明されていないこと、改新の詔は大宝令文で造作したが、白雉三年条は慶雲三年以後の制によって造作したということになって、かなり不自然であること、文献にみえる大化・大宝間の地積記載の実例が、持統天皇三年（六八九）まではすべて代制、同四年以後はすべて町制によっているという虎尾氏の明らかにされた事実（同氏前掲書『班田収授法の研究』第一編第三章第二節）を十分に説明できないこと、などの疑問点が指摘できるから、どちらかといえば、やはり右の新しい想定のほうが難点は少いといってよいと思われる。

以上、要するに一段三六〇歩・二束二把の制が、本条にすでに述べられていたかどうかについては、現在のところどちらとも断定はできないけれども、少くとも肯定説は十分に成立可能であって、もし否定説をとるとすれば、三六〇歩・二束二把の制は大宝令に至ってはじめて成立したと考えるのが最も自然であるが、それでも肯定説にくらべれば、やや難があるということになる。ただ、肯定説をとった場合には、それに関連して、たとえば代制にかわって町・段・歩制が採用された事情、大化における三六〇歩制の採用と条里制施行との関係、改新当事者が大化当時に構想していた班田制の細部の内容、などの問題が生じてくるが、それらについては、さし当ってそれほどはっきりしたことを論じるだけの用意がないので、ここでは省略することとする。

4　総　括

以上は第三条の内容の検討であるが、その結果を要約すると、本条は、第一条において私地私民制を否定した以上、改新政府として当然示さなければならないところの新しい民政制度と土地制度について述べたものであって、そこに籍帳制度と班田収授法を採用する旨が示されているのは、この二つがともに律令的な公地公民制の最も基本をなす制度であるからにほかならない。これは、改新の運動がはじめから律令体制の建設を目ざしていたとすれば、きわめて当然のことといってよいであろう。

もっとも、本条の主文を否定して、改新当初にはまだ公地公民制に基づく律令的な諸制度を実施する明確な意図がなかったとする見方もあるようであるが、もしそうであるとすると、ただ漫然と従来の私地私民制を廃止するはずはないし、また当時において、律令制以外の公地公民支配方式を考えることは、ほとんど不可能であるから、必然的に第一条の全体をも否定しなければならないことになる。しかしながら、第一条の私地私民制の廃止令は、孝徳紀にみえる一連の政令の中で、他の政令と密接な関係をもち、あるいは他の政令の前提となっていて、絶対に欠くべからざる位置を占めているだけでなく、大化二年正月というのは、第一条の検討の際にもみたように、きわめて適切な時点であるから、これを否定するとなると、大化の諸政令のほとんどすべてを否定しなければならなくなるが、それはおそらく極めて困難なことであろう。したがって、詔の原文にも籍帳制度と班田収授法の採用のことが述べてあったとみて、ほぼ間違いないと思われる。

それからまた、副文にみえる里制の五十戸一里制と田積・租法の一段三六〇歩・二束二把の制は、それぞれ籍帳制度と班田収授法に密接に関連する規定であって、これらを令文による造作とする見解もあるけれども、前者はのちの令制においてはじめて成立したとみるよりは、大化の成立とするほうがはるかに自然であり、後者も大化の成立とするのが、最も難点が少い。したがって、これらの副文においても、その信憑性を否定するに足る積極的根拠はけっきょく見出されないのであって、もしこの二つの制が詔の原文に示されていたとするならば、それは、改新の当事者がその目標とする律令体制の内容について、当初からかなり細部に至るまで明確な構想を持っていたことを意味することになる。その点については、そのような細部の点まで具体的に予定を立て得たかどうか疑わしいとする見解も当然あるであろうが、しかし、律令制度はすでに隋・唐において完成の域に達した体系的な国家制度であり、また、それを学んで帰国した遣隋留学生が、はじめから改新運動に参画していたのであるから、改新政府が発足当時からかなり詳細な計画を立てていたとしても、けっして不自然なことではないといってよいであろう。

四　第四条の検討

1　条文の内容

最後に、詔文の第四条は次のように書かれている。

其四曰、（Ａ）罷㆓旧賦役㆒而行㆓田之調㆒。（Ｂ）凡絹・絁・糸・綿、並随㆓郷土所㆑出。田一町絹一丈、四町成㆑疋。長四丈、広二尺半。絁二丈、二町成㆑疋。長広同㆑絹。布四丈、長広同㆓絹絁㆒。一町成㆑端。糸・綿絇・屯、諸処不㆑見。別収㆓戸別之調㆒。一戸皆布一丈二尺。（Ｃ）凡調副物塩・贄、亦随㆓郷土処㆑出。（Ｄ）凡官馬者、中馬毎㆓一百戸㆒輸㆓一疋㆒。若細馬毎㆓二百戸㆒輸㆓一疋㆒。其買㆑馬直者、一戸布一丈二尺。（Ｅ）凡兵者、人身輸㆓刀・甲・弓・矢・幡・鼓㆒。（Ｆ）凡仕丁者、改㆘旧毎㆓卅戸㆒一人㆖、以㆓一人㆒充㆑廝也。而毎㆓五十戸㆒一人、以㆓一人㆒充㆑廝。以充㆓諸司㆒。以㆓五十戸㆒充㆓仕丁一人之粮㆒。一戸庸布一丈二尺、庸米五斗。（Ｇ）凡采女者、貢㆓郡少領以上姉妹及子女形容端正者㆒。従丁一人、従女二人。以㆓一百戸㆒充㆓采女一人粮㆒。庸布・庸米皆准㆓仕丁㆒。

この第四条は、いうまでもなく新しい税制の規定であって、（Ａ）の部分において旧の賦役をやめて新制を布くことを述べ、（Ｂ）以下において、その具体的な税目について規定している。したがって、（Ａ）の部分が本条の主文であり、（Ｂ）から（Ｇ）まではみなその副文であるとしてよいであろう。ただし、（Ｂ）の前半は田の調についての規定であるから、田の調は副文では戸別の調以下と並ぶ税目の一つとなっているわけであるが、それにもかかわらず、主文はこの田の調だけをあげていて、あたかもこれが旧の賦役に代る新しい税制のすべてを覆うかの如き文章になっている。これは第三条までの書き方からみると、やや破格であるだけでなく、文章としても不正確であるが、しかしそれは、詔の原文を修飾する際の書紀の撰者の不手際であって、原文においてもやはり旧制を廃止して画一的な新制を布くことと、その新制の具体的内容として、田の調以下の税目を定めることが述べてあったとみることは差し支えないだろう。

ところでこれらの内容をみてみると、田の調以下、のちの令制と明白に異るものが多く、また、副文はみな「凡……」という書き方ではあるが、明らかに令文そのままの転載とみられるものは殆んどないだけでなく、主文の「罷二旧賦役一……」や副文の「改下旧毎二卅戸一一人上……」の如く、いかにも大化当時のものにふさわしいような記述の個所も見うけられる。そこでかつて坂本太郎氏は、本条をもって改新の詔の信憑性を認める最大の根拠とされたのであるが（同氏前掲書『大化改新の研究』第三編第二章）、しかしなぜこの第四条だけがほとんど造作の疑いをかけられないような内容を示しているかについては、とくに意見を述べられなかった。その点については第二条と第三条はすべてを直ちに実施するというものではなく、将来ある程度の期間のうちにしだいに実現してゆくべき制度の予定、あるいは目標を示したものであるのに対して、本条の税制は大化二年度からすぐにも実施しなければならない問題であるから、理想的というよりは、とりあえず暫定的な制度を示したものであって、そこに性格の相違があるというように私は考える。主文に「罷二旧賦役……」とある以上、この税制が直ちに実施するために定められたものであることは明白だからである。

ただしかしそう考えるときには、本条の諸規定は、第二・第三条の場合とちがって、大化二年当時の諸事情ときわめて密着したものでなければならないことになるから、もしそれらが詔の原文を内容的に忠実に伝えているものであるならば、改新発足当初の段階を知る好史料となりうる反面、もし当時それらの規定が実施されえたかどうか非常に疑わしいというような点が指摘されるならば、それは直ちに本条の信憑性を否定する有力な根拠となりうるわけである。したがって以下においては、とくにそれらの点に注意しながら、本条の主な内容を一つ一つ検討することとする。

2　新税制の実施

まず主文にみえる旧制の廃止と新制の実施であるが、そこにいう「旧賦役」が具体的にどのようなものをさすかを詳しく考えることは、大化前代の税制の実情がほとんど不明の現状では不可能に近い。しかし賦役という語は、賦役令義解にも「賦者斂也。調・庸及義倉、諸国貢献物等、為レ賦也。役者使也。歳役・雑徭等、為レ役也。」とあるように、少くともわが令制では、租を除く現物賦課と力役賦課、すなわち、課役（およびそれに準ずるもの）の意に用いられていたとみてよいであろう。大化前代に一般に人民に対する賦課がどのような形で存在したかは、推測によるほかはないが、当時のことばとして知られるものはミツキとエタチ（あるいはミユキ）だけであって、おそらくそれ以上には細かく概念が分化してはいなかったし、またそれ以外の種目はなかったと考えてよいであろう。そして、ミツキは生産物および手工業製品の収取の意であり、エタチは労働力の徴発の意であるから、たといこれらが、令制の課役のごとく一定の基準に従って、定期的・定量的に賦課されるものではなかったとしても、この両者を併せたものが、内容的には令制の課役に相当するといってよいであろう。したがって、ここで「旧賦役」といっているのも、従来のミツキとエタチをさしているとみて大過はないと思われる。

ただ、この場合に問題になるのは、ここでいう旧の賦役が、公的なミツキ・エタチだけをさすのか、あるいは私的なそれをも含むのかということである。すなわち、中央・地方の大小の豪族が、それぞれ自己の下にある人民（部曲および一般的領民）から私的なミツキ・エタチを徴収していたことは、当然想像されることであって、それらは恐らく一定の基準のないものだったであろうが、朝廷が設置していたいわゆる品部（職業部と御名代の部）などは、ある意味で公的なものであって、それらに対する賦課については、大化前代にすでに何らかの統一的な制度が成立していたということも十分ありうるから、旧の賦役というのは、とくにそういうものを指しているのではないかとも考えられるのである。しかし、かりにそういう制度が一部に成立していたとしても、もしそれだけを指すとすると、品部以外の人民に対する新しい税制は何も示されなかったことになって不合理であるから、この「旧賦役」の語は一般に私的なミツキ・エタチをも含むものであり、したがって、田の調以下の新しい税目は、すべての人民に一律に適用されるべく定められたものとみるのが穏当であろう。

そこで、このように考えた場合に次に起る問題は、そのような全国一律の制度が、果して当時すぐに実施しえたかどうかということである。すなわち、これまでは品部以外の人民のミツキ・エタチも、たとえば孝徳紀大化元年九月甲申条の詔に「及下進二調賦一時上、其臣・連・伴造等、先自収斂、然後分進。修二治宮殿一、築二造園陵一、各率二己民一、随レ事而作。」と述べているように、諸豪族の手を通じて、その一部分を間接的に朝廷に吸収する途はあったが、しかし、新税は全国の人民に対して朝廷が直接に賦課するものだったとすると、国郡制はその方針が示されただけで、まだ中央集権的な地方行政組織が設けられていなかった大化二年当時において、どういう方法で田の調以下の諸税を規定どおりに国家の手に徴収するつもりだったかということが疑問になるのである。

しかしその点については、改新政府としては国郡制が実施されるまでは、さし当って臣・連・伴造・国造ら諸豪族の手で新税の徴収をおこなわせるつもりであったし、実際にも、そういう暫定的な措置が、しばらくの間はとられていたとみることができる。というのは、書紀によるとこののち政府は、大化二年八月の詔で品部の廃止を宣言するとともに、従来の世襲職に代る新しい官位制を近く制定して、諸豪族の地位を保証する方針であることを述べたが、世襲職の廃止に対する不安は一般に強かったらしく、翌三年四月に重ねて詔を出し、新官位制を定めるまでの間、大小の諸豪族に「庸・調」を賜うことにしている。その「庸・調」の文字は、書紀の撰者の潤色ということもありうるから、この文字があることをもって、直ちに新税制が大化二年からすぐに実施された証左だとするわけにはいかないけれども、もし新税制がすぐに実施されないで、旧の私的なミツキ・エタチがそのまま行われていたとするならば、諸豪族の収入源にはほとんど変化がないわけで、なにもその上に朝廷から物を賜わる必要はないはずであるから、これはやはり新税制がすぐに実施されたことを物語るものとみてよいであろう。そしてその場合に、新しい地方官制はまだほとんど整っていないのであるから、新税の徴収者は、旧来の領主であったそれぞれの豪族と考えるほかはないのである。

なおこの庸・調は、大化二年度の政府の収入であるか、大化前代から蓄積されていたミツキであるかは別として、とにかく朝廷の庫にすでに納められていたものを出して支給するもののように普通は考えられているのではないかと思われるが、しかし、必ずしもそう考える必要はないのであって、各豪族が新制にもとづいて徴収したものを、中央には送らないで、その全部または一部を従来のようにそのまま自己の収入にすることを許すという意味に解することができる。位階のほうは、まもなく大化三年のうちに七色十三階の冠位が制定されたが、官制のほうは、恐らく同五年三月の左右大臣の死ののちに定められたと推定されるから（前掲拙稿「大化改新」）、それまでの間、毎年一たん中央に送って政府の庫に納め、そこから改めて一々支給するという面倒なやりかたをしたと考えるよりは、右のように考えるほうがはるかに自然であろう。書紀が布帛を賜うなどとは書かないで、庸・調を賜うと書いているのは、恐らくそういう事情のためではないかと思われる。なお、第一条にみえる食封の場合の収取方式も同様に考えられることは、既述のとおりである。したがって、徴収の方式と機構とはしばらくは従来のままだったのではないかと推測されるが、しかし、賦課の内容が大化二年度から新制にもとづいて直ちに実施されたとみることは、とくに支障はないといってよいであろう。

3 田の調・戸別の調と調副物

次に調であるが、前述のように（B）の副文の「糸・綿絇・屯……」という分注までの部分が田の調、以下が戸別の調の規定で、（C）の副文に調副物の規定がみえる。そこで、まずこれらの部分の字句についていうと、（B）の冒頭の個所は、あとに「布四丈、……」という記述があるから、明らかに「絹・絁・糸・綿」の次に布の一字を補うべきである。また、右の分注は「諸処不レ見」という語が原注としてはかなり不自然であるから、書紀集解がいうように、私記などの注記の混入として削るべきであるかもしれない。しかし、（B）の最後のところの「一戸皆布一丈二尺。」の皆の字は、現行の刊本がほとんどみな貲の字に改めているけれども、それは日本書紀通証が根拠を示すことなく恣に意改したのを承けたものにすぎず、諸本はすべて皆の字で、貲に改めなければならない理由も材料も全くないから、これは当然もとのままにしておくべきものであろう。

なお、この最後の点は、以下の考察に少からず関連をもつので、いま少しく付言すると、和名抄は貲布の名目を掲げて、これを帖布（細緻織巧の布の意）に同じとし、楊氏漢語抄を引いて、和名を佐与美乃沼能（サヨミノヌノ）としており、その箋注もまた貲は帖と同義で、その古字だとしている。しかし、わが国における貲字の用例をみると、続紀天平八年五月辛卯条に諸国の調布・庸布の一端の寸法を改定したことを述べたあとに、「常陸曝布、上総望陀細貲、安房細布、及出レ絁郷庸布、依レ旧貢之。」とあり、また、正倉院黄布墨書銘に「上総国周准郡勝□郷□□部□主貲布調壱端（下略）」、同じく紅赤布墨書銘に「上総国□（周准郡カ）男貲調壱端（専当国郡司名略）天平勝宝二年十月」とあって、奈良朝のころは明らかに賦役令調絹絁条にみえる望陀布、すなわち上総国望陀郡およびその付近の特産の布の名称として用いられている。もっとも日本後紀大同元年三月癸未条には、平城天皇が喪服として遠江の貲布を服用したことがみえ、続日本後紀承和三年二月戊寅条には、遣唐大使に綵帛百匹、貲布廿端、副使に綵帛八十匹、貲布十端を禄として賜わったことがみえているから、平安朝に入ってから、上総の特産品がしだいに他の地方でも産するようになり、それに伴って、貲布の語も単に上質の布という普通名詞に変っていったということも、考えられないことではない。しかし、少くとも大化のころすでに貲布の語が、広く一般から徴収しうる上質の布の意に用いられるということは、かなり考えにくいことであろう。また、貲字は本来は贖物あるいは貨財の意で、訾・咨などにも通用するが、布などの品質を示すような意味はない。説文に「貲、小罰以レ財自贖也。」とし、「漢律、民不レ繇、貲銭二十三。」と述べているのによれば、貲布は傜役その他の義務の代物としての布の意に解することが可能であって、そう解すれば以下の考察にも好都合ではあるけれども、そのような理由によって本文の文字を改めることは、もちろん正しいことではない。

さて、はじめに田の調の規定についてみると、(B)の副文の当該部分は、次の如き賦役令の調絹絁条の文とかなりよく似ている。

凡調絹・絁・糸・綿・布、並随二郷土所一レ出。正丁一人絹・絁八尺五寸、六丁成レ疋。長五丈一尺、広二尺二寸。美濃絁六尺五寸、八丁成レ疋。長五丈二尺、広同二絹・絁一。糸八両。綿一斤。布二丈六尺。並二丁成二絇・屯・端一。端長五丈二尺、広二尺四寸。其望陀布、四丁成レ端。長五丈二尺、広二尺八寸。若輸二雑物一者、……。次丁二人・中男四人、各准二正丁一人一。（下略）

これをみると、ことに最初の部分は両者ほとんど同文で、これは令文が詔文を承けたと考えることもできるが、詔文が令文によって修飾されたという可能性もきわめて大きい。しかし、そのあとにみえる田の調の内容は独特のものであって、令の規定が正丁一人を基準とする人頭賦課制であるのに対して、田一町を基準とするいわば町別賦課のかたちをとっており、すでに坂本氏が述べられたように、中国にもその前例がみられない制度とされているのである（同氏前掲書『大化改新の研究』第三編第二章）。このような独特な制度がとられた事情は必ずしも明らかではないが、詳しい戸口調査がまだ行なわれていなかった大化当時において、このような制度がとられたことはむしろ自然であるし、また当時としては実施不可能のことではなかったといってよいであろう。

ただし最近では、人頭賦課の原則は浄御原令の段階に至ってはじめて実現したもので、それ以前は戸別賦課が一般的だったという見方が有力化するに伴って、この田の調も、規定の上ではこのように町別賦課のかたちをとっていても、実際には戸別賦課であって、戸別の田積に応じて徴収したものとする解釈がおこなわれるようになってきているようであるが、しかしそれについては疑問がある。

なぜならば、そのような徴収方法をとるためには、個々の戸の耕地面積の調査が行なわれていなければならないが、当時の段階としては、そのようなことはとうてい考えられないからである。確かに編戸が行なわれる以前でも、実際に屋舎ごとに分れて暮らしている生活体を戸として把握するのは、それほど困難なことではないから、そのような現実の屋舎を単位とする戸別賦課制ならば一般的には可能なことであり、私も、律令国家が戸として把握しようとしたものは、大化のはじめからそのような房戸程度の規模の生活体だったであろうと考えるが、しかしかりにそうであっても、個々の戸とその田地との耕作関係を一々正確に登録するなどということは、班田制実施以前においては、そう容易に行ないうることではない。すでに前年の大化元年八月に任命された東国国司と倭の六県への使者の任務の中に、「作二戸籍一、及校二田畝一。」ということがみえてはいるが、その仕事がすぐに全国的に完了したとはとうてい考えられないであろう。したがって、この田の調の実際の徴収方法としては、各地方の水田地域ごとに、全体の耕地面積を概算し、それに応じた調の額をそこの村落全体に対して賦課したか、あるいは、その総額を適当に村落内の各戸に割り当てたかのいずれかと考えるほかはない。この規定に「田一町絹一丈、四町成レ疋。」というような大きな単位が用いられているのも、あるいはそのためではないかと思われるのである。

なお書紀によると、この後まもない大化二年八月癸酉条の長文の詔の中に、「凡調賦者、可レ収二男身之調一。」という一文がみえている。調の人頭賦課をうかがわせる史料は、この記事を除くと、浄御原令の施行以前には全く見あたらず、持統紀四年九月乙酉条の「詔曰、朕将レ巡二行紀伊一之故、勿レ収二今年京師田租・口賦一。」という記事からのちはしばしば現われるようになるから、この「男身之調」の記事は疑わしいとされているが、しかし、全国的には不可能であっても、部分的には戸口調査の進むにしたがって、人頭賦課の方式がしだいに実施されていったということは、けっしてありえないことではないであろう。

それから次に戸別の調の規定についてみると、令にはこれに相当する条文はない。しかし中国では、調の戸別賦課方式は後漢末の曹操執権時代に、戸ごとに絹二匹・綿二斤を徴収したのに始まり（魏志武帝紀建安九年九月条注魏書など）、西晋の武帝の有名な戸調式（太康元年、二八〇）に定着した。大化の戸別の調の前例が戸調式にあるということは、すでに坂本氏が指摘されたところであって、(同氏前掲書)、早く日本書紀通証もこれを引いているが、その戸調式の内容は「丁男之戸、歳輸二絹三匹・綿三斤一。女及次丁男為レ戸者半輸。……」(晋書食貨志) というもので、明らかに調の主体をなすもの (正調) についての規定とみられるから、賦課の方式は同じであっても、大化の制が果して、晋の戸調式を承けたものであるかどうかは速断できない。

そこでこの戸別の調と田の調との関係が問題になるが、最近に村尾次郎氏は、戸別の調をもって、田の調を京へ送る運脚の費用に充てるための副次的な調であろうと推測されるとともに、田の調は大化の新制であり、戸別の調は前代からの旧制を継ぐものであろうと説かれた (同氏著『律令財政史の研究』第二章第二節)。またそれに対して青木和夫氏は、田の調が大化の新制ならば、当然一段三六〇歩の制に対応するように賦課基準を定めるべきであるのに、一町につき一丈・二丈・四丈という数になっているのは、むしろ旧制の一段五〇代二五〇歩の制に対応するものであるから、田の調も旧制を承けているのであって、田の調は屯倉・田荘、戸別の調は品部・部曲などに対する賦課の制を承けたものと考えられる。したがって両者は、課税対象を異にする二本立ての制であるということを主張された (同氏「律令財政」『岩波講座日本歴史3』)。この青木氏の説の当否は、大化前代の税制の実情がほとんどわからないので、断定的なことはいえないけれども、田の調の賦課の仕方が実際には上述の如くだったとすれば、一丈・二丈・四丈という数字も、必ずしも旧来の代制に対応するとみる必要はないし、さきにも第三条の検討の際に述べたように、一段三六〇歩制に対応して定められるはずだとする点にも無理がある。また、たとえば、これまで豪族の私有地において、戸税と別個に土地税がおこなわれていたというようなことは、かなり考えにくいことであって、大化前代のミツキの課税対象が、後世の荘園制の場合のように、戸と土地とに分化していたというのは甚だ疑わしい。しかも詔文には「別収二戸別之調一。」とあって、戸別の調は田の調と同じ対象に課する副次的な調と解するのが、文章の上からも自然であり、布一丈二尺という数量も付加税としてむしろふさわしい。したがって、これを晋の戸調式の系統を承けたものとするのは疑問であり、村尾氏がいわれるように、運脚の費用という可能性も考えられないではない。しかし、調の運京ということが一般的に必要となったのは大化以後であるから、大化前代からこのような付加税としてのミツキが存在したかどうかは、やはりかなり疑問であって、この戸別の調をもって旧制をそのまま継承するものとする村尾氏の説も、にわかには従いがたいのである。

なお、続紀慶雲三年（七〇六）二月庚寅条にみえる七ヵ条の制の第四に、「准レ令、京及畿内、人身輸レ調。於ニ諸国一減レ半。宜下罷ニ人身之布一、輸中戸別之調上。乃異ニ外邦之民一、以優ニ内国之口一。輸調之式、依ニ一戸之丁一、制ニ四等之戸一、輸調多少、議作ニ条例一。」とあるが、これは調の主体を戸別賦課にした場合には、等級別の制をとらなければ甚しく不公平になるからであって、このことは逆に、等級制を伴なわない大化の戸別の調が付加税であったことを物語るものだといってよいであろう。

それからもう一つ、最後に調副物の規定についてみると、令では上掲の賦役令調絹絁条の後続の部分に、

凡調絹・絁・糸・綿・布、……。若輸ニ雑物一者、鉄十斤。鍬三口。毎レ口三斤。塩三斗。鰒十八斤。堅魚卅五斤。（以下二八品目略）……。次丁二人、中男四人、並准ニ正丁一人一。其調副物、正丁一人紫三両。紅三両。茜二斤。（以下三五品目略）

とあって、これによると令制の調副物は正調のほかに賦課されるものであり、令義解も「謂、此唯為ニ正丁一。不レ及ニ次丁・中男一也。」と注しているように、正丁だけに賦課されるものであった。また、その数量を正調（および雑物）と

共通する品目について比較してみると、塩は三斗に対して一升、雑腊は六斗に対して二升、堅魚煎汁は四升に対して一合五勺であって、はるかに少量である。したがって令制の副物は、その名の示す通り、明らかに正調に対する付加的なものであった。しかしながら、これによってすぐに大化の副物も同様の性質のものだったとするわけにはいかないであろう。

なぜならば、大化の副物は、当時の段階からいって、とうてい正丁だけに課するということは不可能だっただけでなく、その品目からみると、令制の副物よりも、むしろ雑物のほうに相当するからである。すなわち、令制の副物の品目は、その大部分が染料・特殊繊維製品・動植物油脂・木工品などであるのに対して、雑物の品目は、最初にあげてある鉄と鍬を除けば、あとはすべて塩と鰒(あわび)以下の水産物によって占められているのである。坂本氏は大化の副物の贄について、海辺の塩に対する山間の土産をさすとしたほうが正しかろうといわれたが(同氏前掲書)、やはり日本書紀通釈などがいっているように、贄は主として海(水)産物であり、大化の副物は令制の雑物に当るとみたほうがよいであろう。欽明紀七年七月条の分注に「紀伊国漁者負ㇾ贄草馬之子也。」とある贄も海産物であり、三代実録仁和元年九月七日条の勅にみえる贄戸も、大膳職の雑供戸である漁民の品部と考えられる。もしこのように令制の雑物に当るとすると、大化の副物は正調の一種ということになるわけであるが、それでは田の調との関係はどうかというと、それは令制の雑物の場合とほぼ同様であり、また、とくにこのような税目が立てられたのは、田の面積を調の賦課基準にすると、海辺・江辺の漁民は耕地が少く、調の大半を脱れることになるため、それらの民には塩と贄とを課して負担の均等をはかるとともに、併せて中央で必要とする水産物をそれによって従来どおり確保しようとしたものと推測される。そして、その場合の数量や賦課基準は不明であるが、その徴収方法については、田の調とほぼ同様に考えてよいのではないかと思われるのである。

なお、こう考えた場合には、令制の雑物の品目にみえる鉄と鍬が大化の副物にあげてないのはなぜかという疑問が生じるが、これは恐らく大化当時の段階では、まだ鉄や鍬の生産技術は調として農民の戸から出させるほど普及していなかったし、また、鍛冶部などの鉄工技術の職業部はまだ廃止されていなかったから、しいて一般の民戸に課する必要もなかったためとみてよいであろう。令制の副物にあげてある諸品目は、おもに手工業生産の原料と簡単な手工業製品であって、それは律令国家が、特殊技術を必要とする職業部は品部・雑戸として令制の中に存続させたけれども、それほど専門技術を要しないものは、調あるいは調副物として、一般の民戸から徴収することにしたことを示している。それに対して大化のときには、それほどまだ手工業技術が普及しておらず、また、職業部の制が存続していたので、とくに令制のごとき副物の規定がつくられなかったとみることができる。このようにみると、ここに規定されている田の調、戸別の調および調副物の内容は、全体として生産技術の普及の段階観とも大きく矛盾するところはないのであって、むしろ大化当時のものとして極めてふさわしい内容を示しているといってよいのである。

4　官馬の負担

次に（D）の副文には、官馬に関する賦課の規定がみえる。これは、官の馬をととのえるための財源として、一戸につき布一丈二尺の負担を課することを述べたものであって、民戸から直接に馬を出させるものでないことはいうまでもないが、ここでまず問題になるのは、この負担が全国の戸に一律に課せられるものかどうかということである。

このような官馬賦課の規定は隋・唐の制度にはなく、わずかに北魏にその例がみられるから、その北魏の制が朝鮮半島を経てわが国に影響を及ぼした結果、このような慣行が大化前代からわが国で成立していたのではないかというのが坂本氏の見解で（同氏前掲書『大化改新の研究』第三編第二章）、それが今日も広く承け継がれているようであるが、しかし北魏の例というのは、魏書明元帝紀の永興五年（四一三）正月条の詔にみえる「諸州六十戸出二戎馬一匹一。」という記事と、同書の泰常六年（四二一）二月条にみえる「調民二十戸輸二戎馬一匹・大牛一頭一。」という記事であって、どちらも軍用のための臨時の徴発らしく、ある程度恒常的な税制として行なわれたものかどうか甚だ疑わしい。また、わが国においても、畿内に置かれていた馬飼の組織に馬を飼育・貢上させ、あるいは私的な貢献物として、東国などの国造から良馬を貢上させることは行なわれていたとしても、そのほかに馬に関する負担を広く一般の民衆に課するというような慣行が大化前代からあったかどうか、これも甚だ疑わしく、少くともそのような形跡はほとんどないといってもよいであろう。のちの令の制度でも、これに該当する規定はなく、馬寮の馬と駅馬は稲や銭で購入し、伝馬と軍団の馬は官牧で育てたものを充てたようである。

したがって、参照すべき制度はほかにはないわけであるが、ただ、少くともこの規定が、調あるいは令制の庸布のごとく、一戸につき一丈二尺の布をすべて中央に集めて、それによって中央政府が必要とする馬を購入するというのではないことは明らかであろう。なぜならば、もしそういう調達方式であるならば、副文にみえるように「中馬毎二一百戸一輸二一疋一。若細馬毎二二百戸一輸二一疋一。」という規定を付することは必要ではないだけでなく、全く意味をなさないことになるからである。したがって、実際には、国司あるいは差し当っては国造が、その管轄区域内から一戸につき布一丈二尺を徴収して、その布で戸数に応じた数だけの馬、たとえば戸数二〇〇〇戸の区域では、中馬ならば二〇疋、細馬ならば一〇疋、あるいは中馬一〇疋と細馬五疋を購入するものと解するほかはないであろう。すなわち一百戸・二百戸という数字は、調達すべき馬の数を算出するための基準にすぎないとみられるのである。

ところで、そのようにして国司あるいは国造が調達した馬は、すべて中央に送られるものだったかどうかということが問題となるが、それは言い換えれば、この副文にいう官馬とは、何に使うための馬かという問題である。令制で官馬という場合には、その主なものは、中央では左右馬寮の馬、地方では軍団の馬と駅馬・伝馬であり、そのほかに公廨の馬、すなわち中央・地方の各官衙の馬もあった。そして馬寮の馬は、おもに衛府のためのものであったが、上級官人や中央の諸官衙にも賜わったとみられる。この副文の規定がこれら各種の馬をととのえるためだったとするならば、国司や国造が調達した馬は、一部は中央に送り、一部は地方にとどめられるということになるが、しかし軍団や駅馬・伝馬の制度が整ったのは、かなりのちのことであって、大化二年の段階ですでにこれらに必要な馬の数をととのえることが考えられたかどうかは、かなり疑問であろう。駅馬・伝馬の制は本詔の第二条に規定されているが、先にも述べたように、伝馬のことが詔の原文にも存在したかどうかはかなり疑わしく、駅馬のほうも大化前代からある程度素朴な形で存在したものを、当分はそのまま使用していたのではないかと推測される。まして軍団のことは、本詔には何も触れておらず、これ以後も壬申の乱を経て天武朝に至るまで、地方軍事力の実体は地方豪族層の手に握られていたとみられるから、その方面に官馬を急いで準備することが行なわれたとはあまり考えられない。もっとも、そのようにいえば、中央の馬寮にあたるものも、五衛府の制が整ってくるのはやはり天武朝以後であるから、旧来の馬飼の組織による供給で、当分は必要量を満たしえたのではないかとも考えられるが、しかし、中央における馬の需要は、大化前代から急速に増大しており、それに対して、馬飼の組織による生産・飼育は、すでに地方とくに良馬の産地である東国方面にその地位を譲りつつあったため、大化前代からすでに、東国の国造などによる貢馬の慣行が成立していたのではないかと想像されるのである。したがって公地公民制の採用によって、国造の私的な献納が公式には不可能になり、しかも中央政府の組織が画期的に拡大しようとしていた大化当時において、旧来の貢馬に代る新しい律令的な方式によって、中央に必要な多数の馬を確保しようと意図することは、当然考えられることであろう。また、副文に細馬と中馬の場合だけを規定し、駑馬についての規定を欠いているのも、とくに良馬を中央に集めようとするものであったことを物語っている。なぜならば、軍団や駅馬・伝馬、とくに軍団では、兵士一〇〇〇人の軍団で駄馬六〇〇疋というように、きわめて多数の駑馬が必要だったのに対して、中央の馬寮では、やはり駑馬はあったけれども、大化当時には、その程度の駑馬は畿内にある馬飼の組織によって容易に入手することができ、とくに地方から調達しようとしたのは、主として良馬のみだったと考えることができるからである。

要するに、ここにいう官馬は、主として中央の必要を充たすためのものだったとみるのが最も自然だということになるが、このようにみてきて、さて最初に提出した問題に立ち帰ると、その結論はおのずから明らかであって、この官馬の負担を全国の民戸に一律に課するものと考えることは、とうてい無理であろう。なぜならば、そう考えた場合には、全国の総戸数からいって、毎年大へんな数の馬が中央に集められることになり、数的に全く不合理だからである。そのほか、良馬の産地が限られていることから考えても、この負担を全国一律の賦課とみることは極めて不自然で、これはどうしても特定の地方にのみ適用される特殊な税目とみなさざるをえないのである。

以上は（D）の副文の解釈であるが、それによるとこの規定は、その文章からいって、中国および日本の令の条文に類似のものが全く見当らない独特のものであって、その点で令文の転載による造作とみることは不可能である。また、内容からみても極めて独特のものであって、近江朝に官牧が設けられはじめる以前、とくに国造の貢馬を何らかの公的な制度に切り換える必要にせまられた大化当時のものとして、最もふさわしいということができる。

5　兵器の負担

次に（E）の副文には、兵器に関する賦課の規定がみえる。これはきわめて簡単な文章で、これがどういう性質の負担を規定したものであるかを詳しく考えることは容易ではないが、一般には坂本氏の見解（同氏前掲書『大化改新の研究』第三編第二章）をうけて、この副文を軍防令備戎具条の「凡兵士、毎レ火……。毎二五十人一……。毎レ人弓一張、弓弦袋一口、副弦二条、征箭五十隻、胡簶一具、太刀一口、刀子一枚、礪石一枚、藺帽一枚、飯袋一口、水甬一口、塩甬一口、脛巾一具、鞋一両。皆令二自備一、不レ可二闕少一。行軍之日、自尽将去。若上番年、唯将二人別戎具一。自外不レ須。」という条文に当るものとし、したがって兵士の負担を規定したものとする解釈が広くおこなわれているようである。そのため、たとえば北山茂夫氏は、兵士制を前提とするこのような規定は大化のものとして疑わしいから、近江令文などによる造作の可能性があるとされ（同氏著『大化の改新』）、最近に八木充氏も、同様に軍団兵士制の存在しない大化当時の規定としては不合理であるという理由で、この副文の信憑性を否定された（同氏前掲「大化改新詔の述作について」）。

しかしながら、副文にみえる「兵」の文字は、兵器というこの文字本来の意味にとり、他の副文と同じく税目の名称とみるのが自然であって、強いて兵士の意に解すべき理由はどこにもないし、文章全体からみても、右の軍防令条文との類似関係は、正直にいってほとんど認められない。また、令文の「毎レ人弓一張、……」以下が個人装備の戎具だけについて述べているのに対して、副文には幡・鼓という部隊装備の兵器があり、副文には甲があるのに令文にはないというような相違があるだけでなく、もともと令文のほうは、その本質が賦課の規定ではない。そこにあげてある個人装備は「皆令㆓自備。㆒」とあるから、現実には確かに兵士個人の負担になったであろうが、しかし、それはどのような方法で準備してもよいのであって、たとえば兵士の服務期間を終えた人から譲り受けても差し支えないし、また、それが全部国家の所有に帰してしまうというわけでもない。兵士に差点された者は、これだけの品目・数量のものを国家なり軍団なりに納入しなければならないということではないのである。それに対して副文は明らかに賦課の規定であり、また、兵器品目の中に幡・鼓の如きをあげているから、人ごとにこれらのものをすべてととのえよということではないことは明瞭である。したがって、この副文を令文と結びつけて、軍団兵士の兵器自弁を規定したものとすることは無理であり、また、そういう解釈の下に、この副文は大化当時のものとして不合理であるというような立論をすることも適当ではない。

それでは、この副文の規定をどのように解すべきであるかというと、まず文章の全体からいって、国家が刀・甲・弓・矢・幡・鼓などの兵器をととのえるために課するある種の負担についての規定であることは、ほぼ間違いないであろう。ただ、この場合に問題となるのは、賦課の対象が人民の全般にわたるか、それとも、ある特定の限られたものだけかということと、その対象となるものが、刀・甲以下の兵器そのものを実際に出すのかどうかということである。

これについて従来は、この規定をもって改新政府の武器収公策の一環とする見かたが一部におこなわれているようであって、もしそうであるとすると、賦課の対象は主として豪族層であって、人民一般ではなく、また、出すものは従来から所有している武器そのものということになる。しかしながら、この見かたもやはりかなり疑問であろう。なるほど発足したばかりの改新政府がすぐに武器の収公をはかったことは、孝徳紀大化元年八月庚子条の東国国司に関する記事や、同月朔条の記事にみえ、また、それが必ずしも完全には実施できなかったらしいことが、天武紀十四年十一月丙午条などによってうかがわれるから、強制的に収公することの困難な民間の武器を税の一つとして取り立てようとしたということも、全然考えられないことではない。しかし、武器の収公と税制とは本来かなり性質のちがうことであり、また民間に所有する武器を毎年恒常的な課税の形で少しずつ出させるというのも、収公策としては甚だおかしなことである。副文の「人身」という語も、全人民に一律に賦課する場合に使われるのがふつうであって、武器所有者だけをさすというのは穏やかでない。

ここで大化の武器収公策について一言すると、地方族長層の武器を収公することは、右に述べたようにあまり進捗しなかったとみられるにもかかわらず、書紀によれば、この改新の詔を出した同じ月に、政府は使者を諸国に遣わして兵庫を修営させている。これは政府が、国家の手に兵器を蓄積・整備する手段として、族長層の所有する武器を収公することに主眼をおく方針を改めて、一般人民の負担によって兵器をととのえることとし、それにともなって各地の兵庫を修営させることになったと考えるのが自然であろう。そしてそのことは、大化の武器収公策が、従来から武器を貯えていたような地方勢力に対する政略的な意味も、当然その一面には持っていたであろうが、その主な目的は、中央集権的な軍事制度を急速に整えることにあったことを物語るといってよいであろう。律令国家権力の存立にとって、地方族長層から武力を取り上げることが、それほど必要と考えられていなかったことは、いよいよ律令的な軍団制が成立しようとする段階に入った天武天皇十四年（六八五）十一月の詔に「大角・小角・鼓吹・幡旗及弩抛之類、不ㇾ応ㇾ存二私家一。咸収二于郡家一。」とあって、私家に所有することが禁止されたのは大角・小角以下の部隊装備の兵器だけであり、しかも、それらも郡家に集積されて、地方豪族の管理に委ねられたことを示している事実からも推測できる。

さて、このようにみてくるならば、この副文の規定は、一般民衆の負担によって国家の軍備を整えようとするものだということになり、したがって「人身」の語は、一般の成年男子に対する人別賦課を意味するということになるわけである。そうすると、その場合に刀・甲以下の実物を出させると解することは不合理であって、それらの費用を布などの代物で納めるものと解するのが自然であろう。なぜならば、これらの兵器は、従来でも鍛冶・甲作・弓削・矢作その他の職業部の専門手工業者の手に成っていたもので、一般民衆に簡単にととのえられるものではなく、またかりにそれらを購入しえたとしても、負担を均等にするすべはないからである。ただ、以上のように解釈した場合には、そういう一律賦課の税目であるにもかかわらず、ここだけが人別賦課の規定になっていて、人別賦課の制は浄御原令の段階に至ってはじめて実現されたという最近の一般的見解と衝突することになり、その点からこの副文の信憑性を疑う議論が生じる可能性があることと、この副文にだけ代物の品目と数量についての規定がないのはどういうわけかという疑問が生じることの二点が、無視できない難点となる。それについて今すぐに明快な説明をつけることは容易ではないが、しかし、一おうは次のように考えることができるのではないかと思われる。

すなわち、本条にみえる他の諸税目は、みな町別あるいは戸別賦課の如き規定になっているけれども、たとえば田の調が、必ずしも厳密な意味での町別賦課と考えがたいことは、さきにみた通りであるし、調副物の場合にも、おそらく村落（漁村）ごとに賦課したものと想像される。これらの規定は、要するに徴収すべき数量を決定するための計算の基準にほかならないのであって、兵器の場合にも、個々の成年男子が直接に賦課の対象になると考える必要はなく、ある地域の住民の中の成年男子の総数によって、その地域の負担すべき兵器の数量がきまるというように考えることが可能である。精密な戸口調査がすでに実施されていたとはもちろん考えられないけれども、孝徳紀大化元年九月甲申条に「遣二使者於諸国一、録二民元数一。」とあって、政府は前年九月にすでに全国の人民の概数を調査しているから、各地域ごとの成年男子の概数を把握する程度のことはできたであろう。副文に「人身」という表現を用いたのは、この義務が本来成年男子だけが負うべき性質のものだからであって、この語によって、成年男子の総数を賦課の基準にすべきことを示したものと解することができるのである。したがって、実際には国司・国造は、たとえば刀ならば何人で一口、甲ならば何人で一領というように、あるいは総数何人までのところでは刀何口と甲何領と……というように、管内の成年男子の総数に応じた規定数の兵器を調達して、その地方の兵庫に貯えるのであって、そのための費用は、おそらく前述のように、代物の布をもって充てる定めであったというふうに考えられる。そしてその代物は、おそらく前項の官馬の規定と同じく、一戸に布一丈二尺だったと推定するのがよいと私は考えるが、その点については、この負担がこの租税体系全体の中で占める位置に関連して、のちに本条の総括の際にふれることとして、とにかく、ここに代物の規定の文がみえないのは、書紀の撰者の粗漏か、あるいは前項の官馬の規定と同じであるために省略したかのいずれかとみることができるであろう。

　以上はかなりの推測の上に立った解釈であるが、しかしそれでも、武器収公あるいは兵士の武器自弁の規定とする解釈にくらべれば、このほうがはるかに自然だといってよいであろう。そして、もしこの解釈が当っているとすれば、この副文の規定も内容的にきわめて独特のものであって、令文による造作説などの入り込む余地は、ほとんどないといってよいと思われる。

6　仕丁の粮

次に（F）の副文には、仕丁に関する賦課の規定がみえる。これは、仕丁を五十戸ごとに一人（厮丁と合せて二人）ずつ出させて、中央の諸司に配置し、その粮、すなわち服務中の生活の資を庸布・庸米という形で民戸に負担させるというものであって、この副文の主眼は、いうまでもなく、仕丁の差点ではなくて、庸布・庸米を税目の一つとして掲げることにあるが、規定の文の解釈については、とくに問題はない。しいていえば、仕丁を出した戸も庸布・庸米を出すのかどうかという点がはっきりしないが、その点については、便宜上采女の場合と併せて、次項でふれることとする。

仕丁は、令制ではやはり五十戸ごとに二人（うち一人は厮丁）の課丁を差点して、中央の諸官庁で雑役に従事させ、三年交替でその服務期間中は課役を免除する定めであったが、もちろん官人身分をもたないもので、その食料は庸の中から充てることになっていた。官庁内で服務するものを直丁、屋外で使役されるものを駈使丁といって区別したが、厮丁に対していうときは、直丁と駈使丁を併せて立丁と呼んだことは、弥永貞三氏が詳しく説かれた通りである（同氏「仕丁の研究」史学雑誌六〇ノ四）。この副文の規定に関連のある令の条文としては、賦役令の仕丁条と計帳条があって、それぞれ次の如き規定になっている。

凡仕丁者、毎㆓五十戸㆒二人。以㆓一人㆒充㆓厮丁㆒。三年一替。若本司籍㆓其才用㆒、仍自不㆑願㆑替者聴。其女丁者、大国四人、上国三人、中国二人、下国一人。

凡毎年八月卅日以前、計帳至、付㆓民部㆒。主計計㆓庸多少㆒、充㆓衛士・仕丁・采女・女丁等食㆒。以外皆支㆓配役民雇直及食一。九月上旬以前申レ官。

このような仕丁の制に該当するものは、隋・唐の制にはみえないので、坂本氏以来これをわが固有の制とし（同氏前掲書『大化改新の研究』第三編第二章）、弥永氏もほぼこれに同意されたが、曽我部静雄氏は、秦・漢に源流を有する北魏の更卒の制をあげて、これを仕丁の源流とされた（同氏「仕丁と采女と女丁の源流」法制史研究1）。仕丁・直丁などの語が記・紀にみえはじめるのが仁徳朝であるところから、曽我部氏が仕丁の制はそのころに大陸から伝わったものであろうとされた点は、記・紀の史料的性質からいって、そのまま賛同しがたいが、北魏の更卒の制というのは、司州（洛陽付近）の民から十二夫につき一夫をとって四年の更卒とし、公私の力役に供したというものであって、そのような大陸制度の影響ということも、考えられないことではない。しかし、六世紀に入ってからの書紀の記事には、仕丁に関することが殆んどみえないから、日本で早くからこれが広く行なわれていたかどうかは疑問であろう。ただ、孝徳紀大化元年八月庚子条のいわゆる男女の法に寺家仕丁の語がみえるところからすれば、大化以前からすでにある程度この制が行なわれていたと考えてもよいと思われる。その場合に、国造がその領民を仕丁として朝廷に送る制があったかどうかははっきりしないが、おそらく弥永氏もいわれたように、屯倉など朝廷の直轄領では、大化以前すでに仕丁を差点することが行なわれており、大寺院なども寺領（封戸）の民の中から仕丁を出させ、有力な豪族においても、その部民などの中から同様のものを徴発していたと推測されるのである。

したがって、改新政府がこれを全国的に拡充して、律令的な税制の一環とすることは、当然ありうることであって、仕丁に関する規定が本詔の中にみられることは、けっして不自然なことではない。ただ、令制と比較すると、この副文においては、（イ）三十戸単位を五十戸単位に改める旨を述べていること、（ロ）諸司に充てることをわざわざことわっていること、（ハ）庸布・庸米について規定していること、などの点が令の規定と相違している。

そこで、これらの点が大化のときのものとして不自然ではないかどうかが問題となるが、まず（イ）についていうと、ここにみえる三十戸・五十戸の文字は、宮本救氏（同氏前掲「里制の成立について」）や八木充氏（同氏前掲「大化改新詔の述作について」）もいわれたように、里制とは直接に関係がないとみるのがよいと私も考える。その理由は宮本・八木両氏とはやや異るのであって、そのことについては、次項の采女に関する規定のところで詳しく述べることにするが、かりに一歩を譲って、これが里制に関係があったとしても、三十戸一里制は全国的に実施されたことはなく、改新政府ははじめから五十戸一里制を布く方針をとり、それをしだいに拡充していって、庚寅年籍の段階に至ってほぼ全国的実施の状態に到達したと考えるのが最も妥当であることは、すでに第三条の検討の際に述べた通りである。したがって、この副文で仕丁を五十戸単位に差点する旨を述べていることは、年代的に何ら矛盾はない。孝徳紀大化二年八月癸酉条の品部廃止の詔に「凡仕丁者、毎二五十戸一一人。」とあるのと重複するから、どちらか一方が誤りだとする見解もあるが、副文を一般方針とし、二年八月の詔を一部の地域における実施記事とみることが可能であるから、両立しえない記事ではない。おそらく二年八月の詔は、品部の廃止を宣するに当って、公民化された品部の取り扱いかたについての方針を国司・国造に与えたものであろう。

それから次に（ロ）についていうと、大化前代にも、私民として各豪族のもとに徴発されていたものや、寺院に使役されていたものがあったと推測されることは前述の通りであるから、官司に准ずるものとみられていた寺院の場合は別として、私民だったもの、ことに引き続き大夫以上の食封となったものの場合には、依然としてその豪族が仕丁を使役しうるのかどうかが問題になったところから、それらもすべて官司において使役されることを明示したものと解することができる。孝徳紀大化二年三月壬午条の皇太子奏請文に「別以ニ入部及所封民一簡ニ充仕丁一、従ニ前処分一。」とあるのは、別に説いたように（前掲拙稿「大化前代における皇室私有民」）、やはりこの点を問題にし、「前処分」すなわちこの副文の規定を修正あるいは拡大解釈して、皇族や諸豪族が入部や所封民（食封）から仕丁をとって私的に使役することを認めたものとみられる。事実、封戸の仕丁が封主に使役されるものかどうかという疑問は、奈良朝以降の法家の間にも存続しているのである。したがって、ここでとくに諸司に充てるべきことを述べているのは、大化のときのこととして、むしろふさわしいといってよいであろう。

また、最後に（ハ）の点についていうと、令制の庸は、賦役令歳役条や前掲の同計帳条などによれば、毎年歳役の代りに正丁一人につき布二丈六尺を納めさせ、それを中央に集めて民部省の主計が予算を組み、一部を衛士・仕丁・采女・女丁らの食に充て、それ以外をすべて役民の雇直に充てることになっていた。しかし、そのような一般的な庸（チカラシロ）の制が成立したのは、青木和夫氏によれば大宝令以後であって（同氏「雇役制の成立」史学雑誌六七ノ三・四）、それまでは不定量で恣意的な労役の徴発がおこなわれていたと現在ではみられている。事実、孝徳紀大化二年二月戊申条の鐘匱の制に関する詔などには、中央の土木工事に地方民を随時使役していた実情の一端がうかがわれ、また、本条全体が示す負担体系においても、労役に関する一般的な税目は何ら規定されていない。したがって、ここに仕丁の粮という形で庸布・庸米の賦課が規定されていることは、けっして労役制度の成立過程からみて不自然なことではなく、資養物を在地に負担させるという方式が、大化前代の御名代の制その他において、広くおこなわれていたことを考えると、これも大化当時の制度としてふさわしいことといってよいであろう。ただし、この庸布・庸米の実際の賦課方式については、采女の場合と併せて、次項で考えることとする。

なお、最近に岸俊男氏は、本詔の信憑性を強く疑いつつ、詔文の修飾に用いられたのは大宝令文であるとする説を展開されたが、その中でこの庸布・庸米にも言及されている（同氏前掲「造籍と大化改新詔」）。すなわち氏は、庸の原義はあくまで歳役の庸であって、仕丁・采女の資養物を庸とするのは、原義をはずれた後次的・派生的な用法であるから、そのような規定がまず大化の詔文に現われるというのは不合理で、これは歳役の庸を仕丁・采女の食にも充てるという大宝令条文の知識にもとづいて造作したものとみるべきだということと、大化以降の書紀と続日本紀にみえる計数を伴った稲穀の記載を通観すると、この副文に庸米五斗とあるのと、天智紀元年九月条に稲種三千斛を百済の鬼室福信に賜わったとあるのを除けば、大宝以前はすべて束の単位で表示されているから、この「庸米五斗」も大宝令以後の造作の可能性が大きいということを述べられているのである。

しかしながら、制度としての庸が隋・唐においてはじめて歳役の庸として成立したとしても、庸の原義は一般にチカラシロ、すなわち力役の代物ということであって、必ずしも歳役の庸に限定する必要はないし、また、この副文の庸布・庸米は、次項で詳しく述べるように、必ずしも資養物として仕丁・采女を出した村落が負担するものと解する必要はなく、むしろ本来はチカラシロとして徴収するものであって、それがこの大化の租税体系においては、すべて仕丁と采女の粮に充てられる定めになっていたと解するほうがよい。唐制の庸が歳役の庸であるにもかかわらず、大宝令で庸をまず仕丁・采女などの食に充てるという規定にしているのも、単に大宝令制定時にそのときの事情によって唐制を修正したとみるよりも、坂本氏もいわれているように、大化以来の制を承けたものとみるほうがどちらかといえばより自然であろう。もともと岸氏が、庸の字を大宝令文による修飾とすることによって、すぐに詔文を内容的にも疑わしいとされた点には飛躍があるが、そのことは別としても、大化のころには庸字の使用はありえないということは、簡単には言い切れないことと思われる。また、稲穀の計数の記載については、岸氏の掲げられたリストをみても、大宝の前後を通じて、稲にはすべて束、米・穀にはすべて斛・斗・升の単位を用いていて、その間に何ら原則の変化は認められないし、また大宝以前の記事においては、大宝以後ならば当然米・穀であるべきところがみな稲になっているというようなことも、とくに見うけられない。中央で仕丁・采女の粮に充てるものならば、稲で送るよりは米・穀で送るほうが、遥かに自然であり、また、斛・斗・升の単位が大化のころにはまだ存在しなかったというようなことも、ほとんど考えられないことであるから、この点もとくに詔文を疑う理由にはならないと思われる。

7　采女の粮

最後に（G）の副文であるが、これは采女に関する賦課の規定で、前項の仕丁に関する規定とほとんど同じ性質のものである。

采女というのは、言うまでもなく国造などの地方豪族が一族の中の若い女性を中央に差し出して、後宮の雑用に奉仕させる下級の女官で、奈良朝のころになると、采女を貢進することは郡司の特権だという観念が強くなるが、元来その本質は服属のしるしとしての人質であり、それに宗教的な意味がはじめから強く加わっていたものだったというべきであろう。曽我部静雄氏は、漢代以来の綵女（采女）の制をあげて、日本の采女の制の源流を中国に求められたが（同氏前掲「仕丁と采女と女丁の源流」）、しかし彼我の間には、その本質においてかなり大きな相違があり、また、わが国でウネメにはじめから采女の文字を当てていたかどうかも甚だ疑わしいから、磯貝正義氏が説かれたように、ウネメの制度は日本固有のもので、大和朝廷の全国統一の過程において成立し、その後、大陸制度の影響の下にその形態を整えたものとみるのが妥当であろう（同氏「采女制度の一研究」史学雑誌六七ノ六）。

したがって、采女の起源は大化前代をかなり遡るものと考えられるから、ここに采女に関する規定がみえること自体には、別に問題はない。また、采女は右に述べたような性質のもので、人民に対する賦課というものではないから、その規定が税制の一部としてあげられるのは、やや不適当のようにもみえるが、しかしこの副文の主眼は、仕丁の規定と同じく、庸布・庸米の負担を税目として掲げることにあるのであるから、その点もとくに問題にする必要はない。

そこで、この副文の内容の細部についてみると、まず問題になるのは、采女を貢進するのはだれかということである。というのは、副文には「郡少領以上」とあるけれども、この前半の文章は、後宮職員令の氏女采女条の次の如き条文と酷似していて、令文による造作の疑いが強くかけられている部分だからである。

凡諸氏、氏別貢レ女、皆限二年卅以下、十三以上一。雖レ非二氏名一、欲二自進仕一者聴。其貢二采女一者、郡少領以上姉妹及女、形容端正者、皆申二中務省一奏聞。

すなわち、最近の井上光貞氏の論考（同氏前掲「大化改新の詔の研究」）によれば、本詔二条の郡および郡司に関する諸規定は、すべて浄御原令の条文を転載したものであって、もとは評（コホリ）および評造（コホリノミヤツコ）について規定されていたのであり、したがって、本条の采女に関する部分の「郡少領以上」の文字も、詔の原文では「評造」とあったというのである。しかしながら、この井上氏の所論は、私がまえに評字使用説に対して提出した批判（前掲拙稿「大化の郡司制について」）をほとんど克服していないし、全体としても決定的な論拠を欠いているから、けっきょくは、かりに転載説をとった場合にはこういうふうに説明することになるというだけのことであって、その線でいくら巧みに統一的な説明ができても、そのことが転載説の証明の根拠になるというものではない。当面の問題についても、もし井上説に従って、大化のときの采女貢進者が評造だったとすると、貢進者の範囲や貢進される采女の数などについて、甚だしい不合理が生じるが、私見の如く、詔の原文にも郡領を貢進者としていたとすれば、とくに難点は生じない。それらのことは別に詳しく述べたので（前掲拙稿「再び大化の郡司制について」）、ここでは省略するが、要するに、大化以後も郡司制の実施までは、これまでと同様におもに旧来の国造の家からだけ采女が貢進され、その後多くの評が新設されても、従来采女を出さなかったところからは貢進されることがなく、やがて浄御原令が施行され、郡司制が全面的に実施に移されるに至って、令制にみられるように、全国の郡の三分の一は采女を出し、あとの三分の二は兵衛を出すことになったと考えられるのである。

それから次に問題となるのは、ここにみえる庸布・庸米がどのようにして賦課されるものだったかということである。この点についてまず明らかなことは、規定の文面からいうと、一戸の負担額が、仕丁の場合に准じて庸布一丈二尺・庸米五斗であり、したがって、その総額は采女一人（従丁一人・従女二人を含む）につきその一〇〇倍、すなわち庸布一二〇丈・庸米五〇石だということであろう。そしてその賦課方式については、従来は一般にたとえば坂本太郎氏のように（同氏前掲書『大化改新の研究』第三編第二章）、仕丁の場合に准じて五十戸一里制における特定の二里の民戸に賦課するものであり、その二里は采女・従丁・従女を出した里で、仕丁を出す里とは重複しないようにするものと解しているようである。しかしながら、坂本氏も述べておられるように、采女それ自身は仕丁などとちがい、豪族層の中から中央に出て宮廷に仕えるものであって、階級関係の表現としての労役義務ではないから、同じ里に属する他の戸がその代りに粮を負担するという性質のものではないし、また従丁・従女も、おそらく一般民戸から任意に徴発したのではなく、もとからその豪族の親しい従者だったものをつけてやるのが普通だったであろうから、たとえば、その豪族の居住している里から従丁をとり、他の一里から従女二人をとって、その二つの里にその四人分の粮を賦課するというようなことが行なわれたかどうか、甚だ疑わしい。まして里制の実施状況を考えると、さきに第三条の検討のさいにみたように、五十戸一里制が直ちに全国的に実施されたとはとうてい考えられないから、一般的にいって、そのような方式は現実には不可能だったと考えざるをえない。したがって、この副文の一百戸という数字と里制との間には、たがいに直接の関係はないとみるべきであり、采女以下を出す里と庸物を負担する里との関係も切り離すべきであって、郡司（国造）は采女と従丁・従女を中央に差し出す一方、その出身の村落とは全く無関係に、管轄区域内の住民から一戸につき一丈二尺あるいは五斗ずつ徴収した布・米のうちから、一〇〇戸分すなわち布一二〇丈・米五〇石を采女らの粮として中央に送るという方式だったと考えるほかはないのである。

ところで、このように考えてくると、実は仕丁の庸物の賦課方式についても、従来の通念を改めなければならなくなるのであって、この場合にも采女の場合と同様に、三十戸・五十戸という文字は、差点すべき仕丁の人数を算出するための基準にすぎないと考え、実際には郡司（国造）がその管内から、五〇戸につき一組の割合で仕丁・廝丁を差点して朝廷に差し出し、その粮は仕丁の出身地とは全く無関係に、規定の数量を中央に送るものであったとみるのが自然である。なぜならば、五十戸一里制がすぐに全国的に実施されたと考えられないことは、上述の通りであるし、五〇戸分の庸布・庸米を四八戸で負担するというのは、何といっても数的に不合理だからである。坂本氏は、仕丁の粮は実際には四八戸分の庸布・庸米、すなわち布五七丈六尺あるいは米二四石を充てたのであろうとされ、その見かたが一般に受け容れられているようであるが、副文に「以㆓五十戸㆒充㆓仕丁一人之粮㆒」とある以上、それは明らかに不自然な解釈であって、庸布・庸米をはじめから仕丁の庸ととってしまったために生じた矛盾である。しかし、上のように考えて、この庸を一般的な力役の庸の意とみるならば、そのような無理はおかさないですむのである。

そこで、仕丁についてもこのように考えるのが正しいとすると、庸物の取り扱い方は次のようなことだったと考えてよいだろう。すなわち、郡司（国造）は管内すべての民戸から、一律に庸布・庸米を徴収して、そのうちの一〇〇戸分を采女らの粮として中央に送ったというのである。もっとも、それでは仕丁や従丁・従女を出した戸は何も負担を免除されないのかという疑問が出されるかもしれないが、しかし私は、とくに免除がなかったとしても、それほど不都合なことはないと考える。なぜならば、のちの令制でも仕丁などは当人の課役は免除されたが、出身の戸全体に対する免除の規定はないし、大化当時においては、仕丁などに差点されない者には、前述のように不定期・不定量の労役が課せられていたとみられるからである。大化の税制では、のちの令制ほど精密に均等賦課の原則がまもられていたと考える必要はないであろう。

なお、仕丁と采女の規定については、このほかに、三十戸を五十戸に改めたのはなぜかという問題と、「庸布・庸米」とあるのは、その両方の意か、それともそのどちらか一方の意かという問題がある。これらはともに確かな判断を下しがたい問題であるが、前者はあるいは、これまでは仕丁を出す地域が局限されていたのに対して、それが全国すべてにわたることになったため、戸数に対する比率を小さくしたものとみることができるかもしれないし、あるいは五十戸一里制を採用したので、民政上の種々の便宜から、これと数字を合わせたのであるかもしれない。もしそうだとすれば、副文の五十戸という文字は、里制と間接的には関係があるということになるわけである。また、後者はどちらとも決めがたいが、弥永貞三氏の計算（同氏前掲「仕丁の研究」）によると、令制の仕丁一人（厮丁を除く）の給粮は、原則として一年にほぼ七・二石と塩七・二升であったというのに対して、大化の庸米五斗は一人の一年分が一二・

五石に当り、庸米だけでも令制の給粮をかなり上回るから、ここでは一おう「庸布・庸米」は庸布または庸米の意とみておくこととする。

8 総括

以上は第四条の内容の検討であるが、その結果を要約すると、本条は、第一条において私地私民制を廃止し、土地・人民に対する個別的支配関係をすべて否定した結果、当然必要となった中央集権的な統一的税制を新たに定めたものである。その中には租と力役の規定が含まれていないが、租がみえないのは、すでに第三条に述べてあるからというよりも、租法は班田制の実施を前提とするものであるから、差し当りはこれを含まない税制を実施しようとしたものとみるほうがよいであろう。力役は、当時実際には制度化されないまま、不定期・不定量の徴発が行なわれていたことが知られるから、これはすぐに制度化する意図がなかったものとみられる。

本条の諸規定を通観すると、全体としては律令的な性格をもった統一的・体系的な税制となっているけれども、個々の規定は、第二・第三条とはちがって、その文章においても内容においても、のちの令制との間にかなりの距離が認められる。たとえば、田の調以下の大部分、ことに官馬や兵器に関する賦課などは、今のところ他の中国や日本の制には例を見ない独自のものであり、田の調・調副物や采女貢進の規定などには、のちの令文による修飾ともみうる点が文章の上にはうかがわれるけれども、それらにおいても造作の可能性はほとんど認められない。また、そのほとんどが田積・戸数を賦課基準とし、兵器に関する賦課に至っては、一見すると人別賦課のごとき規定になっていて、里制や籍帳制度を前提としなければ実施不可能のようにみえるものが少なくないが、それらも地域ごとの負担総量を算定するための基準を示したものと解すれば、みな大化当時としても十分に実施が可能だったと考えられるだけでなく、むしろそう見ることによって、かえってこの税制が当時の段階に規定されている面をよく理解することができる。これらのことは、この税制が直ちに実施するための暫定的な制度だったことを物語るものであって、われわれは、これがほぼ本条に述べてある形をもって、実際に大化二年度から実施されたとみてよいと思われるのである。

そこでいま、これまでの検討の結果にもとづいて、大化の税制が全体としてどのような構造になっていたかをまとめてみると、制度化された税目は次の七つで、すべて第四条に示されている。

（イ）田の調　一町に　布四丈（布の場合）
（ロ）戸別の調　一戸に　布一丈二尺
（ハ）調副物　塩・贄
（ニ）官馬　一戸に　布一丈二尺
（ホ）兵　（一戸に　布一丈二尺）
（ヘ）仕丁の粮　一戸に　布一丈二尺（米ならば五斗）
（ト）采女の粮　一戸に　布一丈二尺（　〃　）

このうち（イ）の田の調は、調の主体をなすものであり、（ハ）の調副物も、副物という語が使われてはいるが、前述のごとく、令制とはちがって付加的なものではなく、田地の乏しい地域に対して田の調の代りに課するものと考えられるから、この（イ）と（ハ）を併せて、正調ともいうべき一つの種目とみるべきであろう。これに対して（ロ）の戸別の調は、前述のごとく付加的なものと考えられるから、正調に対する副調である。また、（ヘ）の仕丁の粮と（ト）と采女の粮は、前述のように、すべての戸から一律に徴収する庸布・庸米をもって充てるものとすれば、これは並行する二つの種目ではなくて、両者を併せて単一の種目とみるべきである。そして、庸布・庸米とある以上、それはチカラシロすなわち労役に服する代りに負担するという名目のものであるから、調とは性質の異るものとしなければならない。したがって、この庸と戸別の調とは、賦課方式も品目・数量も同じであるけれども、両者は全く別個のものとみるべきであろう。

そうすると、残るところは（ニ）の官馬と（ホ）の兵器に関する負担の二つであるが、前者は前述のごとく全国一律に賦課されるものではないから、独立の種目と考えるのは不自然である。したがって、他のどの種目かに包摂されるものということになるが、庸とはやはり性質の異るものであるから、一戸に布一丈二尺という数字からみて、（ロ）の戸別の調に包摂されるとみるのが自然であろう。すなわち、東国などの良馬の産地では、戸別の調として徴収した布で馬を調達して中央に送るものと考えられるのである。また後者は、前述のごとく一般民衆の負担によって、国家の軍備をととのえようとするもので、人別賦課のごとき表現をとってはいるが、実際には人ごとに兵器そのものを出させるのではなく、民戸から徴収する代物をもって、国司・国造が管内の成年男子の総数に応じた規定数の兵器を調達するものと考えられ、その方式が前者の官馬の場合と全く同じであるから、おそらくこれも（ロ）の戸別の調に包摂されるものとみてよいであろう。

なお、右のように考えてくると、（ハ）の調副物の場合も同様に戸別の調の布で調達するものと考えうるのではないかという見方も生じてきて、（B）の副文の既述の順序からいっても、そうみるほうが自然であるが、しかし一方では、この調副物が令制の調の雑物に相当するという前述の見方も、やはり容易に動かし難く、また、もし戸別の調に包摂されるとなると、漁民は農民にくらべて遥かに調の負担が軽いという不公平なことになるので、ここは一おう先の考察にしたがっておくこととする。また、このようにみてくると戸別の調の用途を主として調の運送費とする村尾氏の説はかなり疑問であって、それに充てられた部分もあったかもしれないが、主としては令制の副物、すなわち染料・特殊繊維製品・動植物油脂・木工品その他の民間の手工業品の購入に充てられ、その一部が兵器および特定の地方では官馬の購入に充てられたと考えた方がよいであろう。

以上を整理すると、大化の税制はまず調と庸の二種目に大別され、調はさらに正調である田の調（漁村では副物）と副調である戸別の調に分けられるが、副調の布は、そのまま中央に送られるのではなくて、諸種の手工業品や官馬・兵器の調達に充てられるものであった。また庸は庸布・庸米という一種目であって、すべて仕丁と采女の粮に充てられるものだったということになる。これを一般人民の側からいうと、各戸は田一町につき布ならば四丈の割の正調と、一戸に布一丈二尺の副調、および一丈二尺（米ならば五斗）の庸布を毎年負担するわけで、田の調の一戸の平均負担額は正確には推定できないけれども、かりに一戸の田を八世紀の標準的な房戸の班田額と大差なしとみて、約一町二段とすれば、その負担額は布で約四丈八尺ということになるから、負担の総額は布にして約七丈二尺となるわけである。

しかしながら、以上をもって大化の人民負担の全体とすることは勿論できない。なぜならば、まえにもいったように、ここにあげてあるものは現物賦課の税目だけであって、力役の義務に関しては何もふれていないからである。令制の負担体系の主体をなすものは、租を別とすれば、調・庸・雑徭の三者であるのに対して、ここでは調と庸のみで、雑徭の規定がないだけでなく、その庸も仕丁・采女の粮に充てられる分だけであって、歳役の代物という意味はもっていない。しかし、改新政府が力役の徴発を全く必要としなかったはずは勿論なく、また、実際に労働力の動員を大規模におこなっていた形跡は、十分にうかがうことができる。その最大のものは、大化のころには難波宮の造営であって、それに関する記事は孝徳紀大化二年二月戊申条・同三月辛巳条・甲申条・同三年是歳条などにみえ、また、地方の国司などによる徴発も、孝徳紀大化元年九月甲申条・同二年三月甲申条・同八月癸酉条などからうかがわれる。そのような状態は当然、雑徭や雇役の制が確立する浄御原令や大宝令の施行時まで続いたと想像されるが、それらは不定期・不定量の恣意的な徴発であろうから、それを含めた負担全体の大きさを数的に表わすことはもちろん不可能である。

（『東北大学文学部研究年報』一五・一六、昭和四十・四十一年）

あとがき

関晃先生が本格的に古代史研究に取り組まれるようになったのは、一九四二年に卒業論文を公にされた「上代に於ける日本書紀講読の研究」(『史学雑誌』五三編一二号、著作集第五巻第三部第三章。卒業論文の原題は「上代に於ける官学の性格について」)を別にすれば、敗戦による召集解除ののち、東京帝国大学大学院に入学されてからのことである。

その成果の一つが「新撰姓氏録の撰修目的について」(『史学雑誌』六〇編三号、著作集第五巻第三部第二章)、「倭漢氏の研究」(『史学雑誌』六二編九号、著作集第三巻第二部)などのちに帰化人研究として結実する研究であり、先生の重要な研究業績の一つとして学界にも多大な影響を与えることになった。もっとも、先生ご自身はのちに、「新羅沙門行心」(『続日本紀研究』一巻九号、著作集第三巻第三部第一章)や「遣新羅使の文化史的意義」(『山梨大学学芸学部研究紀要』六号、著作集第三巻第三部第二章)などの論文をも具体的に挙げられて、当初は文化史研究を目指していたと語っておられる。

もう一つの注目すべき成果は「律令支配層の成立とその構造」(『新日本史大系』第二巻第一章「律令国家の展開」第一節。このほか同第三節「政局の展開」も執筆。朝倉書店、著作集第四巻第三部第一章)であって、大化改新から律令国家の成立にいたる古代史像を明快に描いておられるが、畿内貴族論や大化改新論としてのちに発展・深化されることになる先生のきわめて重要な業績の骨格が提示されている。著作集には収録しなかったものの、先生は東京帝国大学に戻られた直後に文部省の教科書編纂に参画され、中等学校用教科書『日本の歴史』上の古代の部分を執筆されている(中等学校教科書株式会社、一九四六年一〇月)。戦前までの天皇中心史観を排し、記紀に対して厳密な史料批判を加えながら叙述された日本古代通史であり、その後の日本史教科書の雛形になったといっても過言ではあるまい。簡潔な内容ではあるものの、あるいはこのようなお仕事の延長線上に大化改新論などの研究をみてとることも可能かもしれない。

本巻には、大化改新に関する先生の研究のうち、改新の全体像について論じられた論文二編と改新の詔を全面的に解釈・検討された論文一編、さらにはそれらに密接に関係する論文・辞典項目と一般読者向けの文章五編を収録した。大化改新に関連して発表された先生の個別的・実証的論文の多くは著作集第二巻に収録したので、あわせて参照していただきたい。

このうち第二部「大化改新史論」は、先生が東北大学文学部に助教授として赴任されて三年目の一九六二年に『岩波講座日本歴史』第二巻に発表されたもので、原題は「大化改新」である。先生は、山梨大学学芸学部に赴任されてからの「畿内制の成立」(『山梨大学学芸学部研究報告』五号、著作集第二巻第四部第六章)以下の一連の研究、さらに東北大学赴任後の「大化の左大臣阿倍内麻呂について」(『歴史』二一輯、著作集第二巻第四部第三章付論)などの研究を通じて、本格的な大化改新論を展開された。「大化改新史論」はそれらを踏まえ、推古朝末年から天智朝末年にいたる政治過程の再検討を行うなかで、大化期の意義を考察されたものであって、一九五〇年代後半以降大化改新に対する歴史的評価が大きく揺らぐようになったなかで、大化改新肯定論の到達点を示す業績として重要な意義を有する。

第三部「改新の詔の研究」は、一九六五年から一九六六年にわたって『東北大学文学部研究年報』一五号・一六号に連載されたもので、のち『論集日本歴史2　律令国家』(有精堂、一九七三年)にも収録された。改新の詔についてはこれより先、井上光貞氏が史学会第五〇回大会で「大化改新詔の信憑性」を発表されたのを契機としていわゆる郡評論争に発展し、また改新の詔第三条の班田収授法に関連して改新の詔肯定説と転載説が対立する状況が生まれた。その後井上光貞氏は「大化改新の詔の研究」(『史学雑誌』七三編一・二号)を発表され、原詔の存在を認めながら後世の令条による大幅な修飾・転載を説かれた。「改新の詔の研究」はこうした研究状況を踏まえ、「大化の郡司制について」(『日本古代史論集』上、著作集第二巻第四部第七章)・「大化改新」(『日本歴史』二〇〇号、本巻第二部付編二)などを基礎として、改新の詔の制定が施行とは必ずしも同じではないという論理のもとに、改新の詔の全文にわたり精緻な分析・検討を行って、改新の詔肯定説の立場を確認するとともに、先生の改新像を示された長編である。

第一部「新稿大化改新」は、本巻の刊行にあたって先生が書き下ろされたものである。先生は、東北大学在職中の一九七〇年代末から、『大化改新の研究』と題する著書の刊行を計画され、関係論文の整理を行われるとともに総論の執筆にあたられた。その後さまざまな理由で遅延することになったが、昨年末に完成されたのがこの長編の新稿である。その構想はすでに一九八七年に『国史大辞典』第八巻に発表された「大化改新」(本巻第二部付編一)などにも示されていたが、本稿では改新全面否定論批判や郡評論争批判を展開される一方、現存する史料を網羅して厳密な史料批判を加え、先入観によらず史料を忠実に解釈するという先生の学風がみごとに示されているといえる。

先生は去る四月二十日、七十七歳で急逝された。全体の構想を自ら考えられ、刊行を心待ちにされていた先生に、著作集を直接手にしていただく機会を永久に失ってしまったことは、著作集編集のお手伝いをさせていただいた者の一人として本当に無念としか言いようがない。今は在天の先生に著作集の刊行を一言ご報告するのみである。

一九九六年七月

熊田亮介

出典一覧

第一部

新稿　大化改新（新稿）

第二部

大化改新史論（『岩波講座日本歴史』二、昭和三十七年）

大化改新（『国史大辞典』八、昭和六十二年）

大化改新の研究（『国史大辞典』八、昭和六十二年）

大化改新——改新の詔の信憑性について——（『日本歴史』二〇〇、昭和四十年）

改新の詔（『国史大辞典』三、昭和五十八年）

大化改新は存在したか（『国民の歴史』月報、昭和四十三年、文英堂）

第三部

改新の詔の研究（『東北大学文学部研究年報』一五・一六、昭和四十・四十一年）

関晃著作集第一巻
大化改新の研究 上（オンデマンド版）

Digital Publishing

2017年10月1日　発行

著　者　関《せき》　晃《あきら》
発行者　吉川道郎
発行所　株式会社 吉川弘文館
〒113-0033 東京都文京区本郷7丁目2番8号
TEL 03(3813)9151(代表)
URL http://www.yoshikawa-k.co.jp/

印刷・製本　株式会社 デジタルパブリッシングサービス
URL http://www.d-pub.co.jp/

関　晃（1933～1996）
ISBN978-4-642-72301-5

大化改新の研究　上　関晃著作集第一巻

平成八年十月一日　第一刷発行

著者　関《せき》　晃《あきら》

発行者　吉川圭三

発行所　株式会社　吉川弘文館
郵便番号一一三
東京都文京区本郷七丁目二番八号
電話〇三―三八一三―九一五一〈代〉
振替口座〇〇一〇〇―五―二四四

印刷＝精興社・製本＝誠製本

索　　引

う

え

お

か

き

さ

す

せ

そ

た

ち

へ

ほ

ま

み

む

め

も

や

ゆ

よ

ら

り

る

れ

ろ

わ